Michael Mauke

Die Klassentheorie von Marx und Engels

Studien zur Gesellschaftstheorie

Michael Mauke

Die Klassentheorie von Marx und Engels

Mit einem Nachwort von Klaus Meschkat

Herausgegeben von
Kajo Heymann, Klaus Meschkat und Jürgen Werth

Europäische Verlagsanstalt

5. unveränderte Auflage 1977

Frankfurt am Main–Köln
Druck: Georg Wagner, Nördlingen
ISBN 3 434 30107 0 (kt.)
ISBN 3 434 30108 9 (Ln.)
Printed in Germany 1977

Inhalt

Erstes Kapitel

Zum Begriff der Klassengesellschaft*

Marx hat keine gesonderte Abhandlung seiner Klassentheorie geschrieben. Dennoch ist der Marxismus gerade als Klassentheorie: als Lehre von Klassenherrschaft, Klassenkampf und Revolution geschichtsmächtig geworden, in der Geschichte der Arbeiterbewegung ebenso wie in den Sozialwissenschaften. Kaum eine Schrift über Herrschaft, Klassenstruktur oder Schichtung, welche sich nicht mit der marxistischen Klassentheorie auseinandersetzte.[1] Die Kritik zielt vor allem, *erstens*, auf die Prognose der Spaltung der kapitalistischen Gesellschaft in zwei große feindliche Lager, in Bourgeoisie und Proletariat – eine Prognose, die durch die Entstehung einer »neuen Mittelklasse« anscheinend widerlegt ist.[2] Sie zielt, *zweitens*, auf die theoretischen Widersprüche zwischen den einzelnen Klassenanalysen – so beschreibt Marx die kapitalistische Klassenstruktur nicht nur als dichotomisch, sondern auch als trichotomisch und sogar als pluralistisch.[3] Die Kritik zielt, *drittens*, auf die widersprüchliche Verwendungsweise des Klassenbegriffs selbst – die ganze bisherige Geschichte wird als Geschichte von Klassenkämpfen begriffen; andererseits aber der Kapitalismus als Klassengesellschaft von der feudalen Ständegesellschaft und anderen vorkapitalistischen Formationen abgegrenzt. Daher ist das Fehlen einer besonderen

---

* Sämtliche Anmerkungen, soweit es sich nicht um bloße Zitatnachweise aus Karl Marx, Friedrich Engels, Werke (MEW) handelt, stammen von den Herausgebern.

1 Siehe dazu als Dogmenübersicht: Erhard Wiehn, Theorien der sozialen Schichtung, Eine kritische Diskussion, München 1968

2 Die Angestellten gelten allgemein als »Beweismittel« der Marxkritik, der These von der »nivellierten Mittelstandsgesellschaft« ebenso wie dem ›One-Dimensional Man‹ von Herbert Marcuse.

3 Stanislaw Ossowski begreift Marx' Kategorie als Synthese der »drei prinzipiellen Typen der Auffassung der Klassenstruktur, mit denen wir es in der Geschichte der europäischen Ideen zu tun haben: dichotomisches Schema, Gradationsschema und funktionelles Schema«. (Die Klassenstruktur im sozialen Bewußtsein, Neuwied–Berlin 1962, S. 93 f.)

Abhandlung der Klassentheorie und zumal der fragmentarische Charakter des Kapitels »Die Klassen«, welches den dritten Band des »Kapital« abschließt, als eine wesentliche Schwäche des Marxismus gewertet worden, nicht nur von bürgerlichen Theoretikern.[4] So schreibt Georg Lukács in »Geschichte und Klassenbewußtsein«: ». . . in einer für Theorie und Praxis des Proletariats verhängnisvollen Weise bricht das Hauptwerk Marx' dort ab, wo es auf das Bestimmen der Klassen losgeht. . .«[5]

Das berühmte Kapitalfragment ist allerdings überbewertet worden; denn Marx' Theorie der Gesellschaft, die Kritik der Politischen Ökonomie, enthält als solche bereits eine allgemeine Klassentheorie des Kapitalismus.[6] Das gesamte Werk von Marx und Engels, nicht nur jede einzelne historisch-konkrete Klassenanalyse, ist durch das Problem von Klassenantagonismus und Klassenkampf bestimmt und zielt, gleich dem historischen Interesse des Proletariats, auf die Umwälzung der kapitalistischen Klassengesellschaft. In dem berühmten Vorwort zur Kritik der Politischen Ökonomie, das von Klassen nicht expressis verbis spricht, wird dennoch von nichts anderem als von den Gesetzen und der Geschichte des Klassenantagonismus gehandelt.[7] Da

---

4 Vgl. Ossowski, a. a. O. Dahrendorf, a. a. O. Erich Thier, Über den Klassenbegriff bei Marx, in: Marxismusstudien, Dritte Folge, Tübingen 1960; T. B. Bottomore, Die sozialen Klassen in der modernen Gesellschaft, München 1967

5 Georg Lukács, Geschichte und Klassenbewußtsein, Studien über marxistische Dialektik, Neuwied–Berlin 1968, S. 218

6 »Die Ökonomie handelt nicht von Dingen, sondern von Verhältnissen zwischen Personen und in letzter Instanz zwischen Klassen; diese Verhältnisse sind aber stets *an Dinge gebunden* und *erscheinen als Dinge.*« Friedrich Engels, (Rezension:) Karl Marx, Zur Kritik der Politischen Ökonomie, Karl Marx, Friedrich Engels, Werke (MEW), Berlin 1956 ff., Bd. 13, S. 476

7 Karl Korsch hat darauf hingewiesen, daß der Satz – »Eine Gesellschaftsformation geht nie unter, bevor alle Produktivkräfte entwickelt sind, für die sie weit genug ist, und neue höhere Produktionsverhältnisse treten nie an die Stelle, bevor die materiellen Existenzbedingungen derselben im Schoß der alten Gesellschaft selbst ausgebrütet worden sind« – die abstraktere Form des Gedankens ist, den Marx polemisch gegen Proudhon formulierte: »Von allen Produktionsinstrumenten ist die größte Produktivkraft die revolutionäre Klasse selbst. Die Organisation der revolutionären Elemente als Klasse setzt die fertige Existenz aller Produktivkräfte voraus, die sich überhaupt im Schoß der alten Gesellschaft entfalten können.« Vgl. Karl Korsch, Karl Marx, Frankfurt am Main 1967, S. 181 f. – So verstanden, löst sich eine gewisse Zwiespältigkeit der Marxschen Revolutionstheorie auf. »Sie besteht darin, daß die Revolution das eine Mal ganz und gar aus der objektiven Entwicklung der materiellen Produktivkräfte abgeleitet, das andere Mal ebenso entschieden als eine wirkliche praktische Aktion der zu einer bestimmten gesellschaftli-

die Marxsche Theorie, die den Begriff der gesellschaftlichen Arbeit zum Zentrum hat, alle sozialen Verhältnisse und Gliederungen als Vermittlungszusammenhang der gesellschaftlichen Produktion analysiert, meist in einer »ökonomischen« Sprache, braucht sie nicht notwendig den »soziologischen« Begriff Klasse zu verwenden. Die Klassengliederung bildet nicht eine politisch-soziale Superstruktur der Wirtschaft, sondern ein Moment der sozialökonomischen Totalität: die Klassenstruktur ist identisch mit dem System der gesellschaftlichen Teilung der Arbeit.

1. *Gesellschaftliche Arbeit und herrschaftliche Aneignung*

Die Arbeit als Aneignung der Natur[8] durch die Menschen wird vollzogen innerhalb gesellschaftlicher Verhältnisse der Menschen untereinander. Die gesellschaftliche Vermittlungsstruktur gründet sich auf ein Substrat von Arbeitsmethoden und sachlichen Arbeitsmitteln – Produktivkräften – welche das Verhältnis zur Natur organisieren. Die Produktionsverhältnisse institutionalisieren die den Produktivkräften entsprechenden Formen der Zusammenarbeit, Trennung und Vereinigung der Individuen.[9] Wie immer die gesellschaftlichen Formen der Produktion beschaffen sind, Produzenten und Produktionsmittel bleiben ihre Faktoren; damit überhaupt produziert werden kann, müssen sie sich verbinden. Die besondere Art und Weise, *wie* diese Verbindung der »unmittelbaren Produzenten« mit den Arbeitsmitteln hergestellt

chen Klasse vereinigten wirklichen Menschen im Kampfe gegen andere gesellschaftliche Klassen, mit allen Chancen und mit allen Risiken einer solchen praktischen Aktion dargestellt wird.« (a. a. O. S. 181)

8 »Dialektisch wird die Natur dadurch, daß sie den Menschen als veränderndes, bewußt handelndes Subjekt hervorbringt, der ihr selbst als ›Naturmacht‹ gegenübertritt. Im Menschen beziehen sich Arbeitsmittel und Arbeitsgegenstand aufeinander. Die Natur ist das Subjekt-Objekt der Arbeit. Ihre Dialektik besteht darin, daß die Menschen ihre Natur verändern, indem sie der äußeren stufenweise ihre Fremdheit und Äußerlichkeit nehmen, sie mit sich vermitteln, sie zweckmäßig für sich arbeiten lassen.
Da die Beziehungen der Menschen zur Natur die Voraussetzung bilden für die wechselseitigen Beziehungen der Menschen zueinander, weitet die Dialektik des Arbeitsprozesses als eines Naturprozesses sich aus zur Dialektik der menschlichen Geschichte überhaupt.« (Alfred Schmidt, Der Begriff der Natur in der Lehre von Marx, Frankfurt am Main 1962, S. 50)

9 Zu den grundlegenden Begriffen Produktivkräfte-Produktionsverhältnisse vgl. die ausgezeichnete Interpretation von Karl Korsch; Karl Marx, Frankfurt am Main 1967, §§ 8–10

und institutionalisiert wird, trennt bzw. vereinigt die Individuen jeder historischen Gesellschaft in bestimmter Form und unterscheidet die sozialökonomischen Formationen der menschlichen Gesellschaft als verschiedene Formationen von Arbeitsteilung, Eigentum und Herrschaft.

Die Geschichte der menschlichen Gesellschaft – und damit Geschichte im engeren Sinn überhaupt – beginnt dann und dort, wo die absolute Autonomie selbstgenügsamer Urgemeinschaften aufgehoben wird und größere Zusammenhänge der Arbeitsteilung und -organisation entstehen.[10] In archaischen Verhältnissen ist die Arbeitsteilung noch an naturwüchsig gegebenen Verschiedenheiten, wie Geschlecht und Alter, körperlicher Kraft und Geschicklichkeit, orientiert; die Werkzeuge, gering an Zahl und wenig entwickelt, üben keine spezialisierende Wirkung aus, besondere Funktionen bleiben mehr oder minder austauschbar. Die Arbeitsteilung differenziert die Urgemeinschaften, sobald die Entwicklung der Werkzeuge und der gesellschaftlichen Arbeitsmethoden sie befähigt, Lebensmittel über den eigenen Subsistenzbedarf hinaus zu produzieren und Vorrat zu halten: sobald mehr als die unmittelbar notwendige Arbeit, *Mehrarbeit* geleistet wird. Die Lebensmittel-Produzenten können von »nichtproduktiven« Verrichtungen, z. B. Gemeinschaftsfunktionen, entlastet werden, deren spezialisierte Träger durch die Mehrarbeit versorgt werden. Mehrarbeit kann auch durch die Verbesserung der Arbeitsmittel und -methoden entstehen, also durch neue Produktivkräfte, welche es ermöglichen, bei gleichem Aufwand an Arbeitszeit ein größeres, ein Mehrprodukt zu erzeugen. Mit diesen beiden Formen des Mehrprodukts beginnt die eigentlich gesellschaftliche im Unterschied zur biologischen Arbeitsteilung.[11] Allerdings »ist in jenen Anfängen die Proportion der Ge-

---

10 Vgl. hierzu die Aufarbeitung neueren Materials über die Vorgeschichte bei Ernest Mandel, Marxistische Wirtschaftstheorie, Frankfurt am Main 1968, Kapitel I. Mandel stützt sich wesentlich auf den englischen Prähistoriker Gordon Childe, der an Lewis Morgans und Friedrich Engels' Darstellung der Entwicklungsstufen Wildheit, Barbarei, Zivilisation anknüpft; Gordon Childe, Soziale Evolution, Frankfurt am Main 1968

11 »Die Erzeugung eines ständigen Mehrprodukts an Nahrungsmitteln ist die materielle Grundlage für die Verwirklichung der bedeutungsvollsten wirtschaftlichen Umwälzung, die der Mensch seit seinem Erscheinen auf der Erde gekannt hat: die Anfänge des Ackerbaus und die Zähmung und Zucht von Tieren. Nach der Epoche der Vorgeschichte, in deren Verlauf diese Revolution stattfindet – der Periode der geglätteten Steine oder der Jungsteinzeit –, wird sie neolithische Revolution genannt . . . Der Beginn des Ackerbaus und der Viehzucht führt übrigens zu der ersten großen

sellschaftsteile, die von fremder Arbeit leben, verschwindend klein gegen die Masse der unmittelbaren Produzenten. Mit dem Fortschritt der gesellschaftlichen Produktivkraft der Arbeit wächst diese Proportion absolut und relativ.«[12]

In die Geschichte höher organisierter Gesellschaften sind zwar auch schon die theokratisch oder bürokratisch regierten Wasserbauverbände der asiatischen Gesellschaft[13], die frühen orientalischen und die amerikanischen Hochkulturen einbezogen, weil sie bereits auf einem institutionellen Kontrast zwischen privilegierten, allerdings noch funktional gebundenen Mehrprodukt verfügenden und den Mehrarbeit leistenden Produzenten beruhen. Aber Marx hat mehrmals den trotz aller großartigen Bau- und Organisationsleistungen stagnierenden, stationär zyklischen, geschichtslosen Zustand dieser Gesellschaften hervorgehoben[14], die nur durch kriegerische Eroberung und Unterwerfung sich wandelten. Erst wo das Moment gesamtgesellschaftlicher Funktionen bei der Aneignung und Verteilung des Mehrprodukts zurücktritt, wo dieses zum Kampfobjekt zwischen den Produzenten und privaten Inhabern der sachlichen Produktionsbedingungen

---

gesellschaftlichen Arbeitsteilung; neben Hirtenvölkern erscheinen Ackerbauvölker.« (Mandel, a. a. O. S. 28 ff.)

12 Das Kapital, Bd. I, MEW, Bd. 23, S. 535

13 Die Diskussion über die »asiatische Produktionsweise«, die Marx neben antiken, feudalen und modernen bürgerlichen Produktionsweisen als »progressive Epochen der ökonomischen Gesellschaftsformation« bezeichnet, resumiert Ernest Mandel in: Entstehung und Entwicklung der ökonomischen Lehre von Karl Marx (1843–1863), Frankfurt am Main 1968, Kapitel 8

14 »Was den stationären Charakter dieses Teils von Asien, trotz aller zwecklosen Bewegung in der politischen Oberfläche, vollständig erklärt, sind die 2 sich wechselseitig unterstützenden Umstände: 1. Die public-works-Sache der Zentralregierung, 2. Neben derselben das ganze Reich, die paar größeren Städte abgerechnet, aufgelöst in *villages*, die eine vollständig distinkte Organisation besaßen und eine kleine Welt für sich bildeten.« Marx an Engels, 14. Juni 1853, MEW, Bd. 28, S. 267; vgl. Marx, Das Kapital, Bd. I, MEW, Bd. 23, S. 379

»Die Abwesenheit des Grundeigentums ist in der Tat der Schlüssel zum ganzen Orient. Darin liegt die politische und religiöse Geschichte. Aber woher konnte es kommen, daß die Orientalen nicht zum Grundeigentum kommen, nicht einmal zum feudalen? Ich glaube, es liegt hauptsächlich im Klima, verbunden mit den Bodenverhältnissen speziell mit den großen Wüstenstrichen . . . Die künstliche Bewässerung ist hier die erste Bedingung des Ackerbaus, und diese ist Sache entweder der Kommunen, Provinzen oder der Zentralregierung. Die Regierung im Orient hatte immer auch nur drei Departements: Finanzen (Plünderung des Inlands), Krieg (Plünderung des Auslands) und traveaux publics, Sorge für die Reproduktion.« (Engels an Marx, Brief vom 6. Juni 1853, MEW, Bd. 28, S. 259)

und zur umstrittenen Beute zwischen herrschenden Privateigentümern selbst wird – beginnt die Geschichte der Klassengesellschaft, die »Geschichte von Klassenkämpfen.«
Durch das Mehrprodukt kann die Gesellschaft in einen Teil, der es produziert und einen, der es aneignet und über seine Verwendung verfügt, gespalten werden.[15] Das ist die Grundlage *jeder* im Verlauf der Geschichte auftretenden *antagonistischen Gesellschaft*, gleichgültig wie jeweils die reale Klassengliederung aussieht. Die Konsequenzen, die sich aus dem Aufkommen eines gesellschaftlichen Mehrprodukts und aus der Problematik seiner Verteilung und Steigerung herleiten, sind umwälzend. In der Entfaltung des widersprüchlichen Verhältnisses zwischen der gesellschaftlichen Arbeit und der partikulären Aneignung des Mehrprodukts liegt für Marx der Schlüssel zur Erklärung einer mehrtausendjährigen Entwicklung der Gesellschaft; von Aufstieg, Niedergang und Umwälzung verschiedener nebeneinander bestehender und aufeinanderfolgender Klassengesellschaften.[16]
Der Hebel, um die Verfügung über Mehrarbeit und ihr Resultat, das Mehrprodukt, zu erhalten, ist die *Kontrolle über die Produktionsmittel* (Arbeitsmittel und Arbeitsgegenstände). Inbegriff dieser Kontrolle ist das *Eigentum*. Als *besonderes* Produktionsverhältnis und als *rechtliche* Kategorie – legalisierte Verfügung über die sachlichen Produktionsbedingungen und das Arbeitsprodukt – ist Eigentum aber immer zugleich ein wesentlich *gesellschaftliches*, die Menschen trennendes bzw. vereinigendes, die Gesellschaft gliederndes Verhältnis, und damit das *allgemeine* grundlegende Produktionsverhältnis, das Ensemble aller einzelnen Produktionsverhältnisse. Als Besonderheit ist Eigentum, wie Arbeitsteilung und Güterverteilung, ein Moment der dialektischen Totalität gesellschaftlicher Verhältnisse. Als allgemeiner Nenner faßt es alle Kategorien und Aspekte der Sozialstruktur

---

15 »Nur sobald die Menschen sich aus ihren ersten Tierzuständen herausgearbeitet, ihre Arbeit also selbst schon in gewissem Grade vergesellschaftet ist, treten Verhältnisse ein, worin die Mehrarbeit des einen zur Existenzbedingung des andern wird.« (Marx, Das Kapital, Bd. I, MEW, Bd. 23, S. 535)

16 »Braucht der Arbeiter alle seine Zeit, um die zur Erhaltung seiner selbst und seiner Race nötigen Lebensmittel zu produzieren, so bleibt ihm keine Zeit, um unentgeltlich für dritte Personen zu arbeiten. Ohne einen gewissen Produktivitätsgrad der Arbeit keine solche disponible Zeit für den Arbeiter, ohne solche überschüssige Zeit keine Mehrarbeit und daher keine Kapitalistenklasse, aber auch keine Sklavenhalter, keine Feudalbarone, in einem Wort keine Großbesitzerklasse.« (a. a. O. S. 534)

– vor allem also Arbeitsaufbau, Arbeitsteilung und Klassengliederung – zusammen. Entscheidend jedoch für die Frage, *wer* über die Produktionsmittel verfügt und *wie* das geschieht, ist deren Art und Zusammensetzung – ob es landwirtschaftliche, handwerkliche oder industrielle Produktionsmittel sind – die wiederum den Entwicklungsstand der Produktivkräfte zum Ausdruck bringt.[17] Die Entfaltung der Produktivkräfte findet so lange auf gegebener Grundlage statt, wie ihnen die Form der gesellschaftlichen Produktionsverhältnisse, die jeweils herrschende *Produktionsweise* angemessen ist. Sobald sich grundlegend neue Produktivkräfte und -methoden entwickeln, *die nicht mehr im alten gesellschaftlichen Rahmen gemeistert werden können*, beginnt eine Epoche sozialer Revolution.[18]

---

17 »Dieselbe Wichtigkeit, welche der Bau von Knochenreliquien für die Erkenntnis der Organisation untergegangner Tiergeschlechter, haben Reliquien von Arbeitsmitteln für die Beurteilung untergegangner ökonomischer Gesellschaftsformationen. Nicht was gemacht wird, sondern wie, mit welchen Arbeitsmitteln gemacht wird, unterscheidet die ökonomischen Epochen. Die Arbeitsmittel sind nicht nur Gradmesser der Entwicklung der menschlichen Arbeitskraft, sondern auch Anzeiger der gesellschaftlichen Verhältnisse, worin gearbeitet wird.« (a. a. O. S. 195)

18 »Alle bisherigen Gesellschaftsformen gingen unter an der Entwicklung des Reichtums – oder, was dasselbe ist, der gesellschaftlichen Produktivkräfte. Bei den Alten, die das Bewußtsein hatten, wird der Reichtum daher direkt als Auflösung des Gemeinwesens denunziert. Die Feudalverfassung ihrerseits ging unter an städtischer Industrie, Handel, moderner Agrikultur (sogar an einzelnen Erfindungen wie Pulver und Druckerpresse). Mit der Entwicklung des Reichtums – und daher auch neuer Kräfte und erweiterten Verkehrs der Individuen – losten sich die ökonomischen Bedingungen auf, worauf das Gemeinwesen beruhte, die politischen Verhältnisse der verschiednen Bestandteile des Gemeinwesens, die dem entsprachen: die Religion, worin es idealisiert angeschaut wurde . . .; der Charakter, Anschauung etc. der Individuen.« (Marx, Grundrisse der Kritik der politischen Ökonomie, Berlin 1953, S. 438 f.) – Auch der Kapitalismus geht unter an der Entwicklung des Reichtums, doch unterscheidet sich seine Umwälzung von den Umwälzungen vorkapitalistischer Gesellschaften: »Das Kapital setzt die *Produktion des Reichtums* selbst und daher die universelle Entwicklung der Produktivkräfte, die beständige Umwälzung seiner vorhandnen Voraussetzungen, als Voraussetzung seiner Reproduktion . . . Die Schranke des *Kapitals* ist, daß diese ganze Entwicklung gegensätzlich vor sich geht und das Herausarbeiten der Produktivkräfte, des allgemeinen Reichtums etc., Wissens etc. so erscheint, daß das arbeitende Individuum selbst sich entäußert«. (a. a. O. S. 440). Erst der Kapitalismus trennt die Produktivkräfte radikal von den Individuen, deren Kräfte sie sind. »In keiner früheren Periode hatten die Produktivkräfte diese gleichgültige Gestalt für den Verkehr der Individuen *als* Individuen angenommen, weil ihr Verkehr selbst noch ein bornierter war.« Dementsprechend waren alle früheren revolutionären Aneignungen borniert durch die Beschränktheit von Produktion und Verkehr, sie führten zu neuen Formen des Privateigentums und knechtender

Wenn neue Produktivkräfte einmal am Werk sind, wirken sie revolutionierend – aber ob und wie es zu grundlegend neuen Produktivkräften kommt, ist abhängig von den je spezifischen Produktionsverhältnissen, von der Produktionsweise insgesamt: das zeigt sich am Vergleich der jahrtausendelang stagnierenden asiatischen Produktionsweise und der westeuropäischen Entwicklung.[19]

Das Mehrprodukt in der Form des Privateigentums an Arbeitsmitteln und -ergebnis der unmittelbaren Produzenten ist das widersprüchlich vorwärtstreibende Moment der Geschichte antagonistischer Vergesellschaftung. Die Anhäufung von Mehrprodukt in den Händen privater Eigentümer bedeutet exklusives Privileg und notwendige Funktion zugleich: solange der Überschuß über das unmittelbar lebensnotwendige Produkt so knapp bemessen ist, daß er nur einer Minderheit zugute kommen kann, hat seine private bzw. partikuläre Aneignung und Akkumulation einen objektiv fortschrittlichen Sinn, wenn sie zur Entfaltung der arbeitsteiligen Produktion und damit zur Vergrößerung des Mehrprodukts dient.[20] Partikuläre Kontrolle über die Produktionsmittel – für Marx grundsätzlich mit gesellschaftlicher Herrschaft identisch – erweist ihren geschichtlich progressiven oder reaktionären Charakter an der bestimmten Verwendungsform des Mehrprodukts im Verhältnis zu den gegebenen Produktivkräften, an der Verwendung zu deren Fesselung oder Entfesselung. Alle Formen exploitativen Privateigentums bedingen unmittelbare oder mittelbare Kontrolle nicht nur über die

---

Teilung der Arbeit. Indem der Kapitalismus Produktivkräfte und Verkehr universell entwickelt, muß seine Umwälzung, die Aneignung einer Totalität von Produktivkräften durch das Proletariat universellen Charakter haben. Vgl. Marx, Engels, Die deutsche Ideologie, MEW, Bd. 3, S. 67 f.

19 Vgl. Ernest Mandel, Entstehung und Entwicklung der ökonomischen Lehre von Karl Marx (1843–1863), a. a. O.; ders., Marxistische Wirtschaftstheorie, a. a. O. S. 129 ff.

20 Diese zivilisatorische Mission kommt in entscheidendem Maß dem Privateigentum in der modernen Form des Kapitals zu; erst die vom unmittelbaren Bedarf emanzipierte und auf den Warentausch gegründete Produktionsweise erzwingt fortwährend Steigerung der Mehrarbeit. »Indes ist klar, wenn in einer ökonomischen Gesellschaftsformation nicht der Tauschwert, sondern der Gebrauchswert des Produkts vorwiegt, die Mehrarbeit durch einen engern oder weitern Kreis von Bedürfnissen beschränkt ist, aber kein schrankenloses Bedürfnis nach Mehrarbeit aus dem Charakter der Produktion selbst entspringt.« (Marx, Das Kapital, Bd. I, MEW, Bd. 23, S. 250).

Produktionsmittel, sondern auch über die Produzenten.[21] Da die Produktionsmittel als exploitatives Privateigentum selbst angehäuftes, akkumuliertes Mehrprodukt sind, erblickt Marx in der Geschichte antagonistischer Vergesellschaftung in den verschiedenen Formen des Privateigentums das identisch sich durchhaltende Verhältnis von *Herrschaft der toten Arbeit über die lebendige Arbeit.* Ob nun diese Herrschaft des bereits erzeugten und vergegenständlichten Mehrprodukts über die Mehrarbeit und damit über das künftige Mehrprodukt durch direkten Zwang – wie beim Sklavenhalter oder beim Feudalherrn – oder vermittelt durch den Warentauschmarkt – wie beim Kaufmann, später beim Fabrikanten – zur Geltung kommt: das charakterisiert und unterscheidet die Formationen naturwüchsiger gesellschaftlicher Arbeitsteilung. Jedem historischen Verhältnis von Herr und Knecht liegt bei aller Veränderung der Form und des Maßes der identische Sachverhalt naturwüchsiger Hegemonie gesamtgesellschaftlich ungeregelter Produktionsgewalten nicht nur über die produzierenden Menschen, sondern auch über die herrschenden Privateigentümer zugrunde.

Sobald das Mehrprodukt in der Form exklusiven Eigentums usurpiert wird, strukturiert sich die Gesellschaft in Klassen. Aus dem je eine Epoche bestimmenden Eigentumsverhältnis, dem Mehrprodukt in bestimmter Privateigentumsform, leitet sich jeweils die grundlegende Klassenstruktur ab: das Mehrprodukt wird von einer *herrschenden Klasse* direkt oder indirekt angeeignet, akkumuliert, verteilt und – produktiv oder parasitär – konsumiert; es wird einer *unterdrückten Klasse* von unmittelbaren Produzenten – je nach dem Grad ihrer Unterdrückung und Ausbeutung – vom Arbeitsergebnis abgezogen.

Das Erscheinungsbild der Klassengliederung hat meist eine Pluralität von oberen, mittleren und unteren Kasten oder Ständen oder »Klassen« enthalten – aber nicht diese Vielfalt, sondern der fundamentale Antagonismus, der ihr zugrunde liegt, begründet die Auffassung der Geschichte als einer Geschichte von Klassenkämpfen.

---

21 ». . . grade aus der Naturbedingtheit der Arbeit folgt, daß der Mensch, der kein andres Eigentum besitzt als seine Arbeitskraft, in allen Gesellschafts- und Kulturzuständen der Sklave der andern Menschen sein muß, die sich zu Eigentümern der gegenständlichen Arbeitsbedingungen gemacht haben. Er kann nur mit ihrer Erlaubnis arbeiten, also nur mit ihrer Erlaubnis leben.« (Marx, Randglossen zum Programm der deutschen Arbeiterpartei, MEW. Bd. 19, S. 15)

Klassen sind Großgruppen von Menschen, die nicht primär durch bewußten Zusammenschluß, sondern durch ein *kollektives Verhältnis* des Eigentums bzw. Nichteigentums an den sachlichen Produktionsbedingungen naturwüchsig konstituiert werden. Gäbe es in einer Gesellschaft nur Produzenten, die als solche – individuell oder kollektiv – im vollen Besitz ihrer Produktionsmittel sind, dann gäbe es keine Klassenbildung. Klassen in primärer Entstehung und Bedeutung sind immer unterdrückende und unterdrückte, ausbeutende und ausgebeutete Klassen.

Abhängige, unterdrückte und ausgebeutete Klassen sind für Marx und Engels die *Sklaven* der antiken und orientalischen Gesellschaften, die *Leibeigenen* der Feudalgesellschaft und, im höchsten Grad, die modernen *Lohnarbeiter.* Wenn zwar die vorkapitalistischen arbeitenden Klassen durch Nichteigentum an gegenständlichen Arbeitsbedingungen konstituiert werden ebenso wie die modernen Lohnarbeiter, so unterscheiden sich andererseits jene von diesen dadurch, daß die Trennung der Produzenten von den Produktionsmitteln bei Sklaven und Leibeigenen auf verschiedene Weise noch nicht radikal durchgeführt ist: beide Kategorien von Produzenten befinden sich zusammen mit den gegenständlichen Arbeitsmitteln im unmittelbaren Eigentum *eines* Sklavenhalters bzw. Feudalherrn. Im strengen Sinn besitzt der Sklave seine Arbeitskraft nicht als sein Eigentum, er ist ein für allemal verkauft; ebensowenig kann der Leibeigene über seine Arbeitskraft frei verfügen, wie der Name schon sagt. Erst die modernen »freien« Lohnarbeiter stehen außerhalb der Verfügung eines bestimmten, einzelnen Eigentümers, sie erst verfügen formell über ihre Arbeitskraft als ihr Eigentum – aber indem sich sämtliche gegenständlichen Arbeitsbedingungen ihnen gegenüber als Kapital konzentrieren, existieren die Lohnabhängigen faktisch als *kollektives Eigentum* der Kapitalisten*klasse* insgesamt.

In einer Gesellschaft, deren Mehrprodukt von *privaten* Großeigentümern angeeignet wird, die nicht mehr an die Verrichtung gesamtgesellschaftlicher Dienste und Funktionen gebunden sind, wird eine Organisation notwendig, die sowohl den Status quo der Mehrproduktaneignung und -verteilung gegen die exploitierten Produzenten und gegen äußere Bedrohung sichert als auch jene allgemeinen Aufgaben der Verwaltung und Koordination versieht, die – in jeder Gesellschaft notwendig – in der antagonistischen Epoche von den Produzenten getrennt werden.

Diese politische Organisation der Klassengesellschaft ist der *Staat*. Sein Apparat wird aus dem Mehrproduktsfonds unterhalten. Da im allgemeinen die herrschenden Privateigentümer in konkurrierende, divergierende oder sogar gegeneinander kämpfende Gruppierungen auseinanderfallen; und da die arbeitsteilig zersplitterte Gesellschaft zur Unterdrückung systemsprengender Tendenzen und für allgemeine Dienstfunktionen ein vereinheitlichendes Organ benötigt, so erfährt der Staat als *Überbau* eine mehr oder weniger entwickelte Verselbständigung gegenüber der *Basis* sozialökonomischer Verhältnisse. Seine konkrete historische Erscheinungsform resultiert aus den Machtverhältnissen zwischen den verschiedenen Klassen. Die Zerschlagung des staatlichen Unterdrückungsapparats und die Etablierung neuer Machtorgane als Höhepunkt des Klassenkampfs der unterdrückten gegen die herrschende Klasse ist ein notwendiges Mittel in der Umwälzung einer alten und der Institutionalisierung einer neuen Produktionsweise.

Das Zeitalter der antagonistischen Gesellschaft wird durch die Aufhebung des Mehrprodukts abgeschlossen, wie es von diesem hervorgerufen und – durch verschiedene Formen partikulärer Aneignung – in seinen historischen Formationen determiniert wurde. Das Reich der Freiheit, wie Marx das gesellschaftliche Zeitalter nach dem Abschluß der »Vorgeschichte« der Menschheit nennt, kann erst dann durch die revolutionäre Aktion der Lohnarbeiterklasse begründet werden, wenn das Mehrprodukt durch den Produktivitätsfortschritt der gesellschaftlichen Arbeit so umfangreich geworden ist, daß zur Erzeugung der materiellen Lebensmittel nur noch ein geringer, bis auf einen kleinen Rest schrumpfender Teil der gesellschaftlichen Arbeitszeit gebraucht, wenn die Freistellung aller Gesellschaftsmitglieder für »höhere Arbeit« – für Wissenschaft und Kunst, Gemeinschaftsfunktionen und Spiel – nicht nur möglich, sondern sozialökonomisch notwendig wird.[22] Wenn aber das Mehrprodukt allen zugute

22 »Erst auf dieser Stufe fällt die Selbstbetätigung mit dem materiellen Leben zusammen, was der Entwicklung der Individuen zu totalen Individuen und der Abstreifung aller Naturwüchsigkeit entspricht; und dann entspricht sich die Verwandlung der Arbeit in Selbstbetätigung und die Verwandlung des bisher bedingten Verkehrs in den Verkehr der Individuen als solcher.« (Marx, Die deutsche Ideologie, MEW, Bd. 3, S. 68). Fortschreitende Ersetzung unmittelbarer Produktionstätigkeit durch Maschinen geht einher mit dem Wachstum sozialer Vermittlungstätigkeit, wodurch bereits im Kapitalismus die Basis für die »Verwandlung der Arbeit in Selbstbetätigung« sich berausbildet.

kommt und nicht mehr der privilegierten Aneignung einer Minderheit von Großbesitzern unterliegt – so erlischt seine Bedeutung als Kategorie sozialökonomischen Gegensatzes. An seine Stelle tritt das in selbstbewußter Kollektivität produzierte und angeeignete soziale *Gesamtprodukt* der klassenlosen Gesellschaft.

2. *Klasse als geschichtlicher Begriff*

Wenn das Kommunistische Manifest die Geschichte aller bisherigen Gesellschaft als Geschichte von Klassenkämpfen bezeichnet, so ist damit nicht gemeint, alle früheren sozialen Konflikte – »Freier und Sklave, Patrizier und Plebejer, Baron und Leibeigener, Zunftbürger und Gesell, kurz, Unterdrücker und Unterdrückte standen in stetem Gegensatz zueinander, führten einen bald versteckten, bald offenen Kampf«[23] – alle sozialen Kämpfe seien Auseinandersetzungen zwischen *Klassen im modernen Sinne* gewesen. In der »deutschen Ideologie« erklären Marx und Engels: »Alle Kollisionen der Geschichte haben ... nach unserer Auffassung ihren Ursprung in dem Widerspruch zwischen den Produktivkräften und der Verkehrsform« bzw. den Produktionsverhältnissen, (wie es in der späteren Terminologie heißt).[24] Der Antagonismus von Produktion und Aneignung determiniert letztlich alle sozialen Kämpfe, ob es sich nun um Konflikte zwischen herrschenden Eingentümern wegen der Verteilung des Mehrprodukts handelt oder um Auseinandersetzungen zwischen Unterdrückern und Unterdrückten. Durch diesen Antagonismus beherrscht, ist alle bisherige Geschichte Geschichte von Klassenkämpfen. Den vorkapitalistischen Klassenverhältnissen stellen Marx und Engels jedoch die modernen Klassen gegenüber:

»In den früheren Epochen der Geschichte finden wir fast überall eine vollständige Gliederung der Gesellschaft in verschiedene Stände, eine mannigfaltige Abstufung der gesellschaftlichen Stellungen. Im alten Rom haben wir Patrizier, Ritter, Plebejer, Sklaven; im Mittelalter Feudalherren, Vasallen, Zunftbürger, Gesellen, Leibeigene, und noch dazu in fast jeder dieser Klassen wieder besondere Abstufungen.

Die aus dem Untergange der feudalen Gesellschaft hervorgegan-

23 Marx, Engels, Manifest, MEW, Bd. 4, S. 462

24 Marx, Engels, Die deutsche Ideologie, MEW, Bd. 3, S. 73

gene moderne bürgerliche Gesellschaft hat die Klassengegensätze nicht aufgehoben. Sie hat nur neue Klassen, neue Bedingungen der Unterdrückung, neue Gestaltungen des Kampfes an die Stelle der alten gesetzt.

Unsere Epoche, die Epoche der Bourgeoisie, zeichnet sich jedoch dadurch aus, daß sie die Klassengegensätze vereinfacht hat. Die ganze Gesellschaft spaltet sich mehr und mehr in zwei große feindliche Lager, in zwei große, einander direkt gegenüberstehende Klassen: Bourgeoisie und Proletariat.«[25]

Der Klassen- und Klassenkampfcharakter früherer antagonistischer Gesellschaften ist erst vom Blickpunkt der entwickelten kapitalistischen Produktionsweise aus sichtbar geworden. Das ist nicht im Sinne ideologischer Reprojektion zu verstehen – derart, wie die klassische politische Ökonomie alle Wirtschaft als bürgerlich begriff. Erst die Entfaltung des Kapitalismus bewirkt, daß die Gesellschaft in zwei große feindliche Lager auseinandertritt, offen zwei einander entgegengesetzte Interessenpole herauskristallisiert, überkommene Verhüllungen, wie die Restbestände archaischer Gemeinschaft auf dem Lande und selbständige Mittelschichten in der Stadt beseitigt – also den gesellschaftlichen Antagonismus unverhüllt erscheinen läßt. Erst dann werden auch die vergangenen Klassenverhältnisse als solche begrifflich faßbar. In der *Form* des Klassengegensatzes kapitalistischer Provenienz setzt sich der vordem verborgene und mystifizierte *Inhalt* der Klassengesellschaft durch: der Antagonismus von gesellschaftlicher Arbeit und privater Aneignung wird aus der entscheidenden geschichtlichen Determinante zur Struktur der Gesellschaft. In den modernen Klassen Bourgeoisie und Proletariat treten sich gesellschaftliche Arbeit und private Aneignung als Klassen gegenüber.

Die Formbestimmung der Klassen, ihr spezifisches Erscheinungsbild ist bis zu ihrer industriekapitalistischen Ausprägung in einem Wandel begriffen, der sich innerhalb der bürgerlichen Gesellschaft infolge des Polarisierungsprozesses mit beschleunigter Dynamik fortsetzt. Die Klassenformen der Feudalzeit unterscheiden sich sehr von denen des Kapitalismus, aber selbst diese unterliegen Umwälzungen von unentwickelten zu entfalteten Aggregationen, in der durch die Produktionsweise gesetzten Richtung. Der Wandel der Klassenformen ist abhängig von der

25 Marx, Engels, Manifest, MEW, Bd. 4, S. 462 f.

Entwicklungsstufe der gesellschaftlichen Arbeit; die Marxsche Auffassung wird aus den Ausführungen über die Geschichtlichkeit der Kategorie Arbeit deutlich. »Arbeit«, heißt es in der Einleitung zur Kritik der politischen Ökonomie,[26] »scheint eine ganz einfache Kategorie. Auch die Vorstellung derselben in dieser Allgemeinheit – als Arbeit überhaupt – ist uralt.[27] Dennoch, ökonomisch in dieser Einfachheit gefaßt, ist ›Arbeit‹ eine ebenso moderne Kategorie wie die Verhältnisse, die diese einfache Abstraktion erzeugen«. »Arbeit überhaupt«, allgemein menschliche Verausgabung von Arbeitskraft, ist das Wesen aller speziellen Arbeitsformen. Bis zum Anfang des Kapitalismus aber wird diese Allgemeinheit durch die vorherrschende Naturbeziehung der Arbeiten verhüllt und nur nebenbei, von der Lebensrealität isoliert, begriffen – etwa in Form der christlichen Brüderschaft – oder fällt praktisch mit einer dominierenden Arbeitsbesonderheit zusammen – beispielsweise mit Sklavenarbeit –, so daß alle übrige Tätigkeit aus dem Begriffsrahmen fallend als Nicht-Arbeit gilt: »... bei den Russen (entspricht praktisch) dieser Gleichgültigkeit gegen die Bestimmtheit der Arbeit das traditionelle Festgerittensein in eine ganz bestimmte Arbeit.«[28] Sobald sich innerhalb der agrarisch-naturalwirtschaftlich bestimmten Wirtschaftsweise die einfache Warenproduktion entfaltet, erscheint die Allgemeinheit der Arbeit als gegenständlicher Reichtum, »objektiv, als Sache außer sich im Geld«[29].

In der frühkapitalistischen Epoche setzt entsprechend der Umwälzung des Produktionssystems ein Aufklärungsprozeß ein, der stufenweise das Wesen der Kategorie »Arbeit« hervortreten läßt. (In der gleichen Epoche tritt der Begriff »Klasse« ins gesellschaftliche Bewußtsein.)[30] So nennt Marx es einen großen

---

26 Marx, Grundrisse, S. 24

27 Ebenso alt ist die Vorstellung des Gegensatzes von Arbeitenden und Nicht-Arbeitenden, Armen und Reichen, Unterdrückten und Unterdrükkern, wie Stanislaw Ossowski gezeigt hat, in: Die Klassenstruktur im sozialen Bewußtsein, Neuwied–Berlin 1962.

28 Marx, Grundrisse, S. 25

29 A. a. O. 24

30 »Die Lebensbahn des Begriffs Klasse fällt nicht mit der Lebenszeit der Klassen selber zusammen. Klassen hat es gegeben, seit die Menschheit mit der gewachsenen Produktivkraft der Arbeit aus der urwüchsigen Gesellschaft heraustrat ... In den fünf- oder sechstausend Jahren, die seither vergangen sind, haben die unterschiedlichsten Klassen existiert. Aber neun Zehntel dieser Zeit hindurch blieb den Zeitgenossen notwendigerweise verborgen, daß und warum sie Angehörige bestimmter Klassen waren.
Die Lebensbahn des *Begriffs* Klasse umfaßt nur etwa fünf Jahrhunderte.

Fortschritt, wenn die merkantilistischen Ökonomen die Quelle des Reichtums »aus dem Gegenstand in die subjektive Tätigkeit« setzen, obwohl »diese Tätigkeit in der Begrenztheit als geldmachend« aufgefaßt wird. Ebenso einseitig auf eine besondere Tätigkeit bezogen, impliziert die Theorie der Physiokraten doch einen weiteren Fortschritt, weil sie zwar allein die Agrikultur als Reichtum schaffende Arbeit gelten läßt, aber »das Objekt selbst nicht mehr in der Verkleidung des Geldes, sondern als Produkt überhaupt, als allgemeines Resultat der Arbeit« definiert. Die entscheidende Wendung, »jede Bestimmtheit der reichtumzeugenden Tätigkeit fortzuwerfen«, wird Adam Smith zuerkannt. »Mit der abstrakten Allgemeinheit der Reichtum schaffenden Tätigkeit nun auch die Allgemeinheit des als Reichtum bestimmten Gegenstandes, Produkt überhaupt oder wieder Arbeit überhaupt, aber als vergangne, vergegenständlichte Arbeit.«[31]

Erst in der kapitalistischen Produktionsweise, welche die Warentauschbeziehung verallgemeinert und alle Arbeitsprodukte auf den Nenner abstrakter Arbeit bringt, wird der »abstrakte Ausdruck für die einfachste und urälteste Beziehung gefunden, worin Menschen – sei es in welcher Gesellschaftsform immer – als produzierend auftreten.«[32] Diese Erkenntnis ist jedoch gebunden an eine bestimmte historische Gestaltung jener einfachsten Beziehung: »Die Gleichgültigkeit gegen eine bestimmte Art der Arbeit setzt eine sehr entwickelte Totalität wirklicher Arbeitsarten voraus, von denen keine mehr die alles beherrschende ist. So entstehn die allgemeinsten Abstraktionen überhaupt nur bei

Sie beginnt im 16. Jahrhundert und endet, nehmen wir an, im 21. Jahrhundert.« (Rudolf Herrnstadt, Die Entdeckung der Klassen, Die Geschichte des Begriffs Klasse von den Anfängen bis zum Vorabend der Pariser Julirevolution 1830, Berlin 1965, S. 5 f.). Ende des 17. Jahrhunderts, infolge des Aufschwungs der Wissenschaften durch die Manufakturproduktion, wurde »Klasse« gebräuchlich als naturwissenschaftlicher Teilungsbegriff; seit der Mitte des 18. Jahrhunderts wird der Begriff im gesellschaftlichen Sinne gebraucht: durch die Physiokraten. Aber noch Adam Smith benutzt ihn als sozialen Einteilungsbegriff. Erst die Französische Revolution verschafft ihm die Merkmale des Klassengegensatzes und des Klassenkampfes, die seinen modernen Inhalt ausmachen; sie beendet die Doppelherrschaft der Begriffe Stand und Klasse. Die Historiker der Restauration – Thierry, Guizot, Mignet u. a. – welche den liberalen Klassenbegriff repräsentieren, erklären erstmals die Geschichte durch Klassenkämpfe. – Mit der Pariser Julirevolution beginnt die Ausbildung des proletarischen Klassenbegriffs: in der Praxis der Arbeiterbewegung.

31 Marx, Grundrisse, S. 24

32 A. a. O. S. 24 f.

der reichsten konkreten Entwicklung, wo eines vielen Gemeinsam erscheint, allen gemein. Dann hört es auf, nur in besondrer Form gedacht werden zu können.«[33]
Diese offen zutage tretende Abstraktion der Arbeit »ist nicht nur das geistige Resultat einer konkreten Totalität von Arbeiten«, sondern eine reale Abstraktion infolge der Trennung der arbeitenden Klasse von den Produktionsmitteln, der manufakturmäßigen Teilung der Arbeit, der Verwandlung der Arbeit in Lohnarbeit und der Produktionsmittel in Kapital. »Die Gleichgültigkeit gegen die bestimmte Arbeit entspricht einer Gesellschaftsform, worin die Individuen mit Leichtigkeit aus einer Arbeit in die andre übergehn und die bestimmte Art der Arbeit ihnen zufällig, daher gleichgültig ist. Die Arbeit ist hier nicht nur in der Kategorie, sondern in der Wirklichkeit als Mittel zum Schaffen des Reichtums überhaupt geworden, und hat aufgehört, als Bestimmung mit den Individuen in einer Besonderheit verwachsen zu sein.«[34] In den vorkapitalistischen Gesellschaften erzeugte die Besonderung der Arbeit kastenmäßige, zünftige oder ständische Gliederungsformen, welche den Klassengegensatz organisierten und zugleich verhüllten. Gering entwickelte Arbeitsteilung, dürftige Produktivkräfte und der periphere Charakter der Tauschwirtschaft verhinderten die allgemeine Austauschbarkeit der Produzenten. Der Antagonismus zwischen Produzenten und Eigentümern wurde charakterisiert durch Reste archaischen Gemeinwesens, durch individuelles oder kollektives Besitztum an Produktionsmitteln, durch fachliche und lokale Autonomie und stellte sich äußerlich als unmittelbares Gewaltverhältnis dar. Erst der Sieg der Tauschwirtschaft über die Naturalwirtschaft zerbricht die zünftig fixierten Fachbindungen und persönlichen Herr-Knecht-Verhältnisse der unmittelbaren Produzenten und löst damit auch ihre feste Verknüpfung mit den Arbeitsmitteln sowie ihre lokale Abgeschlossenheit auf. Damit werden die Produzenten austauschbar; im Warenwert erhält die abstrakte Arbeit (die Verausgabung von Arbeitskraft in Zeit gemessen) ihren praktischen Ausdruck. Die praktische Realisierung der abstrakten Arbeit im Wert (als dem universellen Medium des gesellschaftlichen Produktionsprozesses) entspricht der zunehmenden Aufhebung der Kleinproduktion durch die Industrialisierung,

33 A. a. O. S. 25
34 A. a. O. S. 25

d. h. der zunehmenden Reduktion komplexer individueller Tätigkeiten auf einfache Arbeit, bloße Arbeitskraftverausgabung. Ein immer größerer Teil der Produzenten wird in »freie«, arbeitsmittellose Lohnarbeiter verwandelt. Unterordnung der konkreten, nützlichen unter die abstrakte Arbeit bestimmt sowohl die Position des Kapitals (Aneignung unbezahlter Quanta Arbeit) als auch die Position der Lohnarbeiter (Auswechselbarkeit der Arbeitskräfte, Wertschöpfung). Der Antagonismus von Mehrprodukterzeugern und -usurpatoren tritt, befreit von ausgleichenden und verhüllenden Momenten, in der *Form* des Klassengegensatzes von Mehrwert Produzierenden und Aneignenden in Erscheinung. Die Herrschaft der Ausbeuter verliert die Form des Gewaltverhältnisses und tritt mittelbar, auf der Grundlage der Gleichheit des Warentausches auf, der das kapitalistische Ausbeutungsverhältnis in ökonomischer Form mystifiziert, aber auch legitimiert.

Wie die kapitalistische Produktionsweise erst durch den Sieg über Naturalwirtschaft und einfache Warenproduktion die Bedingungen schafft, unter denen alle nützliche Arbeit allmählich unter die Bestimmung der abstrakten Arbeit gestellt wird – ebenso bildet die Polarisierung der Gesellschaft in Arbeiter und Kapitalisten einen langwierigen historischen Prozeß. Vom Gesichtspunkt der Abschaffung des kapitalistischen Klassenverhältnisses her – »So kam die bürgerliche Ökonomie erst zum Verständnis der feudalen, antiken, orientalen, sobald die Selbstkritik der bürgerlichen Gesellschaft begonnen«[35] kann Marx die gesellschaftlichen Gliederungsformen der Vergangenheit als Entwicklungsformen des Klassengegensatzes begreifen. »Die bürgerliche Gesellschaft ist die entwickeltste und mannigfaltigste historische Organisation der Produktion. Die Kategorien, die ihre Verhältnisse ausdrücken, das Verständnis ihrer Gliederung, gewähren daher zugleich Einsicht in die Gliederung und die Produktionsverhältnisse aller der untergegangnen Gesellschaftsformen, mit deren Trümmern und Elementen sie sich aufgebaut, von denen teils noch unüberwundne Reste sich in ihr fortschleppen, bloße Andeutungen sich zu ausgebildeten Bedeutungen entwickelt haben.«[36]

Wenn auch die Geschichte aller bisherigen Gesellschaft die Ge-

---

35 A. a. O. S. 26
36 A. a. O. S. 25 f.

schichte von Klassenkämpfen ist: die Begriffe Klasse und Klassenkampf, »trotz ihrer Gültigkeit – eben wegen ihrer Abstraktion – für alle Epochen«, sind doch »in der Bestimmtheit dieser Abstraktion selbst ebensosehr das Produkt historischer Verhältnisse«, nämlich der kapitalistischen Produktionsweise, und besitzen »ihre Vollgültigkeit nur für und innerhalb dieser Verhältnisse«.[37]

Der dialektische Charakter des Klassenbegriffs – welcher speziell die »Klassen im modernen Sinne« und zugleich den Antagonismus von Mehrprodukterzeugern und -aneignern für die Zivilisation überhaupt einbegreift – wird im »Elend der Philosophie« formelhaft ausgesprochen: »Mit dem Moment, wo die Zivilisation beginnt, beginnt die Produktion sich aufzubauen auf den Gegensatz der Berufe, der Stände, der Klassen, schließlich auf dem Gegensatz von angehäufter und unmittelbarer Arbeit. Ohne Gegensatz kein Fortschritt; das ist das Gesetz, dem die Zivilisation bis heute gefolgt ist. Bis jetzt haben sich die Produktivkräfte aufgrund dieser Herrschaft des Klassengegensatzes entwickelt.«[38]

Der Klassengegensatz: zwischen angehäufter und unmittelbarer, zwischen toter und lebendiger Arbeit, zwischen herrschaftlicher Akkumulation und gesellschaftlicher Produktion des Mehrprodukts – der Klassengegensatz im allgemeinen Sinn determiniert und strukturiert die orientalische Kasten-, die feudale Stände-, die frühbürgerliche Klassengesellschaft, aber erst in der Form der direkt antagonistischen »Klassen im modernen Sinne« – Bourgeoisie und Proletariat – tritt er offen, *als Klassengegensatz,* in Erscheinung. Marx setzt den *Gegensatz zwischen angehäufter und unmittelbarer Arbeit* jedoch auch als letzte Stufe im historischen Wandel der Formen des Klassengegensatzes, noch nach die Epoche der »Klassen«-Gliederung: »Mit dem Moment, wo die Zivilisation beginnt, beginnt die Produktion sich aufzubauen auf den Gegensatz der Berufe, der Stände, der Klassen, schließlich auf dem Gegensatz von angehäufter und unmittelbarer Arbeit.« Die präzise Unterscheidung der *Formen* des Klassengegensatzes geht ebenso aus folgender Passage hervor: »Die Bedingung der Befreiung der arbeitenden Klasse ist die Abschaffung jeder Klasse, wie die Bedingung der Befreiung des dritten Standes, der bürgerlichen Ordnung, die Abschaffung

37 A. a. O. S. 25
38 Marx, Das Elend der Philosophie, MEW, Bd. 4, S. 91 f.

aller Stände war.« In einer Fußnote schreibt Engels: »Stände hier im historischen Sinn der Stände des Feudalstaats, Stände mit bestimmten und begrenzten Vorrechten. Die Revolution der Bourgeoisie schaffte die Stände samt ihren Vorrechten ab. Die bürgerliche Gesellschaft kennt nur noch *Klassen*. Es war daher durchaus im Widerspruch mit der Geschichte, wenn das Proletariat als vierter Stand bezeichnet worden ist.«[39] Die Frage, warum Marx eine letzte Epoche des Klassenantagonismus mit einem Gegensatz bezeichnet, der doch allen antagonistischen Gesellschaftssystemen zugrunde gelegen hat, scheint sich daraus zu erklären, daß hier das offene In-Aktion-Treten jenes Antagonismus bezeichnet wird, wodurch dieser auch eine neue gesellschaftliche Qualität erhält. Das Besondere dieser Äußerung liegt darin, daß bei der sozialökonomischen Periodisierung zwischen der *speziellen Kategorie der Klassen* und einer letzten, abschließenden Form sozialer Antinomie unterschieden wird, in der sich der von Epoche zu Epoche in verschiedenen Klassenformen (Gliederungsformen) realisierte Antagonismus erstmals *unmittelbar* als Herrschaft der toten über die lebendige Arbeit manifestiert.

Marx hat den historisch-sozialen Klassenbegriff von frühbürgerlichen Historikern übernommen, welche ihn aus der Erfahrung einer eher noch handwerklich-manufakturell und bäuerlich strukturierten als großindustriell geprägten Sozietät formulierten. In der »Klasse« sieht er die entscheidende Gliederungsform der bürgerlichen Gesellschaft, eine Gliederungsform, die im Gegensatz zum »Stand« durch formal unbeschränkte sozialökonomische Mobilität charakterisiert ist. Allerdings hat dann gerade Marx sehr scharf die Zäsur zwischen den *Klassen frühbürgerlicher Provenienz* (in der Manufakturperiode) und den durch das entfaltete Kapitalverhältnis entstandenen *Klassen im modernen Sinne* gezogen. Es muß dahingestellt bleiben, ob Marx vielleicht dahin gelangt wäre, den Klassenbegriff zur Bestimmung der Kontrahenten der letzten Form sozialökonomischer Antinomie durch einen anderen – eben von den früheren »Klassen« abhebenden – Begriff zu ersetzen: im Kommunistischen Manifest ist alternativ für »Klassen im modernen Sinne« auch von den »zwei großen *Lagern*« die Rede, in welche sich die moderne Gesellschaft aufzuspalten tendiert.

---

39 A. a. O., S. 181 f. – Lassalle bezeichnete die Arbeiterklasse als Vierten Stand.

3. Eigentum und Arbeitsteilung

Der scheinbare theoretische Widerspruch zwischen dichotomischem Klassenantagonismus und einer vielfältigeren, differenzierter abgestuften Gliederung der Gesellschaft bildet einen Angelpunkt der Kritik an der marxistischen Klassentheorie. Die trichotomische oder pluralistische Gliederung in untere, mittlere und obere Kasten, Stände oder Klassen scheint mit der Theorie der »in zwei große feindliche Lager« gespaltenen antagonistischen Gesellschaft ebensowenig vereinbar wie die innere Untergliederung einzelner Klassen in relativ verselbständigte Schichten und Fraktionen. Es stellt sich die Frage, ob das Privateigentum an Produktionsmitteln auch diese differenzierteren Gliederungsformen hervorbringt. – Existiert ein wesentlicher innerer Zusammenhang zwischen der Teilung in die Hauptklassen und der inneren Untergliederung dieser Klassen, zwischen der Teilung in Hauptklassen und Nebenklassen oder Zwischenschichten?

Das Eigentum, welches als allgemeines grundlegendes Produktionsverhältnis, als Ensemble aller einzelnen Produktionsverhältnisse, die gesellschaftliche Arbeitsteilung, die Klassengliederung, die Austauschbeziehungen etc. zusammenfaßt, ist als Verfügung über die sachlichen Produktionsbedingungen *ein Moment* der gesellschaftlichen Totalität. Die Klassengliederung ist daher nur abstrakt bestimmt durch das Eigentumsverhältnis, wenn Eigentum und Arbeitsteilung (als die realen Bestimmungen des gesellschaftlichen Charakters der Produktion, als gesellschaftliche Produktionsverhältnisse) voneinander getrennt und unvermittelt nebeneinandergestellt werden[40] – freilich wird solche Abstraktion real vollzogen durch die kapitalistische Verwertung abstrakter Arbeit. Gegenüber der begrifflichen Trennung von Arbeitsteilung und Eigentum ist festzuhalten: » . . . in dem einen wird in Beziehung auf die Tätigkeit dasselbe ausgesagt, was in dem andern in bezug auf das Produkt der Tätigkeit

40 Der von den Soziologen hergebetete Standardsatz, das Privateigentum an Produktionsmitteln habe sich als »nicht so wichtig für die soziale Schichtung erwiesen«, impliziert eine solche Trennung. Durkheim und Schmoller sind die wichtigsten Vertreter der Auffassung, wonach Klassengliederung sich aus der Arbeitsteilung erklärt. Neuere Soziologen benutzen den allgemeinen und nichts mehr erklärenden Begriff der sozialen Differenzierung, als deren Spezialfall die Schichtung gilt.

ausgesagt wird«; insofern »sind Teilung der Arbeit und Privateigentum identische Ausdrücke.«[41]

Gesellschaftliche Arbeitsteilung wird also von Marx nie einseitig technisch-funktional gefaßt, sondern erstens gemäß dem dreifachen Charakter von Distribution, zweitens gemäß der Unterscheidung naturwüchsiger gesellschaftlicher und planvoller betrieblicher Arbeitsteilung, drittens als Durchdringung von Arbeit und Herrschaft. Produktion ist als bestimmt gegliederte, geteilte und angeeignete zugleich Distribution: Verteilung (1) der Produktionsinstrumente, (2) der Gesellschaftsmitglieder »unter die verschiedenen Arten der Produktion (Subsumtion der Individuen unter bestimmte Produktionsverhältnisse)«[42], (3) der Produkte. Eigentum, als formelle Seite der Distribution, ist die Besonderung von Verfügungsrecht und Herrschaft; Arbeitsteilung, als inhaltliche Seite der Distribution, die Besonderung der Tätigkeit. Während also das je herrschende Eigentum die gesamte Bevölkerung *dichotomisch* gliedert in die Großgruppe der Eigentümer und die Großgruppe eigentumsloser Produzenten, so wirkt die dementsprechende Arbeitsteilung als *funktionelles* Gliederungsverhältnis. Sie regelt die »Verhältnisse der Individuen zueinander in Beziehung auf das Material, Instrument und Produkt der Arbeit«[43], sie konstituiert spezielle Produktionsverhältnisse aufgrund der verschiedenen *Arten* der Produktion, also aufgrund spezieller Produktivkräfte. Die Teilung von Landwirtschaft und Industrie, Industrie und Kommerz, ihre Teilung in Zweige und Branchen, schließlich die Verselbständigung fester Berufe und die Sonderung dispositiver, reproduktiver und administrativer Tätigkeit von der unmittelbaren Produktionsarbeit – diese naturwüchsige gesellschaftliche Arbeitsteilung, hervorgerufen durch Entfaltung der Produktivkräfte, subsumiert die Individuen unter spezielle Produktionsverhältnisse und determiniert die funktionelle Gruppierung, die innere Gliederung und Fraktionierung der großen Gesellschaftsklassen. Die innere Struktur einer Klasse ist das Ensemble spezieller Produktionsverhältnisse aufgrund spezieller Produktivkräfte. Die Klasse als Ensemble spezieller Produktionsverhältnisse verändert, unifiziert oder differenziert sich infolge der Entfaltung der Produktivkräfte. In welchem Maß die verschiedenen Grup-

41 Marx, Engels, Die deutsche Ideologie, MEW, Bd. 3, S. 32
42 Marx, Grundrisse, S. 17
43 Marx, Engels, Die deutsche Ideologie, MEW, Bd. 3, S. 22

pen und Fraktionen sich verselbständigen, ob die Klasse durch das Medium ihrer Teile nicht nur als Kompositum zusammengesetzt, sondern als konkrete Totalität erzeugt und reproduziert wird – das bestimmt sich nach dem Maß, in welchem Arbeit und Aneignung sich gesellschaftlich verallgemeinern. Gegenüber der Fülle besonderer Relationen in der gesellschaftlichen Produktion setzt sich das Allgemeine in Gestalt verdinglichter abstrakter Arbeit erst im Kapitalismus durch.

Sofern gegenüber den Hauptklassen des Kapitalismus Nebenklassen oder Zwischenschichten bestehen, welche nicht ein verselbständigtes spezielles Produktionsverhältnis verkörpern, das der herrschenden Produktionsweise selbst angehört (wie die kapitalistischen Grundeigentümer des 19. Jahrhunderts die Verselbständigung des Grundeigentums gegenüber der Industrie verkörperten) – so stehen sie in einem *ungleichzeitigen*, aus untergegangenen Produktionsweisen noch fortexistierenden, jedoch amalgamierten Produktionsverhältnis, das sich in rückständigen Zweigen bzw. Arten der Produktion noch aufrechterhalten läßt (wie die einfachen Warenproduzenten und kleinen Händler).

In der Geschichte der gesellschaftlichen Arbeitsteilung gewinnen soziale Vermittlungsdienste gegenüber unmittelbarer Produktionstätigkeit zunehmend den Charakter einer eigenen Dimension. *Unmittelbare Produktionsarbeit* – Arbeit unmittelbarer Produzenten – ist stets materielle Produktion, stoffumformende Tätigkeit. Sie ist die Grundlage der Warentauschökonomie und Mehrwertproduktion, aber kann auch im kapitalistischen Sinne unproduktiv sein. Sofern sie innerhalb eines größeren Arbeitsensembles geleistet wird, bedarf sie zu ihrer Realisierung und Kontinuität spezifischer *Vermittlungsarbeit*,[44] die als verselbständigte Arbeitsfunktion geschichtlich jüngeren Datums ist als unmittelbare Produktionsarbeit. Sie ergänzt, rationalisiert und beherrscht diese von Anfang an, vermittelt Arbeitsprozesse innerhalb von Gruppen (Kooperation, Leitung), zwischen Gruppen (Zirkulation, Staat), aber auch zwischen Gruppen und einzelnen Individuen bzw. zwischen Individuen (Dienstleistungen). Erst in der kapitalistischen Gesellschaft wird sie zur unmittel-

44 Während unmittelbare Produktionsarbeit den Stoffwechsel mit der Natur, betätigt Vermittlungsarbeit den *gesellschaftlichen Stoffwechsel und Verkehr,* also Verteilung und Austausch der Produkte, Tätigkeiten und Ideen.

baren Produktivkraft, welche die Produktivkraft unmittelbarer Produktionsarbeit am Ende verdrängt.

Schon in der archaischen Periode kristallisieren sich gewisse soziale Dienstfunktionen heraus, die im Rahmen kleiner Gemeinschaften zu keiner Durchbrechung der sozialen Egalität führen, aber im Zusammenhang der frühen Hochkulturen sich zu despotischen Regierungsapparaten verselbständigen.[45] In diesem Fall hat dann aber schon die grundlegende Arbeitsteilung der bisherigen Geschichte, die Arbeitsteilung zwischen Stadt und Land stattgefunden. In Gesellschaften, wo das Mehrprodukt in Privateigentum verwandelt wird, erhält diese Trennung ihre eigentlich umwälzende Bedeutung: die Nabelschnur zum Lande wird durchschnitten, die Stadt als autonome, wenn auch noch lange stark mit dem Lande verknüpfte Lebens- und Arbeitssphäre etabliert.[46]

Die Arbeitsteilung zwischen Stadt und Land hat Konsequenzen im Sinne beider Grundaspekte der Arbeitsteilung: die Stadt wird Knotenpunkt einer ganzen Reihe von Differenzierungen des gesellschaftlichen Arbeitsprozesses. Einerseits dient sie – im mittel- oder unmittelbaren Interesse von Herrschaft – der Zen-

---

45 »Die Spaltung der Gesellschaft in eine ausbeutende und eine ausgebeutete, eine herrschende und eine unterdrückte Klasse war die notwendige Folge der früheren geringen Entwicklung der Produktion. Solange die gesellschaftliche Gesamtarbeit nur einen Ertrag liefert, der das zur notdürftigen Existenz aller Erforderliche nur um wenig übersteigt, solange also die Arbeit alle oder fast alle Zeit der großen Mehrheit der Gesellschaftsmitglieder in Anspruch nimmt, so lange teilt sich diese Gesellschaft notwendig in Klassen. Neben der ausschließlich der Arbeit frönenden großen Mehrheit bildete sich eine von direkt-produktiver Arbeit befreite Klasse, die die gemeinsamen Angelegenheiten der Gesellschaft besorgt: Arbeitsleitung, Staatsgeschäfte, Justiz, Wissenschaften, Künste usw. Es ist also das Gesetz der Arbeitsteilung, das der Klassenteilung zugrunde liegt.« (Engels, Die Entwicklung des Sozialismus von der Utopie zur Wissenschaft, MEW, Bd. 19, S. 224 f.)

46 »Die Grundlage aller entwickelten und durch Warentausch vermittelten Teilung der Arbeit ist die Scheidung von Stadt und Land. Man kann sagen, daß die ganze ökonomische Geschichte der Gesellschaft sich in der Bewegung dieses Gegensatzes resümiert . . .« (Marx, Das Kapital, Bd. I, MEW, Bd. 23, S. 373). – »Die klassische alte Geschichte ist Stadtgeschichte, aber von Städten, gegründet auf Grundeigentum und Agrikultur; die asiatische Geschichte ist eine Art indifferenter Einheit von Stadt und Land; (die eigentlich großen Städte sind bloß als fürstliche Lager hier zu betrachten, als Superfötation über die eigentlich ökonomische Konstruktion); das Mittelalter (germanische Zeit) geht vom Land als Sitz der Geschichte aus, deren Fortentwicklung dann im Gegensatz von Stadt und Land vor sich geht; die moderne [Geschichte] ist Verstädtischung des Landes, nicht wie bei den Antiken Verländlichung der Stadt.« (Marx, Grundrisse, S. 382)

tralisation allgemeiner Dienst- und Repressionsfunktionen (Verwaltung, Militär, Justiz, zentrale Kultstätten, Pflege von Wissenschaft und Kunst etc.); für die vom Privateigentum bestimmte Gesellschaft wird ebenso oder in noch stärkerem Maße die Zentralisation des Handels, d. h. des Austausches, der Zirkulation von Erzeugnissen verschiedener Produktionszweige wesentlich. Andererseits trennen sich durch die Gründung der Städte in zunehmendem Maß die nichtlandwirtschaftlichen Produktionsarbeiten vom Land und konzentrieren sich als Handwerksproduktion in den Mauern der Stadt. Die Handelsstädte treiben diese Konzentration des Handwerks zugleich mit seiner wachsenden Spezialisierung voran. Das Produktionsverhältnis der landwirtschaftlichen und der handwerklichen Produzenten ist je nach der herrschenden Arbeitsteilungs- und Eigentumsform verschieden. In der antiken Gesellschaft[47] beherrscht die Stadt mit Hilfe der Sklavenarbeit das flache Land, geht aber an ihr zugrunde, weil die durch nackte Gewalt erzwungene Sklavenproduktion die Arbeit selbständiger Handwerker und Bauern eliminiert, sie aber nur quantitativ, nicht qualitativ ersetzen kann. Das europäische Mittelalter[48] ist durch die Herrschaft des Landes, d. h. des grundbesitzenden Adels über die Städte gekennzeichnet; die Gesellschaft besteht zum großen Teil aus tributpflichtigen Fronbauern, die Städte mit ihren Handwerkern und Kaufleuten sind Fremdkörper und wenn nicht dem Adelsstand untertan, dann doch von ihm abhängig. In der bürger-

---

47 Vgl. Michael Rostovzeff, Die hellenistische Welt, Gesellschaft und Wirtschaft, Bd. II, Stuttgart 1955, S. 945: »Das bauerneigene Land, das für das Griechenland des fünften Jahrhunderts so kennzeichnend war, verlor allmählich an Bedeutung. Das Land ging aus den Händen der Kleinpächter und -bauern auf verschiedene Körperschaften über: Städte, Unterteilungen von Städten, ... Tempel und verschiedene Vereinigungen, sowie auf Grundbesitzer, die in der Stadt wohnten ...« Vgl. auch Rostovzeff, Bd. I, S. 142 ff.

48 In seiner Kritik an Sombart, der hervorhob, daß vor allem die dauernde Niederlassung von Grundherren, die hier ihre Grundrenten verzehren, einen Ort zur Stadt erwachsen läßt, räumt Josef Kulischer zwar ein, wie bedeutend für manche Städte die Bischöfe und geistlichen Anstalten waren, die von ihrer Grundrente lebten, bezweifelt aber, daß dies auch für Deutschland zutrifft, »wo die Städte dem Adel öfters verboten haben, in ihren Mauern zu wohnen«. (Kulischer, Allgemeine Wirtschaftsgeschichte des Mittelalters und der Neuzeit, Bd. I, Berlin 1958, S. 167 f.). Vgl. Motteck, der die Entfaltung agrarischer und städtischer Arbeitsteilung als entscheidenden Fortschritt in der Entwicklung der Produktivkräfte untersucht. (Hans Motteck, Wirtschaftsgeschichte Deutschland, Bd. I, Berlin 1964, S. 144 ff.)

lichen Gesellschaft[49] wird die Stadt endgültig zur dominierenden Lebens- und Arbeitswelt: der Lohnarbeiter wird allgemein der repräsentative Produzententyp. Vom Beginn der Mehrprodukt-Erzeugung an sind Versuche der exploitierenden Privateigentümer zu betrieblicher Arbeitsteilung zu verzeichnen, die aber in der Unentwickeltheit der Produktivkräfte beschränkt bleiben: bei Sklaven wie Leibeigenen war auf verschiedene Weise keine Trennung zwischen Produzent und Produktionsmittel gegeben; der selbst zum instrumentalen Objekt reduzierte Sklave kooperierte auf primitive Weise unter unmittelbarem Zwang; der Fronbauer besaß seinen eigenen Grund und Boden; leibeigenes Gutsgesinde befand sich in einem patriarchalischen Abhängigkeitsverhältnis zum Grundherren: beides begrenzte die Möglichkeiten betrieblicher Kooperation außerordentlich. Sie wurde erst unter dem Verhältnis von Lohnarbeit und Kapital möglich.[50] Mit der Trennung des unmittelbaren Produzenten von den Produktionsmitteln, die in der Form des Kapitals unmittelbar exploitatives Mehrprodukteigentum werden, wird die letzte bedeutende Schwelle des geschichtlichen Arbeitsteilungsprozesses überschritten: die unmittelbare Produktionsarbeit wird maximal von geistigen Funktionen gelöst und aus dem überlieferten Zusammenhang komplexer und komplizierter Tätigkeiten auf habitualisierte körperliche Bewegung, auf Teiltätigkeit oder »einfache Arbeit« reduziert.

---

49 Zur modernen bürgerlichen Gesellschaft vgl. Engels, Die Lage der arbeitenden Klasse in England, Die großen Städte, MEW, Bd. 2, S. 256 ff., vor allem S. 257

50 »Die Kooperation im Arbeitsprozeß, wie wir sie in den Kulturanfängen der Menschheit bei Jägervölkern oder etwa in der Agrikultur indischer Gemeinwesen vorherrschend finden, beruht einerseits auf dem Gemeineigentum an den Produktionsbedingungen, andrerseits darauf, daß das einzelne Individuum sich von der Nabelschnur des Stammes oder des Gemeinwesens noch ebensowenig losgerissen hat, wie das Bienenindividuum vom Bienenstock. Beides unterscheidet sie von der kapitalistischen Kooperation. Die sporadische Anwendung der Kooperation auf großem Maßstab in der antiken Welt, dem Mittelalter und den modernen Kolonien, beruht auf unmittelbaren Herrschafts- und Knechtsschaftsverhältnissen, zumeist auf der Sklaverei. Die kapitalistische Form setzt dagegen von vornherein den freien Lohnarbeiter voraus, der seine Arbeitskraft dem Kapital verkauft. Historisch jedoch entwickelt sie sich im Gegensatz zur Bauernwirtschaft und zum unabhängigen Handwerksbetrieb. Ihnen gegenüber erscheint die kapitalistische Kooperation, nicht als eine besondere historische Form der Kooperation sondern die Kooperation selbst als eine dem kapitalistischen Produktionsprozeß eigentümliche und ihn spezifisch unterscheidende historische Form.« (Marx, Das Kapital, Bd. I, MEW, Bd. 23, S. 353 f.)

4. Qualifikation und Tätigkeitsstruktur der Arbeit

Der qualitative Aspekt von Arbeit, der in der Marxschen Werttheorie offenbar nur insofern eine Rolle spielt, als alle »höhere Arbeit« auf multiplizierbare durchschnittliche einfache Arbeitsleistung bezogen wird,[51] umfaßt drei Gesichtspunkte: die Probleme der Tätigkeitszusammensetzung, der Ausbildung sowie des Verhältnisses von körperlicher und geistiger Arbeit.

Einfache und zusammengesetzte Arbeit. Im Gegensatz zur komplizierten handwerklichen Arbeit sowie auch noch zur spezialisierten Manufakturarbeit stellt die Fabrikarbeit vorherrschend monotone, körperlich erschöpfende, nur aus einem oder wenigen Routinehandgriffen bestehende, mehr oder minder auswechselbare Arbeit dar. Die Ausbreitung dieses Arbeitstyps ist dadurch bedingt, daß die industrielle Produktionsmaschinerie zunehmend die kompliziertere Handarbeit überflüssig macht. Dieser Prozeß der Reduktion auf einfache Arbeit liegt im Interesse der Kapitalverwertung, weil einfache Arbeit sowohl intensiver als auch extensiver produziert und die tendenzielle Austauschbarkeit der Arbeitenden nicht nur elastische, marktkonforme Produktionsumstellungen begünstigt, sondern auch stärkeren Druck auf die Löhne ermöglicht.

Alle Arbeit, wird einfache Arbeit oder kann in Einheiten einfacher Arbeit zerlegt werden, wie es sich auch in der Praxis der Arbeitsbewertung erweist. *»Zusammengesetzte Arbeit* produziert in einer Zeiteinheit je nach dem Grad ihrer Komplexität das mehrfache Wertprodukt einfacher Durchschnittsarbeit«. Statt der einen routinemäßigen Bewegung des maschinellen Stanzers verrichtet der einen Apparat bauende Feinmechaniker ein ganzes System von Bewegungen. Das Wertprodukt je Zeiteinheit ist zwar beim komplexen Arbeiter größer als beim einfachen Arbeiter, aber dieser produziert rationeller und damit billiger. Ein großer Teil der zusammengesetzten Arbeit wird in den »unproduktiven« Sphären der gesellschaftlichen Arbeitsteilung im Kapitalismus verrichtet.

In der Ausbreitung der »einfachen Arbeit« sieht Marx keineswegs das Nonplusultra der industriellen Produktionstechnik, sondern ein Durchgangsstadium zur Automation. Schon in der

---

51 Vgl. Roman Rosdolsky, Zur Entstehungsgeschichte des Marxschen ›Kapital‹, Der Rohentwurf des ›Kapital‹ 1857-58, Bd. II, Frankfurt am Main 1968; Kap. 31: »Das Problem der qualifizierten Arbeit«.

Übergangszeit wird einfache – bis zum äußersten rationell vereinfachte Arbeit – schließlich immer wieder durch Maschinerie abgelöst und überflüssig gemacht, so daß am Ende des Industrialisierungsprozesses ihre Aufhebung steht.

Einfache Arbeit ist identisch mit gesellschaftlicher Durchschnittsarbeit, der quantitativen Substanz des Wertes. Eine wesentliche Erhöhung dieses Durchschnittsniveaus über den Stand der einfachen Arbeit bedeutet für Marx, daß die Wertform und damit Warenproduktion und Kapitalismus nicht mehr aufrechterhalten werden können. Der Übergang komplexer industrieller Arbeit aus einer minoritären zu einer majoritären Erscheinung in der Automationsökonomie bedeutet Überflußproduktion und Aufhebung des Bildungsprivilegs: Das Kapitalregime ist dann nur noch mit Gewalt aufrechtzuerhalten.[52]

Qualifizierte und unqualifizierte Arbeit entsprechen als Begriffspaar der Unterscheidung von »einfacher« und »zusammengesetzter Arbeit«, sofern gemeint ist, daß komplexe Tätigkeit die praktische Anwendung von erworbenem Wissen und erlernten Fähigkeiten beinhaltet. Anders stellt sich jedoch die Relation, wenn es um »skilled« und »unskilled labour«,[53] also nicht um die

---

52 Vgl. zum Widerspruch zwischen technologischer Entwicklung und Qualifikation der Arbeitskraft: Das Kapital, Bd. I, MEW, Bd. 23, S. 509–512; Grundrisse ..., S. 582–592, besonders S. 587 f.; zum Widerspruch zwischen der Grundlage der bürgerlichen Produktion (Wertmaß) und ihrer Entwicklung der Produktivkräfte: Grundrisse ..., S. 592–594, sowie S. 595–597; zur Aufhebung des Gegensatzes zwischen freier Zeit und Arbeitszeit: Grundrisse ..., S. 599 f. – Helmut Steiner (Soziale Strukturveränderungen im modernen Kapitalismus, Zur Klassenanalyse der Angestellten in Westdeutschland, Berlin 1967) bezieht sich auf die angegebenen Abschnitte aus den Grundrissen, vor allem in dem Kapitel über die »Verwissenschaftlichung der Produktion«, (Steiner, a. a. O. S. 71–96). – Ebenso Herbert Marcuse bei der Untersuchung der Automation als »zentrifugaler« Tendenz, in: Der eindimensionale Mensch, Neuwied – Berlin 1967, S. 55 ff., sowie im Vorwort zur Kultur und Gesellschaft I, Frankfurt am Main 1965. – Ebenso André Gorz (Zur Strategie der Arbeiterbewegung im Neokapitalismus, Frankfurt am Main 1967) bei der Analyse der »erweiterten Reproduktion der Arbeitskraft« (vgl. S. 126). Steiner und Gorz kommen darin überein, daß die »neue Arbeiterklasse« bzw. die technischen Angestellten nach Inhalt und Substanz ihrer Arbeit die Perspektive aller Produktionstätigkeit verkörpern

53 »Der Unterschied zwischen höherer und einfacher Arbeit, ›skilled‹ und ›unskilled labour‹, beruht zum Teil auf bloßen Illusionen, oder wenigstens Unterschieden, die längst aufgehört haben, reell zu sein, und nur noch in traditioneller Konvention fortleben; zum Teil auf der hilfloseren Lage gewisser Schichten der Arbeiterklasse, die ihnen minder als anderen erlaubt, den Wert ihrer Arbeitskraft zu ertrotzen.« (Marx, Das Kapital, Bd. I, S. 212)

vollzogene oder vollziehbare Arbeitsleistung, nicht um die Struktur der Arbeitsverrichtung, sondern um die Qualitäts- und Wertunterschiede der *Arbeitskraft* selbst geht. Der Wert der unqualifizierten mehr oder weniger nur einfache Arbeit leistenden Arbeitskraft ist keine unverrückbare, sondern eine von Land zu Land, von Epoche zu Epoche variierende historisch-kulturelle Größe. Diese umfaßt eine bestimmte Summe von Waren und Dienstleistungen, die unter bestimmten Verhältnissen zur Reproduktion der Arbeitskraft im doppelten Sinne von Selbsterhaltung und Fortpflanzung für unabdingbar gelten. Je mehr eine Arbeitskraft durch Kenntnisse und ausgebildete Fähigkeiten angereichert ist, um so höher steigt ihr Wert über das kulturelle Existenzminimum, weil die Ausbildung höhere Reproduktionskosten der Arbeitskraft, vor allem hinsichtlich ihres Nachwuchses, bedingt. Im Gegensatz zur »höheren« Arbeitskraft ist die unqualifizierte infolge ihrer Zahl, Austauschbarkeit und Notlage von vornherein in einer schlechteren Marktposition, so daß sie nicht nur das gesellschaftliche Lebensminimum repräsentiert, sondern in der Gefahr schwebt, bei Krisen unter ihrem Wert bezahlt zu werden und bis auf das physische Lebensminimum und auch darunter zu verelenden. Die privilegierte Stellung, die die höher qualifizierte Arbeitskraft auf Grund ihrer Seltenheit und der damit verknüpften starken Marktposition genießt, eine Stellung, die ja u. U. Monopolaspekte haben und mehr aus dem Lohnfonds ziehen kann als dem Verhältnis der höheren Ausbildung entspricht, diese Stellung wird durch die Verwohlfeilung der Ausbildungskosten unterminiert, die mit dem Auf- und Ausbau des öffentlichen Volksbildungssystems (Schulpflicht etc.) eintritt: die Produktions- und Reproduktionskosten der qualifizierten Arbeitskraft sinken und werden zugleich damit für eine größere Zahl von Arbeitskräften erschwinglich, die einander Konkurrenz machen, so daß der Charakter privilegierter Lohnarbeit schwindet. Diese Entwicklung entspricht andrerseits ganz den technisch-ökonomischen Bedürfnissen der sich ausbreitenden zentralisierenden kapitalistischen Produktionsweise. Nicht zuletzt wird damit der primäre bzw. der sekundäre Lohnfonds zugunsten des Gesamtprofits der Kapitalisten-Klasse beschnitten. Im Verhältnis zu dem von ihr erzeugten Wertprodukt steht zwar der Qualifikationsgrad der Arbeitskraft, aber *nicht* ihr Wert bzw. Lohn; dieser ist, um es zu rekapitulieren, von den Lebens- und Ausbildungskosten des Lohnarbeiters abhängig, die durch objektive und subjektive Sozialfaktoren bedingt und sehr wandelbar sind: ihr Anteil am erzeugten Neuwert – und das ist die umfassende Größe, der zu verteilende »Kuchen« – ist stets eine Macht- und Kampffrage zwischen den beiden Hauptklassen der kapitalistischen Gesellschaft.

5. *Unmittelbare Produktionsarbeit und Vermittlungstätigkeit*

Die Trennung zwischen körperlicher und geistiger Arbeit stellt eine jener großen historischen Arbeitsteilungen dar, die auf der Schwelle zur Klassengesellschaft entstanden sind. »Geistige Arbeit« in diesem Verständnis ist zunächst die Tätigkeit der »ideologischen Stände«. Hierzu gehören Priester, Beamte, Gelehrte, Juristen, aber auch Ärzte und Künstler. Diese ideologischen Stände beziehen ihren Unterhalt aus dem gesellschaftlichen Mehrproduktfonds. Ihre spezielle Tätigkeit wird in dem Ausmaß möglich und zugleich notwendig, wie die Produktivkräfte der gesellschaftlichen Arbeitsteilung entfaltet werden. Mehr oder minder gehören alle diese geistigen Arbeiter zu jenen sozialen Gruppen, die vermittels Aneignung des Mehrprodukts die Herrschaft über die Gesellschaft ausüben.[54]

Im vorkapitalistischen Zeitalter steht der geistigen Arbeit der »ideologischen Stände« die durch körperliche Anstrengung be-

---

54 »Die Gedanken der herrschenden Klasse sind in jeder Epoche die herrschenden Gedanken, d. h. die Klasse, welche die herrschende *materielle* Macht der Gesellschaft ist, ist zugleich ihre herrschende *geistige* Macht. Die Klasse, die die Mittel zur materiellen Produktion zu ihrer Verfügung hat, disponiert damit zugleich über die Mittel zur geistigen Produktion, so daß ihr damit im Durchschnitt die Gedanken derer, denen die Mittel zur geistigen Produktion abgehen, unterworfen sind ... Die Teilung der Arbeit ... äußert sich nun auch in der herrschenden Klasse als Teilung der geistigen und materiellen Arbeit, so daß innerhalb dieser Klasse der eine Teil als die Denker dieser Klasse auftritt (die aktiven konzeptiven Ideologen derselben, welche die Ausbildung der Illusion dieser Klasse über sich selbst zu ihrem Hauptnahrungszweige machen) ...« (Marx, Die deutsche Ideologie, MEW, Bd. 3, S. 46 f.) Die ideologischen Stände, die mit geistiger Arbeit befaßte Abteilung der herrschenden Klasse, haben in unterschiedlichen Gesellschaftsformationen einen durchaus unterschiedenen Charakter. »Um den Zusammenhang zwischen der geistigen Produktion und der materiellen zu betrachten, vor allem nötig die letztre selbst nicht als allgemeine Kategorie, sondern in *bestimmter historischer* Form zu fassen. Also zum Beispiel der kapitalistischen Produktionsweise entspricht eine andre Art der geistigen Produktion als der mittelaltrigen Produktionsweise.« (Marx, Theorien über den Mehrwert, Teil I, MEW, Bd. 26.1, S. 256)

tonte Arbeit in der eigentlichen Produktionssphäre gegenüber, von der geistige Leistungen – Disposition, Geschick, Phantasie – infolge der gering entwickelten betrieblichen Arbeitsteilung noch nicht völlig abgetrennt sind.

Die kapitalistische Produktionsweise verändert das Verhältnis grundlegend: sowohl die geistige als auch die physische Arbeit in ihrer tradierten Form unterliegen der revolutionierenden Gewalt des Tauschverhältnisses, werden kommerzialisiert und kapitalisiert. Die Tätigkeit der alten »ideologischen Stände« wird auf den allgemeinen Nenner der »baren Zahlung« gebracht und verliert dadurch immer mehr ihre überkommene Aura herrschaftlicher Weihe und frommer Uneigennützigkeit; Jurist, Arzt und Priester werden zu »bezahlten Lohnarbeitern«, selbst die staatliche Bürokratie – die als Vermittlerin der gesamtkapitalistischen Räson eine mit der Entwicklung der neuen Produktionsweise immer wichtiger werdende Schlüsselposition einnimmt – unterliegt partiell den rationalisierenden Einflüssen des Kapitalverhältnisses. Ein großer Teil der geistigen Arbeit alten Typs wird in die Warenproduktionssphäre eingegliedert: die Dienstleistungen des Arztes, des Advokaten, des Künstlers erhalten Warenwertcharakter; geistige Arbeiter verwandeln sich in kleine Warenproduzenten oder – und das in zunehmendem Maße – in Lohnarbeiter, die Mehrwert produzieren. Zu gleicher Zeit verbreitert und differenziert sich die Schicht der Träger geistiger Funktionen. Weil der Zugang wenigstens formell kein Privileg mehr ist und die Ausbildungskosten für einen wachsenden Kreis erschwinglich sind, nimmt die Exklusivität jener geistigen Arbeiter allmählich ab, und diese sind am Ende nur besser bezahlte, »höhere« Lohnarbeiter; ihre Abhängigkeit vom Kapitaleigentum drückt sich wie bei den übrigen Lohnarbeitern in Geldform aus. Allerdings sind die Ideologie-Produzenten mit der herrschenden Klasse, aus der sie stammen oder in die sie kooptiert werden, enger in Kontakt als gewöhnliche Warenproduzenten. Die zur Herrschaft gelangte Bourgeoisie nimmt sehr bald von ihrer Kritik der ideologischen Stände Abstand, weil sie wie jede herrschende Klasse ideologischer und administrativer Integrationsdienste bedarf. Diese sind um so notwendiger in einer Gesellschaft, die durch die Verallgemeinerung des Warentauschverhältnisses und damit des Privateigentums und der Konkurrenz atomisiert wird; gerade hier werden bürokratische Administration und ideologische Integration (Intelligenz) zu Agenturen, die das Allgemeine wenigstens als »Superstruktur« herstellen.

Im Widerspruch, dem sich die Ideologen der kapitalistischen Gesellschaft ausgesetzt sehen – einerseits das Verteidigungsinteresse der herrschenden Ordnung wahrzunehmen, andererseits, dem aus der industriellen Ökonomie ausstrahlenden Anspruch auf rationale Erhellung und Gestaltung des gesellschaftlichen Lebens zu genügen – spiegelt sich der Widerspruch zwischen Produktionsverhältnissen und Produktivkräften.

Die körperliche Produktionsarbeit hat im Verlauf der kapitalistischen Industrialisierung eine noch tiefer gehende Umstrukturierung erfahren als die Arbeit der »ideologischen Stände«.

An der Schwelle zum eigentlichen, der kapitalistischen Produktionsweise adäquaten Produktionsbetrieb, der mechanisierten Fabrik, kommt es zur *zweiten geschichtlichen Arbeitsteilung zwischen geistiger und körperlicher Arbeit.* Von vornherein spalten sich die geistigen Komponenten des Produktionsprozesses ab; betriebliche Leitung, Koordination, Kommunikation, Planung, Aufgaben technologischer Konstruktion, Vorbereitung und Kontrolle sowie alle Vermittlungskontakte mit der gesellschaftlichen Warenzirkulation werden nicht mehr vom unmittelbaren Produzenten geleistet, sondern zur Funktion einer spezifischen, hierarchisch gestuften technischen bzw. kommerziellen »Intelligenz«.

An die Stelle des individuellen Gesamtarbeiters tritt der betrieblich-gesellschaftliche Gesamtarbeiter. Der den industriellen Arbeitsprozeß leitende und beaufsichtigende Unternehmer mag zum Anfang hauptsächlich, wenn auch nie allein, die koordinativ-geistige Seite der Produktion verkörpert haben, zumal in der Manufaktur. Der entfaltete und zentralisierte Fabrikbetrieb mit seinem wachsenden Apparat technologischer und kommerzieller Funktionäre definiert den All-round-Kapitalisten als Übergangsphänomen und Randerscheinung. In der Aktiengesellschaft, der kapitalistischen Form des industriellen Großbetriebs, wird sowohl die Seite des Arbeitsprozesses wie die des Verwertungsprozesses durch lohnabhängige Angestellte verwaltet. Die Vergesellschaftung der Produktion wird schließlich in der Vergesellschaftung der Leitung fortgesetzt. Viele Funktionen technologischer, kommerzieller und administrativer Art verfallen selbst fortschreitender Spezialisierung und Routine im Zusammenhang des Arbeitsensembles, bis hin zur Substitution durch Büromaschinen. In diesem Stadium ist der Begriff der »geistigen Arbeit« kaum noch gerechtfertigt.

Geistige Arbeit hat Marx im weiteren Sinne insgesamt als immaterielle Produktion betrachtet, weil der geistige Gehalt selbst dort, wo er dinglich fixiert wird – z. B. in einem Gemälde – bei weitem das stoffliche Element überwiegt, das reine Träger- und Kommunikationsfunktion hat und selbst gar nicht zur Konsumtion bestimmt und geeignet ist. Allerdings unterscheidet Marx nichtsdestoweniger scharf zwischen geistiger Produktion, die an ein zirkulationsfähiges Objekt fixierbar ist, und solcher, die im engeren Sinne immateriell ist, wenn sie – wie beim Sänger, Musiker, Schauspieler – Produktion und Konsumtion in eins schließt.

In der Auseinandersetzung mit der Produktivitätstheorie von Adam Smith[55] kommt Marx zu dem Schluß, daß im Gegensatz zu dessen Auffassung materielle (stofflich-dingliche) und kapitalistische (Mehrwert-)Produktivität nicht dasselbe sind, wenn sie auch im allgemeinen konform gehen und das Vorkommen mehrwertproduktiver immaterieller Produktion kaum nennenswert sei. Diese Proportion mag zu seiner Zeit mehr oder weniger zutreffend gewesen sein, heute ist das längst nicht mehr der Fall. Deshalb ist die präzise theoretische Unterscheidung, die Marx gegenüber Adam Smith gemacht hat, in ihrer sozialökonomischen Bedeutung erst für die Gegenwart wirklich relevant geworden.

Die widersprüchliche kapitalistische Produktionsweise bewirkt, daß Arbeits- und Produktionsformen, die unmittelbar auf gesamt-gesellschaftliche Zwecke und Interessen bezogen sind (wie bei vielen immateriellen), dennoch Warencharakter erhalten. Der Warencharakter immaterieller Produkte ist schon im Geld gesetzt. Entscheidend ist das Produktionsverhältnis, das Kapitalverhältnis, unter das Arbeit subsumiert wird.

Man kann den Arbeitsteilungsprozeß nach zwei miteinander korrespondierenden Aspekten betrachten: Einerseits nimmt in der Entwicklung der Produktivkräfte gesellschaftlicher Arbeitsteilung die Potenz intellektueller Vermittlungstätigkeit zu, im Industriekapitalismus besonders die »Produktivkraft Wissenschaft«; andererseits verschärft und erweitert sich die Trennung zwischen geistiger und körperlicher Arbeit. Diese Entwicklung beginnt mit der Aussonderung von allgemeinen Dienst- und

---

55 A. a. O. S. 373

Zirkulationsfunktionen schon vor Jahrtausenden und endet mit der Aufhebung unmittelbarer Produktionsarbeit.
In der präkapitalistischen Ära ist die gesellschaftliche Unterscheidung dieser beiden Aspekte noch relativ unentwickelt, zugleich aber mit der Trennung von Stadt und Land eindeutig sichtbar. Den »unmittelbaren Produzenten« steht die Superstruktur notwendiger, aber auch parasitärer und repressiver Dienste gegenüber: Staatsorgane, »ideologische Stände« sowie eine kleine Schicht teilweise einflußreicher Waren- und Geldhändler. In der Sphäre der »materiellen Produktion« sind im allgemeinen die Vermittlungsfunktionen des Produktionsprozesses nicht von den »unmittelbaren Produzenten« getrennt; in der Sphäre der Dienstleistungen gibt es im allgemeinen keine Stoffverwandlungstätigkeit; diese ganze Sphäre gilt im Sinne der späteren kapitalistischen Profit-Räson als »unproduktiv«. In der entfalteten kapitalistischen Gesellschaft verschiebt sich das Grundverhältnis zwischen beiden Funktionskategorien entscheidend. Gegenüber den Kapitalisten – vor allem den Fabrikanten –, die sich selbst als »Produzenten« bezeichnen und so auch in der Öffentlichkeit genannt werden, setzt Marx das ganze Ensemble der in der Produktion eines Betriebes beschäftigten Lohntätigen als »unmittelbare Produzenten« ab; andererseits jedoch differenziert er die funktionalen Rollen innerhalb eines solchen Produktionsensembles in solche, die *unmittelbar* mit der Umwandlung des Arbeitsgegenstandes befaßt sind, die also an den materiellen Stoffwechsel gekettet sind, und andere, die von der Dreck- und Feuerlinie des Produktionsprozesses mehr oder weniger entfernt sind und für den funktionalen Zusammenhang der unmittelbaren Produktionsarbeiter zu sorgen haben.
Das Charakteristische für den von Marx analysierten Funktionswandel der Produktionsorganisation durch die kapitalistische Industrialisierung ist, daß nun im Gegensatz zu den statischen Verhältnissen des vorkapitalistischen Zeitalters eine ständige Gewichtsverlagerung im Verhältnis der beiden Funktionskategorien stattfindet, je weiter die Produktivkräfte der »großen Industrie« entfaltet werden. Zunehmend wird unmittelbar produzierende Arbeitskraft durch bessere Maschinenleistung ersetzt. Mit dem Wachstum der Produktionsmaschinerie nimmt auch ständig der Anteil des vermittelnd eingreifenden technischen Personals zu. Die Produktivkraft des »unmittelbaren Produzenten« wird immer unbedeutender gegenüber den technolo-

gischen Produktionspotenzen und der Wissenschaft als Produktivkraft. Schließlich wird der »unmittelbare Produzent« als vorherrschender Typ aus der Produktionssphäre verschwinden, und an seine Stelle tritt der Typ des »Regulators«, der Techniker, der nicht *an*, sondern *neben* den Maschinen steht und die Produktion als Ganzes reguliert.

Mit der Automation ergibt sich die umwälzende Konsequenz, daß die Abschaffung der unmittelbaren Produktionsarbeit, also jener schweißtreibenden, zermürbenden und mühevollen Plakkerei, die seit alttestamentarischen Zeiten immer Los und Fluch der großen Mehrheit sowie Herrschaftsbasis einer privilegierten und ausbeutenden Minderheit gewesen ist, als Abschluß der Industrialisierungsepoche möglich wird. In einer Industriewirtschaft, deren Gesamtproduktionsprozeß nicht mehr von einfacher Handarbeit, sondern von gewaltigen, gesellschaftlich verzahnten Maschinensystemen determiniert wird; wo komplexe technologisch-wissenschaftliche Arbeitsleistung, die auf immer größere Produktionszusammenhänge bezogen ist und deshalb immer weniger quantifiziert werden kann, vorherrscht; in einer solchen immer größere Betriebseinheiten und immer direktere Gesellschaftlichkeit bedingenden Ökonomie der Massen- und Überflußproduktion wird das Wertverhältnis unhaltbar. Unter diesen Umständen, die über den Betrieb hinaus geplante Arbeitsteilung sowie regulierte Verteilung des Reichtums erfordern, ist das Wertverhältnis kein adäquates Regulativ mehr. Die Produktion nach Bedarf und die Einteilung der Arbeiten nach Fähigkeit, Ausbildung und Qualifikation, von den durch das Kapital entfalteten gesellschaftlichen Produktivkräften erheischt, wird nur noch durch das staatlich regulierte Kapitalregime verhindert. Auf dieser Stufe, die Marx als Endpunkt des absoluten und relativen Wachstums des konstanten Kapitals innerhalb der kapitalistischen Produktionsweise voraussieht, ist die Preiskonkurrenz selbständiger Produktionsunternehmen in Kapitalform effektiv nicht mehr möglich. Immer mehr wird das Funktionieren der kapitalistischen Ökonomie, im exploitativ-repressiven Interesse des Kapitals, manipuliert und reglementiert. Die neuen gesellschaftlichen Produktivkräfte und vergesellschafteten Produktionsprozesse können nur noch durch unmittelbare herrschaftliche Kontrolle und Aneignung innerhalb der antagonistischen Ordnung gehalten werden: die Bewegungen von Produktion und Verteilung werden Objekt staatlicher Eingriffe. Der

Kapitalismus kehrt unter die herrschaftlich-bürokratische Protektion zurück, von der er einst ausgegangen war und konstituiert einen neuen Absolutismus, der gleichermaßen sein letztes und höchstes Stadium wie die Möglichkeit des Übergangs zur realen Gemeinwirtschaft darstellt. Von dieser Phase des Kapitalismus hat Marx vorhergesagt, daß in ihr alle Greuel und alle Unterdrückung vorkapitalistischer Barbarei potenziert zurückkehren können.

Zweites Kapitel

Die Entstehung der Klassen der kapitalistischen Gesellschaft

Die Klassen im modernen Sinne haben eine lange Entstehungsgeschichte, den Übergang von der feudalen Ständegliederung zum modernen Industriekapitalismus.

1. Das feudale Ständesystem

Das herrschende Produktionsverhältnis der Feudalordnung in allen ihren Varianten ist das *Grundeigentum* in Form der Herrschaft der Grundherren über ländliche Produzenten, die als Leibeigene selbst zum Grundeigentum gehören. Die feudale Exploitation der leibeigenen Bauern vollzog sich durch Aneignung von *Fronarbeit, Naturalabgaben* oder *Geldrente.*[1] Die Verwendung des feudalen Mehrprodukts durch die adligen Grundherren bestand neben dem Unterhalt gemeinschaftlicher wie repressiver Institutionen, zumal der Kirche, in luxuriöser

1 Unterm Aspekt der Genesis der kapitalistischen Grundrente untersucht Marx die drei Formen der Feudalrente in: Das Kapital, Dritter Band, MEW, Bd. 25, 47. Kap. – Wo die Arbeits- oder Naturalrente abgelöst wird durch die Geldrente, befindet sich der Feudalismus bereits in Auflösung durch die Entfaltung der Warenproduktion. »In der feudalen Musterwirtschaft des frühen Mittelalters war für das Geld kaum Platz gewesen. Der Feudalherr bezog von seinen Leibeigenen alles, was er brauchte; entweder in der Form von Arbeit oder in der von fertigem Produkt ... Jede Feudalherrschaft genügte sich selbst; sogar die Kriegsleistungen wurden in Produkten eingefordert; Verkehr, Austausch war nicht vorhanden, Geld überflüssig ... das Geld (hatte) damals weit weniger eine gesellschaftliche als eine bloß politische Funktion ... Es diente zum *Steuerzahlen* und wurde hauptsächlich erworben durch *Raub.*« (Engels, Über den Verfall des Feudalismus und das Aufkommen der Bourgeoisie, MEW, Bd. 21, S. 393) – Aneignung des ländlichen Mehrprodukts in der Form der Fronarbeit ist charakteristisch für die frühe Stufe der meisten Klassengesellschaften; sie kommt, ebenso wie Naturalrente, nicht nur im europäischen Mittelalter vor. Vgl. E. Mandel, Marxistische Wirtschaftstheorie, S. 101 ff.

Verschwendung, ja Zerstörung des angehäuften Überflusses an Gebrauchsgütern. Die Immobilität des Grundeigentums bedingte strikte persönliche Fixierung der Herrschenden wie der Beherrschten an den Boden, in Form von Vasallität, Hörigkeit und Leibeigenschaft. Sie determinierte auf dem Lande, aber auch in der Stadt, eine Sozialordnung rechtlich kodifizierter Zwänge, Bindungen und Abstufungen[2], die nicht einmal generationsweise austauschbar waren. Die ständische Gliederung wurde durch tradierte Stellungen und Aufgaben der Herrschaft – beim Adel und Klerus – und durch tradierte konkrete Arbeitsfunktionen – bei Bauern und Bürgern – bestimmt. Jede besondere Rolle im System gesellschaftlicher Arbeitsteilung führte zur rechtlichen Absonderung und sozialen Einstufung in einer ständischen Körperschaft. Die herrschende Klasse gliederte sich in die beiden großen Stände *Adel* und *Klerus*, diese wieder in die großen Fürsten, in Ministeriale und Ritterstand einerseits, in die Kirchenfürsten, die höheren Würdenträger und in den Mönchsstand andererseits. Auch die arbeitende Klasse war »ständisch« partikularisiert durch proprietäre und rechtliche Differenzierung, in Freie, Halbfreie, Hörige und Leibeigene, Kron- und Kloster- Guts- und Domänenbauern etc.[3] Die von Zeit zu Zeit zusammentretenden Reichsstände oder Landstände zerfielen selbst wieder in ständische Untergliederungen.

---

2 Das mittelalterliche Recht beruht auf dem Lehnswesen, der Organisationsform der herrschenden Klasse, welche den Zusammenschluß der einzelnen Grundeigentümer zu militärischen Zwecken sicherte, auf den vielen verschiedenen Arten der Mehrproduktaneignung (Zehnten, Gülten, Grundzinsen, Zinskorn u. v. a.) und des Knechtschaftsverhältnisses (das beschränkte Eigentum des Feudalherrn an den unmittelbaren Produzenten kennt die verschiedensten Grade der Freiheitsbeschränkung). Da die unmittelbaren Produzenten im Feudalsystem zwar *Eigentum* des Grundherrn sind, als Zubehör des Bodens, aber zugleich *Besitzer* der Produktionsmittel, Ackerbau und ländliches Handwerk selbständig betreibend, spielt der *außerökonomische Zwang* in dieser Gesellschaft eine beherrschende Rolle: sein Maß steigt in direktem Verhältnis zur Höhe der Arbeits- oder Naturalrente. – Das Zunftrecht, in der Festlegung der Hierarchie von Meistern, Gesellen und Lehrlingen und der Vergabe des Meistertitels dem Lehnsrecht nachgebildet, spiegelt andererseits die genossenschaftliche Vereinigung und Selbstverwaltung des mittelalterlichen Bürgertums, eine frühe Organisationsform der bürgerlichen Klasse. Mit der Entfaltung von Warenproduktion und Handel wurde das römische Recht, seinem Charakter nach antifeudal und juristischer Ausdruck des reinen Privateigentums, wiederaufgenommen und zu einem mächtigen Hebel der Ausbildung der bürgerlichen Gesellschaft.

3 Im ersten Kapitel von Der deutsche Bauernkrieg beschreibt Engels die feudale Klassengliederung (MEW, Bd. 7, S. 330 ff.) Vgl. ferner: Marc Bloch, Feudal Society, London 1961

Die Herrschaft einer agrarischen Großbesitzerklasse bedeutete im europäischen Mittelalter zugleich die Hegemonie des Landes über die Stadt. In der Arbeitsteilung und im Antagonismus zwischen diesen beiden Sphären, deren eine das immobile Eigentum als Inbegriff naturaler Produktionsbeziehungen, unmittelbarer Gewaltanwendung und persönlicher Herrschafts- und Knechtsschaftsverhältnisse, deren andere das mobile Eigentum als Grundlage tausch-vermittelter Produktionsbeziehungen repräsentiert, erblickt Marx einen ganz entscheidenden Gegensatz klassengesellschaftlicher Geschichte: »Man kann sagen, daß die ganze ökonomische Geschichte der Gesellschaft sich in der Bewegung dieses Gegensatzes resumiert.«[4] Die Autonomie der Stadtwirtschaft, auf das mobile Eigentum städtischer Handwerker und Kaufleute gegründet, ist zunächst durch ihre ökonomische und politische Einordnung in Sozialstruktur und Herrschaftsverhältnisse des Landes bis tief ins eigene Formgepräge hinein relativiert. »Bei Völkern von festsitzendem Ackerbau – dies Festsetzen schon große Stufe –, wo dieser vorherrscht wie bei den Antiken und Feudalen, hat selbst die Industrie und ihre Organisation und die Formen des Eigentums, die ihr entsprechen, mehr oder minder grundeigentümlichen Charakter; ist [sie] entweder ganz von ihm abhängig wie bei den älteren Römern oder, wie im Mittelalter, ahmt [sie] die Organisation des Landes in der Stadt und ihren Verhältnissen nach. Das Kapital selbst im Mittelalter – soweit es nicht reines Geldkapital ist – als traditionelles Handwerkszeug etc. hat diesen grundeigentümlichen Charakter.«[5]
Die starre hierarchische Einteilung der Stadtgesellschaft (in Patrizier, Bürger und plebejischen Pöbel), die korporative Verbindung von Handwerken und politischer Organisation in den durch Privilegien, Monopolrechte und Reglementierungen gegeneinander abgeschirmten Zünften und Gilden; die patriarchalische Prägung der Arbeitsverhältnisse (zwischen Handwerksmeister, Gesellen und Lehrlingen); die Vererbung und Unauswechselbarkeit des politisch-ökonomischen Status; die lokale Selbstgenügsamkeit und Beschränktheit – all das entsprach den feudalen Produktions- und Herrschaftsverhältnissen auf dem Land, denen sich die städtische Ökonomie als Enklave anzupassen hatte. Die

4 Marx, Das Kapital, Bd. I, MEW, Bd. 23, S. 373; vgl. Marx/Engels, Die deutsche Ideologie, MEW, Bd. 3, S. 50

5 Marx, Grundrisse, S. 27

Stadtgesellschaft als tendenziell antifeudales Element existierte innerhalb der feudalen Umwelt gleichsam als genossenschaftlich organisierter Kollektivfeudalist, als »Stand« unter Ständen, als »Burg« unter Burgen – soweit nicht direkt Teilhaberin der feudalen Mehrproduktaneignung, so doch jedenfalls indirekte Nutznießerin.

Das Arbeitsverhältnis zwischen Handwerksmeister und Gesellen war sicher kein solches Klassenverhältnis wie das zwischen Feudalherr und Leibeigenen, aber wie dieses patriarchalisch institutionalisiert. Obwohl im späten Mittelalter die Gesellen mehr und mehr vom Zugang zur Meisterstellung abgehalten wurden, obwohl sie zusammen mit den Tagelöhnern die Keimform städtischen Proletariats bildeten[6] kann von einer Nähe zu den Usancen des kapitalistischen Arbeitsmarktes nicht die Rede sein – die konkrete Arbeit, die beruflich-fachliche Spezialität dominierte die sozialen Beziehungen und die gesellschaftliche Gliederung. »In allen Formen, wo das Grundeigentum herrscht, (ist) die Naturbeziehung noch vorherrschend«[7] – dies gilt auch für Hand-

---

6 »Das mittelalterliche Handwerk durchläuft zwei große Entwicklungsreihen, den Zeitabschnitt der Auseinandersetzung mit den bisher bevorrechteten gesellschaftlichen Schichten und den des socialen Kampfes im Handwerke selbst. Sobald sich das Gewerbewesen fester gestaltet hat, sondern sich deutlich Meister und Knechte. Aber diese Scheidung führt noch nicht zu bedeutsamen Zusammenstößen, solange das Dienst- und Herrschaftsverhältnis des Lehrknaben und Knechtes nur ein zeitlich begrenzter Abschnitt, ein Übergang und Durchgangspunkt zur Selbständigkeit des Meistertums war ... Je rascher die feudale Wirtschaftsordnung sich zersetzte, je mehr die Zustände in die neue bürgerliche Erzeugungsweise hineinwuchsen, umso schärfer prägte sich der Gegensatz zwischen dem Meistertum und den Gesellen aus. . . In den Städten des deutschen Mittelalters häuft sich vom 13. bis zum 15. Jahrhundert eine relative Überschußbevölkerung auf, die nach Bedarf vom Gewerbewesen benützt wird, aber die Elemente eines städtischen Proletariats enthält, das unruhig, leichtbeweglich, unzufrieden mit den herrschenden Zuständen, für neue Gedanken, für neue Richtungen empfänglich ist. . . . Ganze Bevölkerungsgruppen werden von dem Zutritt zum Gewerbe ausgeschlossen ... In der Furcht vor einer Übersetzung des Gewerks greift die Handwerksgesetzgebung zu schlimmeren und immer schlimmeren Mitteln. . . Die wirtschaftliche Entwicklung, die in dem organisierten Handwerke die Vereinigung der Meister geschaffen hatte, erzeugte auf dem Gegenpol den Zusammenschluß der Knechte. So ist der Gesellenverband nur die naturwüchsige Rückwirkung der mittelalterlichen Arbeiter auf die Standesselbstsucht der Handwerksmeister. . . Die Gesellenbewegung auf größerer Stufenleiter nimmt ihren Anfang im 14. Jahrhundert.« (Bruno Schoenlank, Sociale Kämpfe vor dreihundert Jahren, Leipzig 1894, S. 1 ff). Über die »plebejische Opposition« in den mittelalterlichen Städten vgl. Engels, Der deutsche Bauernkrieg, MEW, Bd. 7

7 Marx, Grundrisse, S. 27

werk und Gewerbe in der mittelalterlichen Stadt, und für die damaligen Arbeitsverhältnisse und sozialen Gliederungsformen allgemein: »Die Teilung der Arbeit war in den Städten zwischen den einzelnen Zünften noch [ganz naturwüchsig] und in den Zünften selbst zwischen den einzelnen Arbeitern gar nicht durchgeführt. Jeder Arbeiter mußte in einem ganzen Kreise von Arbeiten bewandert sein, mußte alles machen können, was mit seinen Werkzeugen zu machen war; der beschränkte Verkehr und die geringe Verbindung der einzelnen Städte unter sich, der Mangel an Bevölkerung und die Beschränktheit der Bedürfnisse ließen keine weitere Teilung der Arbeit aufkommen, und daher mußte jeder, der Meister werden wollte, seines ganzen Handwerks mächtig sein. Daher findet sich bei den mittelalterlichen Handwerkern noch ein Interesse an ihrer speziellen Arbeit und an der Geschicklichkeit darin, das sich bis zu einem gewissen bornierten Kunstsinn steigern konnte. Daher ging aber auch jeder mittelalterliche Handwerker ganz in seiner Arbeit auf, hatte ein gemütliches Knechtschaftsverhältnis zu ihr und war viel mehr als der moderne Arbeiter, dem seine Arbeit gleichgültig ist, unter sie subsumiert.«[8]

Das mobile Eigentum der städtischen Handwerker war kaum weniger unbeweglich als das Grundeigentum, solange es – wegen unentwickelten Verkehrs und mangelnder Zirkulation – nicht in Geld realisierbar und in beliebige Objekte transferierbar war. Es mußte sich vom Vater auf den Sohn forterben, weil es unmittelbar mit der bestimmten Arbeit des Besitzers zusammenhing, von ihm nicht zu trennen und insofern ständisches Eigentum war. Die Produktionsarbeit in der Feudalgesellschaft, die der Bauern wie die der Handwerker, blieb wesentlich Privatarbeit von einzelnen[9], die meist zugleich Produzenten und Eigentümer der Produktionsmittel waren, auf Selbstversorgung gerichtet und nur teilweise für den Verkauf bestimmt. Mit der Entfaltung des Handels durch den Stand der Fernhandelskauf-

8 Marx/Engels, Die deutsche Ideologie, MEW, Bd. 3, S. 52

9 Der ökonomische Hauptwiderspruch im Feudalismus ist der Widerspruch zwischen dem individuellen Charakter des Produktionsprozesses und dem großen Feudaleigentum; ähnliche Form hat der Widerspruch zwischen dem vereinzelten Charakter des Handwerks und dem Verleger-Kaufmann, der die Entfaltung der Warenproduktion vorantreibt. Vgl. den Bericht über eine Diskussion sowjetischer Historiker »Über das ökonomische Grundgesetz der feudalen Gesellschaftsformation«, in: Sowjetwissenschaft, Gesellschaftswissenschaftliche Abteilung, Heft 6, Jg. 1955, S. 824 ff.

leute, der sich vom Handwerk absonderte, beginnt auch dessen statischer und ständischer Charakter zersetzt zu werden.
Während die auf dürftigen Produktivkräften basierende ständische Sozialordnung durch das Grundeigentumsverhältnis strukturiert wurde; während die dominierende »Naturbeziehung« bewirkte, daß die Arbeitsprodukte nur partiell – lokal bzw. peripher – als *Waren* ausgetauscht wurden, die Arbeitenden selbst aber überhaupt nicht, – so herrscht in der kapitalistischen Gesellschaft, in welcher das Kapital allen übrigen Verhältnissen Rang und Einfluß zuweist und zum sozialökonomischen Grundverhältnis geworden ist, nicht mehr die »Naturbeziehung«, sondern das gesellschaftlich, historisch geschaffene Element der Warentauschbeziehung.[10]

2. *Umwälzung des Feudalismus und Manufakturepoche*

Die Tauschwirtschaft verallgemeinert und befestigt sich durch Verwandlung der Arbeitskraft in Ware. Das kapitalistische Privateigentum basiert auf der bereits vorhandenen Entfremdung der Arbeiter von den Arbeitsmitteln: Massen verfügbarer Arbeitskräfte, die frei von unmittelbarer Knechtschaft wie von eigenen Produktionsmitteln sind, bilden seine historische Voraussetzung. Diese allein bewirkt aber noch nicht das Aufkommen der kapitalistischen Produktionsweise. Marx hat auf das Gegenbeispiel der spätrömischen »proles« sowie des »white thrash«, der armen Weißen in den Südstaaten der USA vor dem Bürgerkrieg hingewiesen – beide Schichten verkamen zu einem Lumpenproletariat von Almosenempfängern und Faulenzern, weil die Produktion hauptsächlich mit Sklaven und diesen entsprechenden Arbeitsmethoden betrieben wurde. Für Leute, die nur ihre Arbeitskraft zu verkaufen hatten, blieb – da die Arbeit für Freie einen Makel darstellte und von Sklaven billiger verrichtet wurde – nur der Söldnerdienst im Militär, eine Vorform moderner Lohnarbeit.[11] »Freie Arbeiter« werden nur unter ganz bestimmten historischen Produktionsverhältnissen zu kapitali-

10 Vgl. Marx, Grundrisse, S. 27

11 Über das römische Söldnerwesen als Vorform der Lohnarbeit: Marx, Grundrisse, S. 428. – Söldnerwesen als Lohnarbeit für Privateigentümer erfanden die italienischen Aktienkompanien zur Finanzierung der Kreuzzüge, die Anteilscheine auf die zukünftige Beute ausgaben. – Das Militärwesen bildet überhaupt einen zentralen Faktor der sozialökonomischen Entwicklung, durch die Entwicklung von Produktivkräften als Destruk-

stischen Lohnarbeitern. Diese prozessierende Einheit von Produktivkräften und Produktionsverhältnissen wird an der besonderen Entwicklung Westeuropas, am Übergang von der feudalen zur kapitalistischen Produktionsweise deutlich.

Das mittelalterliche Gewerbe gründete auf wenig produktiven Arbeitsmethoden, die im Rahmen der Zunftordnung, welche die berufliche Arbeitsteilung und den Absatz streng reglementierte, Spielraum zur Entfaltung nur durch Absonderung neuer Handwerke in neuen Zünften hatten. Es unterliegt keinem Zweifel, »daß im 16. und 17. Jahrhundert die großen Revolutionen, die mit den geographischen Entdeckungen im Handel vorgingen und die Entwicklung des Kaufmannskapitals rasch steigerten, ein Hauptmoment bilden in der Förderung des Übergangs der feudalen Produktionsweise in die kapitalistische. Die plötzliche Ausdehnung des Weltmarkts, die Vervielfältigung der umlaufenden Waren, der Wetteifer unter den europäischen Nationen, sich der asiatischen Produkte und der amerikanischen Schätze zu bemächtigen, das Kolonialsystem, trugen wesentlich bei zur Sprengung der feudalen Schranken der Produktion. Indes entwickelte sich die moderne Produktionsweise, in ihrer ersten Periode, der Manufakturperiode, nur da, wo die Bedingungen dafür sich innerhalb des Mittelalters erzeugt hatten.«[12]

---

tionskräfte (Waffentechnik), wie von Formen zentralistisch organisierter Kooperation großer Menschenmassen; als Instrument der Aneignung und als Verbraucher von Mehrprodukt, schließlich als Mittel »der Lösung der Widersprüche zwischen Klassen, Nationen, Staaten oder politischen Gruppen« (Mao Tse-tung). – Die organisierte Einheit bewaffneter Menschen als besondere, öffentliche Gewalt *gegenüber* der Masse der Bevölkerung, – die Basis des *Staats*; in allen Klassengesellschaften als Militärkaste Bestandteil oder selbst Organisationsform der herrschenden Klasse – bildet den genuinen Bereich zentraler Planung, daher die sozialökonomische Rolle des Militärwesens. Marx beschreibt (Brief an Engels vom 25. Sept. 1857, MEW, Bd. 29, S. 192) einmal die Armee als Laboratorium: »Die Geschichte der *army* hebt anschaulicher als irgendetwas die Richtigkeit unserer Anschauung von dem Zusammenhang der Produktivkräfte und der sozialen Verhältnisse hervor. Überhaupt ist die army wichtig für die ökonomische Entwicklung. Z. B. Salär zuerst in der Armee entwickelt bei den Alten. Ebenso bei den Römern das *peculium castrense* erste Rechtsform, worin das bewegliche Eigentum der Nichtfamilienväter anerkannt. Ebenso das Zunftwesen bei der Korporation der fabri. Ebenso hier erste Anwendung der Maschinerie im Großen. Selbst der besondere Wert der Metalle und ihr use als Geld scheint ursprünglich . . . auf ihrer kriegerischen Bedeutung zu beruhn. Auch die Teilung der Arbeit innerhalb einer Branche zuerst in den Armeen ausgeführt. Die ganze Geschichte der bürgerlichen Gesellschaften ferner sehr schlagend darin resümiert.«

12 Marx, Das Kapital, Bd. III, MEW, Bd. 25, S. 345; vgl. das 20. Kapitel, Geschichtliches über das Kaufmannskapital. Zur Handesrevolution der

Der Übergang aus der feudalen Produktionsweise stellt sich in doppelter Gestalt dar: »Der Produzent wird Kaufmann und Kapitalist, im Gegensatz zur agrikolen Naturalwirtschaft und zum zünftig gebundenen Handwerk der mittelalterlichen städtischen Industrie. Dies ist der wirklich revolutionäre Weg. Oder aber, der Kaufmann bemächtigt sich der Produktion unmittelbar.«[13] Das ist zuerst der Fall bei den auf Handel gegründeten Gewerben, namentlich bei Luxusindustrien (in Italien schon im 15. Jahrhundert), vollzieht sich aber hauptsächlich durch das Verleger-System: das Handelskapital beseitigte die Marktschranken und Materialknappheit des mittelalterlichen Hand-

---

Epoche der großen Entdeckungen, die Schaffung eines Weltmarktes, die E. Mandel »die wichtigste Wandlung in der Geschichte der Menschheit seit der metallurgischen Revolution« nennt, siehe: Marxistische Wirtschaftstheorie, a. a. O., S. 113 ff. In dieser Epoche werden zugleich Erfindungen gemacht, die wesentlich zur Sprengung des Feudalismus beitragen: der Kompaß revolutioniert Schiffahrt und Handel, das Schießpulver wälzt das Militärwesen um und besiegelt das Endes des Ritterstandes. Vgl. die militärtheoretischen Artikel von Engels über Armee, Infanterie etc., in: MEW, Bd. 14). Zugleich ermöglichen diese Umwälzungen die Kolonialisierung, Ausplünderung und Versklavung der neuen Kontinente – und damit eine ursprüngliche Akkumulation von Geldkapital in Westeuropa, entscheidende Voraussetzung der kapitalistischen Produktionsweise. (Vgl. E. Mandel: Die Marxsche Theorie der ursprünglichen Akkumulation und die Industrialisierung der Dritten Welt, in: Folgen einer Theorie, Essays über ›Das Kapital‹, Ffm. 1967). Erstmals seit der Antike wird das Maschinenwesen, durch Verbesserung und Entwicklung von Mühlen, Bergbau und Hüttenwesen, Druckerpresse, Schienenwagen etc. vorangetrieben (vgl. Kulischer, Allgemeine Wirtschaftsgeschichte des Mittelalters und der Neuzeit, Berlin 1955) In Wechselwirkung mit dieser Entwicklung der Technologie steht der Beginn der neuzeitlichen Wissenschaft: die kopernikanische Wende und die galileische Mechanik (vgl. Henryk Grossmann, Die gesellschaftlichen Grundlagen der mechanistischen Philosophie, in: Zeitschrift für Sozialforschung, IV. Jg. (1935)). Voraussetzung und Resultat der weiteren Entwicklung der Technologie, aber auch der neuen Manufakturorganisation. Die Haupterschütterung des Feudalismus kündigt sich an in den Ketzerbewegungen und kulminiert in den Bauernkriegen, der Reformation und den Religionskriegen, aber in keinem Land Westeuropas ist das Bürgertum fähig, den Feudaladel zu stürzen; die frühbürgerliche Revolution hat nur die Stärkung des Königtums in einigen Ländern zur Folge, Bedingung der Entwicklung zentraler Staatswesen. In Deutschland beginnt die Restaurationsperiode der zweiten Leibeigenschaft, der Hexenverbrennungen; die katholische Gegenreformation überzieht Europa mit Terror; die Widersprüche zwischen untergehendem Feudalismus und beginnender kapitalistischer Produktionsweise entladen sich in der gigantischen Vernichtung materieller und menschlicher Produktivkräfte im Dreißigjährigen Krieg. »Der Feudalismus brach, wie wir heute wissen, dreihundert Jahre lang zusammen, und 1517 oder auch 1550 befand er sich noch immer im Beginn dieser Frist«. (R. Herrnstadt, Die Entdeckung der Klassen, a. a. O., S. 75)

13 Marx, Das Kapital, Bd. I, MEW, Bd. 23, S. 347

werkers, indem es durch Aufkauf der Produkte einen weitläufigen Absatz vermittelte und zugleich den für die Produktion notwendigen Fundus an Material oder Geld vorstreckte. Hierdurch gerieten die handwerklichen Produzenten in zunehmende Existenzabhängigkeit und Verschuldung: sie waren der Form nach selbständige Eigentümer ihrer Produktionsmittel, faktisch aber wurden sie Lohnarbeiter.

Der Kapitalismus als Produktionsweise entstand also schon lange vor der Herausbildung des großindustriellen Maschinensystems, der technischen Grundlage seiner sozialökonomischen Verallgemeinerung. Die Umwälzung des Feudalismus begann damit, daß die überlieferten feudalen Produktionsverhältnisse durchbrochen wurden, um aus den traditionellen Handwerksmethoden auf der Grundlage neuer Arbeitsteilungsformen ein Höchstmaß an Produktivität herauszuholen; den entscheidenden Fortschritt bildet die *Manufaktur*, die als charakteristische Form des kapitalistischen Produktionsprozesses etwa von der Mitte des 16. Jahrhunderts bis zum Anfang des neunzehnten herrscht. Die Scheidung von Arbeiter und Arbeitsmitteln, in der Manufaktur erstmals institutionalisiert, vollzog sich durch die *ursprüngliche Akkumulation*; historisch epochemachend in ihrer Geschichte »sind alle Umwälzungen, die der sich bildenden Kapitalistenklasse als Hebel dienen; vor allem aber die Momente, worin große Menschenmassen plötzlich und gewaltsam von ihren Subsistenzmitteln losgerissen und als vogelfreie Proletarier auf den Arbeitsmarkt geschleudert werden. Die Expropriation des ländlichen Produzenten, des Bauern, von Grund und Boden bildet die Grundlage des ganzen Prozesses.«[14] Daneben rekrutieren sich »freie Arbeiter« aus der Auflösung der Klöster und feudalen Gefolgschaften sowie aus der Zerstörung des alten Handwerks.

Die Manufaktur vereint die handwerkliche Tätigkeit vieler Arbeiter räumlich in einem Betrieb, teilt sie auf in Serien von Spezialarbeit und unterstellt die Arbeitsorganisation dem Kommando des Kapitalisten. Mit dieser von findigen Unternehmern entwickelten, außerordentlich produktivitätssteigernden betrieblichen Arbeitsteilung vermindern sich Ausbildungszeit und -kosten derart, daß die Massen verfügbarer Arbeitskräfte in den Produktionsprozeß integriert werden können.

---

14 A. a. O. S. 744

In der Folge dieser maximalen Ausschöpfung der in handwerklicher Technik enthaltenen Produktionspotenzen tritt das antagonistische Verhältnis von Lohnarbeit und Kapital in aller Form in Erscheinung. Das Kapital als Produktionsverhältnis institutionalisiert die ständige Expansion der Produktivkräfte und damit der lohnabhängigen Bevölkerung, so daß die beiden Hauptklassen der kapitalistischen Gesellschaft zunehmend die gesellschaftliche Gliederung bestimmen.

Die historisch spezifische Einheit von Produktivkräften und Produktionsverhältnissen, welche der Entstehung von Kapital und Lohnarbeit in Westeuropa vorausgesetzt war, erweist sich ebenso in der Geschichte dieser Klassen. Das Spezialistentum des Lohnarbeiters in der Manufakturperiode bedingt fachliche und örtliche Fixierung und eine günstige Arbeitsmarktlage; da seine spezialisierte und qualifizierte Tätigkeit die entscheidende Produktionsbedingung darstellt, wird das Kapital in seiner Expansion durch diese Schranke behindert. Der geringen Mobilität der Lohnarbeit entspricht die monopolistische und staatsprotektionistische Organisation des Manufakturkapitals.[15]

Im Unterschied zum ständischen Verhältnis zwischen dem Zunftmeister und den wenigstens formell zu beruflicher Selbständigkeit bestimmten Gesellen ist das Verhältnis von Manufakturarbeiter und -kapitalist bereits ausgebildeter Gegensatz von Lohnarbeit und Kapital; ein kapitalistisches Klassenverhältnis, oft patriarchalisch tingiert, aber in der Geldbeziehung begründet.[16] Der Klassengegensatz tritt jedoch noch partikularisiert in Erscheinung: in jedem Produktionszweig bzw. örtlich-betrieblich stößt eine fachlich spezifizierte Arbeiter-»Sorte« auf eine ebenso fachlich determinierte Kapitalistenkategorie. *Von einem Klassengegensatz im nationalen und internationalen Maßstab kann für die Manufakturperiode nur in einem abstrakten Sinn die Rede sein*; allerdings ist der Grad dieser Abstraktion im Vergleich zur ständischen Verhüllung der Klassenstruktur wesentlich geringer. In dieser noch fachgebundenen, noch nicht gesamtgesellschaftlich verallgemeinerten Erscheinung des kapitalistischen Klassenantagonismus kombiniert sich das moderne Verhältnis zu den Produktionsmitteln (Verkauf vs. Aneignung

15 Zur Geschichte der Klassenstruktur im Manufakturkapitalismus vgl. Sweezy, Marx and the Proletariat, Monthly Review, 7, vol 19, 1967

16 Vgl. Marx/Engels, Die deutsche Ideologie, MEW, Bd. 3, S. 56

abstrakter Arbeit) mit dem traditionell-fachlichen Verhältnis. Die manufakturkapitalistische Klassengliederung der Produktionssphäre ergänzt sich durch eine Pluralität weiterer Klassen analog-fachlich-partikularen Charakters: (1) Die Geld- und Handelskapitalisten. Sie nehmen in der Manufakturperiode gegenüber den »industriellen« Kapitalisten eine dominierende Position ein. (2) Die »Klasse« kapitalistischer Großpächter und die entsprechende der ländlichen Lohnarbeiter. (3) Die »Klasse« der Grundeigentümer, die das Mehrprodukt nicht mehr in Fronarbeit oder Naturalien, sondern in der Geldform der Grundrente aneignen. (4) Die vorkapitalistischen »Klassen« einfacher Warenproduzenten (Handwerker und Bauern) und die kleinen Händler. (5) Die »dienenden Klassen.« Von besonderem Gewicht sind in der Manufakturperiode die öffentlichen Dienstleister, die Bürokratie des absolutistischen Staates und das Militär, das in stehenden Heeren organisiert ist. Die »dienenden Klassen« oder »ideologischen Stände« treten, wie schon in den vorkapitalistischen Gesellschaften, als unmittelbarer oder vermittelnder Anhang der herrschenden Großeigentümer in Aktion, obwohl nur der kleinere Teil deren Privilegien genießt.

Wenn Marx von Klassen spricht, dann ist meist alternativ von Klassen des manufakturkapitalistischen Zuschnitts oder von den »Klassen im modernen Sinne« die Rede. Die Klassenform der nur partiell kapitalisierten, zum größeren Teil noch einfachen Warenproduktion und die Klassenform in der durchkapitalisierten Gesellschaft schließen einander weder theoretisch noch praktisch aus. Die hochkapitalistische Polarisierung ist im Kapitalverhältnis der Manufaktur bereits angelegt; andererseits dringt die kapitalistische Produktionsweise *ungleichmäßig* innerhalb der Gesellschaft vor; Elemente vergangener Produktionsweisen verschwinden erst allmählich. Entscheidend ist, welche spezielle Produktionsweise (Technologie) innerhalb der kapitalistischen Wirtschaft die herrschende ist, weil davon die konkrete Klassengliederung und auch die Zuordnung, die soziale Position überkommener Gliederungsformen bestimmt wird. Die historisch relativierende und spezifizierende Verwendung des Klassenbegriffs bei Marx, seine scheinbare Ungenauigkeit, entspringt der Manufakturperiode, in welcher dieser Begriff formuliert wurde,[17] und gibt den sozialgeschichtlichen Wandel zum Hochkapitalismus

17 Vgl. R. Herrnstadt, Die Entdeckung der Klassen, a. a. O.

wieder, in dem die fachlich-partikularen »Klassen« zu Fraktionen und Abteilungen der »Klassen im modernen Sinne« werden.

3. Die Hauptklassen des Industriekapitalismus

Erst in der »großen Industrie« erhält die kapitalistische Produktionsweise die ihr angemessene technisch-materielle Basis: die Maschinerie. Durch die Ausbreitung des Fabriksystems[18] herrscht das großindustrielle Kapital über die Gesellschaft. Es bewirkt, daß zunehmend aller gesellschaftliche Reichtum in Kapitalform übergeht und alle Kapitalien bei der Umteilung des Gesamtmehrwerts wie in einem System kommunizierender Röhren aufeinander bezogen werden. »Die große Industrie universalisierte ... die Konkurrenz ..., stellte die Kommunikationsmittel und den modernen Weltmarkt her, unterwarf sich den Handel, verwandelte alles Kapital in industrielles Kapital und erzeugte damit die rasche Zirkulation (die Ausbildung des Geldwesens) und Zentralisation der Kapitalien. Sie zwang durch die universelle Konkurrenz alle Individuen zur äußersten Anspannung ihrer Energie. ... Sie erzeugte insoweit erst die Weltgeschichte, als sie jede zivilisierte Nation und jedes Individuum darin in der Befriedigung seiner Bedürfnisse von der ganzen Welt abhängig machte und die bisherige naturwüchsige Ausschließlichkeit einzel-

---

18 Vgl. die Darstellung des Industrialisierungsprozesses in: Marx, Das Kapital, Bd. I, MEW, Bd. 23, S. 474–482, der Revolutionierung von Manufaktur, Handwerk und Hausarbeit durch die große Industrie, S. 483–504; Engels, Die Lage der arbeitenden Klasse in England, MEW, Bd. 2, siehe vor allem die Einleitung; E. Hobsbawn, Europäische Revolutionen, Zürich 1962; Kuczynski, der zwei Stadien in der Entwicklung der Industriellen Revolution unterscheidet – Einführung der Maschine in die Textilindustrie und Einführung der Maschine in den Maschinenbau – betrachtet die Industrielle Revolution so lange als solche, »bis sie sich in der entscheidenden Industrie vollendet hat, bis die kapitalistische Wirtschaft sich eine wirklich durchmechanisierte Industrie geschaffen und die ihr entsprechende Haus- oder Heimindustrie im Konkurrenzkampf praktisch vernichtet hat und ihre ›Vorindustrie‹, die Produktion von für sie bestimmten Maschinen, mit Maschinen zu arbeiten begonnen hat.
Soziologisch betrachtet bedeutet das: Die Industrielle Revolution ist in dem Moment beendet, in dem die neuen Produktivkräfte sich so weit durchgesetzt haben, daß sie den Preis der mit ihrer Hilfe produzierten Ware allgemein bestimmen und über die Wirkung des Wertgesetzes im Rahmen der freien Konkurrenz die alten Produktivkräfte zerstört haben sowie für ihre eigene Erneuerung mit neuen Produktivkräften gesorgt haben.« Jürgen Kuczynski, Studien zur Geschichte des Kapitalismus, Berlin 1957, S. 10 f.

ner Nationen vernichtete. Sie ... löste alle naturwüchsigen Verhältnisse in Geldverhältnisse auf. ... Sie zerstörte, wo sie durchdrang, das Handwerk und überhaupt alle früheren Stufen der Industrie. Sie vollendete den Sieg der Handelsstadt über das Land. Ihre erste Voraussetzung ist das automatische System.«[19] Der allseitige Handelsverkehr – als Folge und zugleich als Antrieb der großen Industrie – schuf gesellschaftlich vollständig in sich vermittelte Nationalwirtschaften, die sich durch internationale Konkurrenz weiter miteinander verzahnten. So werden für die Warentauschökonomie und den »Arbeitsmarkt« fachliche und lokale Begrenzungen aufgehoben.

»In der großen Industrie und Konkurrenz sind die sämtlichen Existenzbedingungen, Bedingtheiten, Einseitigkeiten der Individuen zusammengeschmolzen in die beiden einfachsten Formen: Privateigentum und Arbeit. Mit dem Gelde ist jede Verkehrsform und der Verkehr selbst für die Individuen als zufällig gesetzt.«[20] In der Lohnarbeit tritt im großindustriellen Kapitalismus der Gegensatz zwischen Mehrarbeit Leistenden und Mehrprodukt-Aneignern erstmals ganz konkret als unvermittelter Klassengegensatz in Erscheinung. Solange das Verhältnis von Produktivkräften und Produktionsverhältnissen durch die in Naturbeziehungen verankerte Bestimmung von konkreter Arbeit beherrscht wurde, war die Gliederung der Gesellschaft durch eine Unzahl scheinbar autonomer Gruppierungen geprägt, aber der mehrtausendjährige Antagonismus der Gesellschaft blieb verhüllt. Das einst lokal begrenzte, patriarchale Herr-Knecht-Verhältnis wird nun zu einem sachlichen Arbeitsverhältnis umgemünzt, zur Verkehrsbeziehung zweier Warenkategorien, des Kapitals und der Arbeitskraft. Hinter diesem Arbeitsverhältnis als Sachverhältnis stehen die zwei grundlegenden Klassen dieser neuen Welt: die Eigentümer der Arbeitskraft und die Eigentümer des Kapitals, die Verkäufer und die Käufer der »Mehrwert heckenden« Ware, die Klassen im modernen Sinne.[21] Wenn die Arbeit aufgehört hat, vorwiegend selbstgenügsam zu sein, wenn sie durch ihre Verwandlung in Warenform hinter dem Rücken des einzelnen als unbeschränkt gesellschaftlich vermittelte – »abstrakte« – Arbeit auftritt, gleichgültig gegenüber ihrer konkreten Nützlichkeitsbestimmung, dann ist der gesellschaftliche Ant-

19 MEW, Bd. 3, S. 60
20 A. a. O. S. 66
21 Grundrisse, S. 402

agonismus nicht mehr zu verhüllen und tritt in offener Polarität hervor. Die Dominanz der konkreten Arbeit verschleiert also den Klassengegensatz, während die Dominanz der abstrakten Arbeit ihn konkret herausarbeitet und auch in der Geschichte nachträglich transparent macht. Der Warencharakter der Arbeitskraft ermöglicht überhaupt erst das Kapital als herrschende Eigentumsform: »Es entsteht nur, wo die Besitzer von Produktions- und Lebensmitteln den freien Arbeiter als Verkäufer seiner Arbeitskraft auf dem Markt vorfindet ... Was also die kapitalistische Epoche charakterisiert, ist, daß die Arbeitskraft für den Arbeiter selbst die Form einer ihm gehörigen Ware erhält. Andererseits verallgemeinert sich erst in diesem Augenblick die Warenform der Arbeitsprodukte.«[22] Die Universalität der Warenform im Kapitalismus impliziert, daß die in den Waren vergegenständlichte abstrakte Arbeit als Medium des gesamten gesellschaftlichen Produktions- und Zirkulationsprozesses fungiert und »zu einer gesellschaftlichen Kategorie wird, die die Gegenständlichkeitsform sowohl der Objekte wie der Subjekte in der so entstehenden Gesellschaft, ihrer Beziehung zur Natur, der in ihr möglichen Beziehungen der Menschen zueinander entscheidend beeinflußt. Verfolgt man den Weg, den die Entwicklung des Arbeitsprozesses vom Handwerk über Kooperation, Manufaktur zur Maschinenindustrie zurücklegt, so zeigt sich dabei eine ständig zunehmende Rationalisierung, eine immer stärkere Ausscheidung der qualitativen, menschlich-individuellen Eigenschaften des Arbeiters. Einerseits, indem der Arbeitsprozeß in stets wachsendem Maße in abstrakt rationelle Teiloperationen zerlegt wird, wodurch die Beziehung des Arbeiters zum Produkt als Ganzem zerrissen ... wird. Andererseits, indem in und infolge dieser Rationalisierung die gesellschaftlich notwendige Arbeitszeit, die Grundlage der rationellen Kalkulation, zuerst als bloß empirisch erfaßbare, durchschnittliche Arbeitszeit, später durch immer stärkere Mechanisierung und Rationalisierung des Arbeitsprozesses als objektiv berechenbares Arbeitspensum, das dem Arbeiter in fertiger und abgeschlossener Objektivität gegenübersteht, hervorgebracht wird.«[23]
Auch die qualifizierten Lohnarbeiter unterliegen vollständig der Bestimmung der abstrakten Arbeit; denn ihre »zusammenge-

22 Marx, Das Kapital, Bd. I, MEW, Bd. 23, S. 184
23 G. Lukács, Geschichte und Klassenbewußtsein, a. a. O. S. 263

setzte« (multiplizierte) Arbeitskraft wird nach dem Pegel der durchschnittlichen »einfachen« Arbeitskraft bemessen.[24] Die Qualität ihrer Arbeitsfähigkeit gilt auf dem Markt nur als quantitatives Verhältnis, das sich zwar in einer besseren Marktlage und in einem höheren Lohn äußern kann, aber durch Rationalisierung mit Entwertung von Talent und Ausbildung bedroht ist. Gegenüber der ungeheuren Masse der im maschinellen Produktionsmittel-Kapital angelegten vergegenständlichten, »toten« Arbeit ist der qualifizierte Arbeiter in keiner wesentlich anderen Position als die Masse der einfachen Lohnarbeiter.

Das Kapitalverhältnis, das in der Unterordnung aller Bestimmungen konkreter Produktion unter ein System abstrakter Arbeit besteht, ist in Einem: *Produktionsverhältnis*, Kommando

---

24 Vgl. Marx, Das Kapital, Bd. 23, S. 56–61; R. Rosdolsky über das Problem der qualifizierten Arbeit, a. a. O.
Auf diese Weise »statt des einzelnen Kapitalisten und des einzelnen Arbeiters, die Gesamtheit, die Kapitalistenklasse und die Arbeiterklasse ins Auge (zu) fassen«, heißt »einen Maßstab anlegen, der der Warenproduktion total fremd ist.« Denn »da Käufe und Verkäufe nur zwischen einzelnen Individuen abgeschlossen werden, so ist es unzulässig, Beziehungen zwischen ganzen Gesellschaftsklassen darin zu suchen«. MEW, Bd. 23, S. 612 f. Marx trägt diesen Maßstab nicht von außen an die Warenproduktion heran, sondern entwickelt ihn aus der Konfrontation ihrer Form (Aequivalententausch) mit ihrem Inhalt (dem Kauf und Verkauf) der eigentümlichen Ware Arbeitskraft). Insofern Mehrwert Resultat des Ankaufs und der Nutzung dieser eigentümlichen Ware, ein Kauf, der den Gesetzen des Warentauschs gehorcht, »schlägt offenbar das auf Warenproduktion und Warenzirkulation beruhende Gesetz der Aneignung oder Gesetz des Privateigentums durch seine eigne, innere, unvermeidliche Dialektik in sein direktes Gegenteil um ... Ursprünglich erschien uns das Eigentumsrecht gegründet auf eigne Arbeit. Wenigstens mußte diese Annahme gelten, da sich nur gleichberechtigte Warenbesitzer gegenüberstehn, das Mittel zur Aneignung fremder Ware aber nur die Veräußerung der eignen Ware, und letztere nur durch die Arbeit herstellbar ist. Eigentum erscheint jetzt, auf der Seite des Kapitalisten, als das Recht, fremde, unbezahlte Arbeit oder ihr Produkt ... anzueignen. Die Scheidung zwischen Eigentum und Arbeit wird zur notwendigen Konsequenz eines Gesetzes, das scheinbar von ihrer Identität ausging.« ebd., S. 611 f. Marx entwickelt also durch immanente Kritik des Gesetzes des Aequivalententauschs dessen Negation: das unter seiner mystifizierenden Form verborgene Ausbeutungs- und Unterdrückungsverhältnis. Der Klassencharakter dieses Verhältnisses beruht auf der Nutzung der Ware Arbeitskraft im Produktionsprozeß; der Warenproduktion total fremd ist eben, den Produktionsprozeß als gesellschaftlichen zu betrachten, handeln in ihr doch scheinbar nur Privatsubjekte. Durch die Einsicht: daß der gesellschaftliche Charakter der Produktion in den ökonomischen Kategorien Ware, Geld, Kapital etc. dinglichen Charakter annimmt, geht die immanente in transzendente Kritik der politischen Ökonomie über; anders gesagt: die Ökonomie geht über in eine Klassentheorie.

über sachliche und persönliche Produktionsbedingungen (Verfügung über lebendige und vergegenständlichte unbezahlte Arbeit zwecks Steigerung des Mehrwerts); *Zirkulationsverhältnis,* Tauschprozeß Geld-Ware-Geldzuwachs (G-W-G'); und – als Kern des kapitalistischen Zirkulationsverhältnisses (Kauf der Ware Arbeitskraft) sowie des Produktionsverhältnisses (Exploitation der in Kapital verwandelten Arbeitskraft): *Lohn-Arbeitsverhältnis.* Lohnarbeit und Kapital stellen also das zentrale Verhältnis dar, aus dem alle sozialökonomischen Kategorien ableitbar sind und auf das alle übrigen Klassen sich beziehen. Sobald sich der Antagonismus von Lohnarbeit und Kapital herauskristallisiert hat, werden innerhalb der Kapitalistenklasse alle speziellen Unterscheidungen, etwa nach Anlagesphäre, Industriezweig, fachlicher Bestimmung und Funktion gleichgültig gegenüber der allgemeinen Qualität des Kapitals, Mehrwert ansetzender Wert zu sein; ebenso werden innerhalb der Lohnarbeiterklasse alle Besonderheiten wie Beruf, Ausbildung, Begabung, Leistungsvermögen, Funktion, Tätigkeitsform und Persönlichkeit auf den egalisierenden und quantifizierenden Tauschwert-(Geld-)Nenner gebracht. Ohne die Existenz der Lohnarbeiterschaft als *gesellschaftlicher Gesamtarbeiter,* d. h. als tendenziell disponible und mobile gesellschaftliche Arbeitskraft für alle Produktionssphären wäre die Existenz des Kapitals als *gesellschaftliches Gesamtkapital,* das – ebenso tendenziell mobil und disponibel – unter dem Konkurrenzdruck der allgemeinen Profitrate sich über alle Anlagesphären variabel verteilt, nicht möglich. Im Zusammenhang der Polarität von Proletariat und Bourgeoisie unterscheidet Marx zwei komplementäre Trichotomien: erstens, Kapitalisten – Grundeigentümer – Lohnarbeiter; zweitens, Mehrwertaneigner – kleine Warenproduzenten – Mehrwerterzeuger.[25] Beide Dreigliederungen basieren auf der grundlegenden Dichotomie der Kapitalisten- und der Lohnarbeiterklasse. Bevor auf die Prozesse innerhalb dieser Hauptklassen

25 Vgl. Stanislaw Ossowski, a. a. O., S. 97–109; die erste, aus der klassischen politischen Ökonomie übernommene Dreigliederung unterscheidet die Klassen funktionell, als Repräsentanten der drei Produktionsagentien Kapital, Grundeigentum und Arbeitskraft. Die zweite Dreigliederung könnte man mit Ossowski als gradatives Schema bezeichnen; Marx geht es aber nur beiläufig um graduelle Unterschiede von Besitz, Einkommen und Status, sondern um den historisch-ökonomischen Charakter der Mittelschichten: die Stellung zur kapitalistischen Produktionsweise, vgl. den fünften Abschnitt dieses Kapitels.

eingegangen wird, sollen die von ihnen geprägten übrigen Klassen untersucht werden: die Grundeigentümer und die einfachen Warenproduzenten.

4. *Die Grundeigentümerklasse*

Obwohl die Grundeigentümer nicht mit dem kapitalistischen Produktionsprozeß befaßt sind, betrachtet sie Marx als die dritte tragende Klasse. Sie entsteht dort, wo feudaler Großgrundbesitz als Privateigentum in der bürgerlichen Gesellschaft Platz und Form erhalten hat, und die Nutzung des Bodens für Landwirtschaft, Bergbau und gewerbliche Zwecke einem kapitalistischen Pächter überläßt, »der die Landwirtschaft nur als ein besonderes Exploitationsfeld des Kapitals, als Anlage seines Kapitals in einer besonderen Produktionssphäre betreibt. Dieser Pächter-Kapitalist zahlt dem Grundeigentümer ... in bestimmten Terminen, z. B. jährlich, eine kontraktlich festgesetze Geldsumme ... für die Erlaubnis, sein Kapital in diesem besonderen Produktionsfeld anzuwenden. Diese Geldsumme heißt Grundrente ... Die Grundrente ist also hier die Form, worin sich das Grundeigentum ökonomisch realisiert, verwertet. Wir haben ferner hier alle drei Klassen, welche den Rahmen der modernen Gesellschaft konstituieren, zusammen und einander gegenüber – Lohnarbeiter, industrieller Kapitalist, Grundeigentümer.«[26]

Durch ihr Monopol an Bodenbesitz ist die Grundeigentümerklasse in der Lage, am gesellschaftlichen Mehrwertprodukt zu partizipieren. Obwohl der Boden an sich keinerlei Wert besitzt, erhält er doch im Verhältnis zu der auf seine Größe und Qualität entfallenden Grundrente einen Ausdruck in Geld (Tauschwert), einen Preis und wird zu einer veräußerlichen Ware. Damit ist die für feudale Produktionsverhältnisse charakteristische Bodenständigkeit des Grundeigentümers aufgehoben; denn mit der Übertragbarkeit der Rente, die durch das Marktgesetz determiniert ist, wird auch das Grundeigentum selber übertragbar, institutionalisiert sich gegenständlich und löst sich gänzlich von

---

26 Marx, Das Kapital, Bd. III, MEW, Bd. 25, S. 631 f.; über die Formverwandlung von Grundeigentum in spezifisch kapitalistisches Grundeigentum siehe ebd., das siebenunddreißigste Kapitel, besonders S. 627–632; S. 805 ff. über die Geldrente als die letzte Form und zugleich Form der Auflösung der Feudalrente.

der Person eines bestimmten Besitzers. Noch stärker als die Kapitalistenklasse erweist sich so die Grundeigentümerklasse als bloße Personifikation eines Monopols von Produktionsbedingungen gegenüber allen konkreten, fachlichen Bestimmungen gleichgültig. Ihre einzige sozialökonomische Funktion besteht in der Konsumtion.

Die Integration des Grundeigentums in die bürgerliche Eigentumsordnung ist – am frühesten in England – Resultat eines Kompromisses zwischen Bourgeoisie und Aristokratie, sowie Ausdruck fortdauernder politisch-ökonomischer Macht auf der Seite der Bodenmonopolisten; diese Integration bleibt dennoch in Westeuropa nie unangefochten, macht doch das Grundeigentum einen Anspruch auf Beteiligung am kapitalistischen Mehrwert geltend, ohne selbst gegenständliche Arbeit, Wert zu repräsentieren.

»Wie der fungierende Kapitalist die Mehrarbeit, und damit unter der Form des Profits den Mehrwert und das Mehrprodukt aus dem Arbeiter auspumpt, so pumpt der Grundeigentümer einen Teil dieses Mehrwerts oder Mehrprodukts wieder dem Kapitalisten aus ...«[27]. Die Grundeigentümerklasse kompliziert so die im Antagonismus von Lohnarbeit und Kapital angelegte Gliederung der Gesellschaft und verwischt die scharfen Konturen dieser Ordnung und der in ihr stattfindenden Auseinandersetzungen; denn die Lohnarbeiterklasse sieht zwei herrschende Klassen vor sich, die sich mehr oder weniger heftig befehden und dabei sogar an sie um Unterstützung appellieren. Während sich aber der Interessenkonflikt zwischen Kapitalisten und Grundeigentümern lediglich um die Umteilung des Mehrwerts dreht[28], also um Machtfragen innerhalb der bestehenden Produktionsordnung, geht der Klassenkampf zwischen Bourgeoisie und Proletariat nicht nur um die Proportionierung des gesellschaftlich erzeugten Neuwerts, sondern zugleich um den Bestand der kapitalistischen Produktionsweise überhaupt. Die Grundeigentümer

---

27 Marx, Das Kapital, Bd. III, MEW, Bd. 25, S. 829

28 »Das Kapital pumpt die Mehrarbeit ... direkt aus den Arbeitern aus. Es kann also in diesem Sinn als Produzent des Mehrwerts betrachtet werden. Das Grundeigentum hat mit dem wirklichen Produktionsprozeß nichts zu schaffen. Seine Rolle beschränkt sich darauf, einen Teil des produzierten Mehrwerts aus der Tasche des Kapitals in seine eigne hinüberzuführen. Jedoch spielt der Grundeigentümer eine Rolle im kapitalistischen Produktionsprozeß. . . durch den Druck, den er auf das Kapital ausübt ...«, a. a. O.

sind vom Ausbeutungsertrag der Kapitalisten abhängig, denen sie nur auf Grund ihrer rechtlich gewährleisteten Monopolposition einen »Tribut« abringen können. Wird durch Selbstbewirtschaftung des Grundeigentums dessen Trennung vom fungierenden Kapital aufgehoben, so nur als Ausnahme. Zwar erhält der selbst bewirtschaftende Kapitalist den gesamten auf seinen Betrieb quotierten Mehrwert, aber das Grundeigentum ist in seiner Differenz zum Kapital im Westeuropa des 19. Jahrhunderts so sehr ein gesellschaftlich objektiviertes, von derartigen Ausnahmen kaum zu beeindruckendes Produktionsverhältnis, daß jener Kapitalist die eingesparte, ihm nach gesellschaftlichem Durchschnittsmaß »zufallende« Grundrente als Bestandteil des Kostpreises berechnet und ihren Betrag als Einnahme formal vom Profit (Unternehmergewinn + Zins) getrennt hält.

Im Haß des industriellen Kapitalisten gegen den Grundbesitzer, der ihm »ein nutzloses, überflüssiges Ding in dem Getriebe der bürgerlichen Produktion« ist, gilt ihm die Abschaffung der privaten Grundrente und ihre Verstaatlichung als »Stein der Weisen«. Aber durch Verwandlung der Grundrente in Steuer, die dem Staat gezahlt wird, eignet sich das Kapital diese Rente als Klasse zur Bestreitung seiner Staatsausgaben an.[29] Die gegen die Grundeigentümerklasse gerichteten Forderungen von industriellen Kapitalisten und kleinbürgerlichen Utopisten[30] antizipieren nichtsahnend den wichtigsten Grundzug des Kapitalismus, nämlich die Reduktion der unmittelbar in der Produktion beteiligten Klassen auf Kapitalisten und Lohnarbeiter mit Ausschluß des Grundeigentümers.

Aus dem Umstand, daß die Grundeigentümer eine große Klasse darstellen, folgt nicht, daß sie eine der wesentlichen Klassen der kapitalistischen Produktionsweise ist. Offensichtlich hat Marx am Beispiel der englischen Grundaristokratie in dem modernsten industriekapitalistischen Land seiner Zeit die Bedeutung und Notwendigkeit einer solchen in Reinkultur hervortretenden Klasse für die kapitalistische Produktionsweise überschätzt. Der theoretische Widerspruch, daß die Grundherren bei Marx einmal als tragende Klasse, zum anderen als Fraktion des Kapitals figurieren, erklärt sich aus dem realen Widerspruch zwischen dem *funktional* als Produktionsagentium objektivierten Eigen-

---

29 Brief von Marx an Sorge, 20. Juni 1881, MEW, Bd. 35, S. 199 f.
30 A. a. O.

tumsverhältnis und der *personellen* Klassenstruktur. Der Sieg des kapitalistischen über das feudale Eigentum führte nicht unmittelbar zur Integration des letzteren in die neue Produktionsweise, sondern fand seinen Ausdruck, neben der Umwandlung der Natural- in Geldrente, in der fortschreitenden personellen Verknüpfung beider funktionalen Produktionsagenten. Sie vollendet sich mit dem Übergang des Kapitals in die Form der Aktiengesellschaft.[31]

5. *Die Mittelklasse der kleinen Warenproduzenten*

Aufgrund der ungleichmäßigen Entwicklung der kapitalistischen Warenproduktion in den verschiedenen Sektoren und Industriezweigen wird die vorkapitalistische einfache Warenproduktion nicht plötzlich zerstört, sondern in einem langen Prozeß teils ruiniert und verdrängt, teils der neuen Produktionsweise eingegliedert und amalgamiert. Wo immer innerhalb einer Wirtschaftssphäre die kapitalistische Produktionsweise sich etabliert, verlieren vor- und frühkapitalistische Produktionsformen ihre Konkurrenzfähigkeit.[32] Die kleinen selbständigen Produzenten sind jedoch teilweise im Stande, sich zunächst den Erfordernissen der

31 R. Hilferding hat diesen Integrationsprozeß beschrieben: Das Finanzkapital. Eine Studie über die jüngste Entwicklung des Kapitalismus, Frankfurt am Main 1969, im dreiundzwanzigsten Kapitel, Das Finanzkapital und die Klassen, S. 460 ff.

32 Nicht-kapitalistische Wirtschaftsräume hat Rosa Luxemburg als conditio sine qua non kapitalistischer Wirtschaft angenommen und deren Zwangszusammenhang mit jenen zum Angelpunkt ihrer Imperialismustheorie gemacht. »Der Kapitalismus kommt zur Welt und entwickelt sich historisch in einem nichtkapitalistischen sozialen Milieu. In den westeuropäischen Ländern umgibt ihn zuerst das feudale Milieu, aus dessen Schoß er hervorgeht. . , dann, nach Abstreifung des Feudalismus, ein vorwiegend bäuerlich-handwerksmäßiges Milieu, also einfache Warenproduktion in der Landwirtschaft wie im Gewerbe. Außerdem umgibt den europäischen Kapitalismus ein gewaltiges Terrain außereuropäischer Kulturen. . . Mitten in diesem Milieu arbeitet sich der Prozeß der Kapitalakkumulation vorwärts. – Es sind dabei drei Phasen zu unterscheiden: der Kampf des Kapitals mit der Naturalwirtschaft, der Kampf mit der Warenwirtschaft und der Konkurrenzkampf des Kapitals auf der Weltbühne um die Reste der Akkumulationsbedingungen (Imperialismus).« – »Der Kapitalismus bedarf zu seiner Existenz und Fortentwicklung nichtkapitalistischer Produktionsformen als seiner Umgebung . . . Er braucht nichtkapitalistische soziale Schichten als Absatzmarkt für seinen Mehrwert, als Bezugsquellen seiner Produktionsmittel und als Reservoirs der Arbeitskräfte für sein Lohnsystem.« Die Akkumulation des Kapitals, ein Beitrag zur ökonomischen Erklärung des Imperialismus, Frankfurt am Main 1965, S. 339 f.

kapitalistischen Marktwirtschaft anzupassen: sie finden in jenen Sektoren oder peripheren Funktionen Platz, deren Kapitalisierung noch unrentabel ist.

»Das mittelalterliche Pfahlbürgertum und der kleine Bauernstand waren die Vorläufer der modernen Bourgeoisie. In den weniger industriell und kommerziell entwickelten Ländern vegetiert diese Klasse noch fort neben der aufkommenden Bourgeoisie. In den Ländern, wo sich die moderne Zivilisation entwickelt hat, hat sich eine neue Kleinbürgerschaft gebildet, die zwischen dem Proletariat und der Bourgeoisie schwebt und als ergänzender Teil der bürgerlichen Gesellschaft stets von neuem sich bildet, deren Mitglieder aber beständig durch die Konkurrenz ins Proletariat hinabgeschleudert werden, ja selbst mit der Entwicklung der großen Industrie einen Zeitpunkt herannahen sehen, wo sie als selbständiger Teil der modernen Gesellschaft gänzlich verschwinden ...«[33]

Sowohl die vorkapitalistischen einfachen Warenproduzenten wie die neue Kleinbürgerschaft wird über kurz oder lang proletarisiert: »Die bisherigen kleinen Mittelstände, die kleinen Industriellen, Kaufleute und Rentiers, die Handwerker und Bauern, alle diese Klassen fallen ins Proletariat hinab, teils dadurch, daß ihr kleines Kapital für den Betrieb der großen Industrie nicht ausreicht und der Konkurrenz mit den größeren Kapitalisten erliegt, teils dadurch, daß ihre Geschicklichkeit von neuen Produktionsweisen entwertet wird. So rekrutiert sich das Proletariat aus allen Klassen der Bevölkerung.«[34]

Marx hat eine schnelle Durchsetzung dieser Tendenz erwartet. Während »Das Kapital« die allgemeine und ausschließliche Herrschaft der kapitalistischen Produktion, deren Tendenz vorwegnehmend, unterstellt, und von den »Zwischengruppen«, »Mittel- und Übergangsstufen«, den »Mittelschichten der Gesellschaft zwischen Bourgeoisie und Proletariat« methodisch abstrahiert, befassen sich die historisch-politischen Analysen mit der Klassensituation auch der Bauern, Handwerker und Kleinbürger, die zu Marx' Zeit in Frankreich und Deutschland noch die Mehrheit der Bevölkerung ausmachten.

Diese Mittelschichten stellen eine höchst heterogene und zwiespältige Masse dar. Ihr gegenüber reduziert sich die kapitalisti-

---

33 Marx/Engels, Manifest, MEW, Bd. 4, S. 484

34 A. a. O. S. 469

sche Gesellschaftsgliederung auf die einfache Dichotomie von Bourgeoisie und Proletariat, auf die Polarität einer Mehrwert hervorbringenden und einer Mehrwert aneignenden Klasse.

In der Auseinandersetzung der Großeigentümer mit den vorkapitalistischen Produzenten einerseits und mit der Lohnarbeiterklasse andererseits reduziert sich der Klassengegensatz der Grundherren zu den Kapitalisten auf eine Interessendifferenz zwischen Fraktionen der Bourgeoisie: Grundeigentümer, kommerzielle und industrielle Kapitalisten teilen die Gesamtmasse des Mehrwerts untereinander. Diese Vereinheitlichung ist nicht bloß als ökonomische Bestimmung der Einkommensquelle aufzufassen, denn die miteinander rivalisierenden Monopolisten-Kategorien vereinigen sich, vor allem in Krisen und revolutionären Situationen, zu einer Gesamtklasse gegenüber den »unterjochten Klassen« der Lohnarbeiter und einfachen Warenproduzenten.[35]

Gegenüber dieser Dichotomie sind alle kleinen selbstarbeitenden Warenproduzenten eine Klasse, die als solche von außen, durch die Konfrontation mit dem modernen Klassenantagonismus, fixiert wird. Zu dieser »kleinen Mittelklasse« rechnen nicht nur

35 Das Verhältnis des städtischen Proletariats zu den Kleinbürgern, vor allem aber zu Bauernschaft und Landproletariat spielte in allen modernen Revolutionen eine entscheidende Rolle. Die Klassenanalyse dient daher nicht zuletzt der Bestimmung von Bündnispartnern der Arbeiterklasse – wie Engels' Untersuchung der »Bauernfrage in Frankreich und Deutschland«, MEW 22, S. 483 ff., oder wie die »Analyse der Klassen der chinesischen Gesellschaft« von Mao Tse-tung, Ausg. Werke I, Peking 1968, S. 9 ff. – Durch die revolutionäre Rolle der Bauernmassen in der russischen, chinesischen und vietnamesischen Revolution, in den Befreiungsbewegungen der Dritten Welt allgemein, hat die strategische Lösung der Bündnisfrage: in der Verbindung von demokratischer und sozialistischer Revolution, ein ungleich größeres Gewicht erhalten als im 19. Jahrhundert. Vgl. Lenin, Ausgewählte Werke, Bd. I, Berlin 1966; Die Aufgaben des Proletariats in unserer Revolution (1917), a. a. O. Bd. II; Mao Tse-tung, Über die Neue Demokratie, Ausgewählte Werke, Bd. II, Peking 1968; Trotzki, Die permanente Revolution, Frankfurt am Main 1965. – Unterm Aspekt versäumter Bündnispolitik untersucht Ernst Bloch (Erbschaft dieser Zeit, Frankfurt am Main 1962) die Ungleichzeitigkeit des Widerspruchs zwischen Kapital und Mittelschichten, die anstelle der sozialistischen Revolution dem Faschismus zur Macht verhalfen. Zu den objektiv und subjektiv ungleichzeitigen Schichten: Bauern, Handwerkern, Kleinhändlern, rechnete er auch die erst mit dem Übergang zum Monopolkapitalismus entstandene Angestelltenschicht. In der Gegenwart unterstellen die an der Strategie der Sowjetunion orientierten Kommunistischen Parteien mit ihrer demokratischen Bündnispolitik die Arbeiterklasse als bündnisfähiges Subjekt (selbst wenn von der *alten* Arbeiterbewegung nur bürokratische Apparate übriggeblieben sind), und die Bündnispolitik zielt auf Herstellung einer parlamentarischen Mehrheit.

die einfachen Warenproduzenten: Bauern und Handwerker, sondern auch die ebenfalls mit Ruin bedrohte neue Kleinbürgerschaft: die kleinen Industriellen, Kaufleute und Rentiers. Diese heterogene und ambivalente Gruppierung bildet keine Klasse im modernen Sinne, sondern eine Übergangsklasse; denn ihre einzelnen Abteilungen – die Marx, wie die Bauern, die Handwerker oder die kleinen Ladenhalter, als »Klassen« im frühkapitalistischen Sinne bezeichnet – stehen teils außerhalb, teils zwischen dem Gegensatz von Kapital und Lohnarbeit. Sie sind zwar mehr oder minder der Warentauschökonomie angeschlossen, aber es fehlt ihnen jene durch den kapitalistischen Produktions- und Zirkulationsprozeß vermittelte Bezogenheit aller Kapitalien bzw. aller Arbeitskräfte aufeinander, welche die Kapitalisten zu Teilhabern am Gesamtkapital und die Lohnarbeiter zu Gliedern eines Gesamtarbeiters macht. Dementsprechend beschreibt Marx die Klassensituation der Bauern: »Die Parzellenbauern bilden eine ungeheure Masse, deren Glieder in gleicher Situation leben, aber ohne in mannigfache Beziehungen zueinander zu treten. Ihre Produktionsweise isoliert sie voneinander, statt sie in wechselseitigen Verkehr zu bringen. Die Isolierung wird gefördert durch die schlechten französischen Kommunikationsmittel und die Armut der Bauern. Ihr Produktionsfeld, die Parzelle, läßt in seiner Kultur keine Teilung der Arbeit zu, keine Anwendung der Wissenschaft, also keine Mannigfaltigkeit der Entwicklung, keine Verschiedenheit der Talente, keinen Reichtum der gesellschaftlichen Verhältnisse. Jede einzelne Bauernfamilie genügt beinahe sich selbst ... und gewinnt so ihr Lebensmaterial mehr im Austausche mit der Natur als im Verkehr mit der Gesellschaft. Die Parzelle, der Bauer und die Familie; daneben eine andre Parzelle, ein andrer Bauer und eine andre Familie.
Ein Schock davon macht ein Dorf, und ein Schock von Dörfern macht ein Departement. So wird die große Masse der französischen Nation gebildet durch einfache Addition gleichnamiger Größen, wie etwa ein Sack von Kartoffeln einen Kartoffelsack bildet.
Insofern Millionen von Familien unter ökonomischen Existenzbedingungen leben, die ihre Lebensweise, ihre Interessen und ihre Bildung von denen der andern Klassen trennen und ihnen feindlich gegenüberstellen, bilden sie eine Klasse. Insofern ein nur lokaler Zusammenhang unter den Parzellenbauern besteht, die Dieselbigkeit ihrer Interessen keine Gemeinsamkeit, keine

nationale Verbindung und keine politische Organisation unter ihnen erzeugt, bilden sie keine Klasse. Sie sind daher unfähig, ihr Klasseninteresse im eigenen Namen ... geltend zu machen. Sie können sich nicht vertreten, sie müssen vertreten werden.«[36]
Während die Lohnarbeiter und die Kapitalisten als Klassen im modernen Sinne durch ihren Gegensatz und zugleich die dinglich vermittelte Beziehung der Klassenmitglieder, durch wechselseitigen Verkehr und mannigfache Beziehung zueinander charakterisiert sind, Klassenorganisationen und Klassenbewußtsein ausbilden, fehlen bei den Bauern und bei den »selbständigen unmittelbaren Produzenten« überhaupt entsprechende Bedingungen; sei es die fehlende tauschvermittelte Beziehung wie unter den Bauern, sei es die fehlende gleiche Situation, wie unter der Kleinbürgerschaft, die sich heterogen zusammensetzt durch »Caféwirte, Restauranten, Weinhändler, kleine Kaufleute, Krämer, Professionisten, Ladenhüter, Hausbesitzer, Boutiquiers«, kleine Industrielle und Rentiers etc.
Die heterogene Zusammensetzung und ambivalente Position der kleinen selbständig arbeitenden Eigentümer bewirkt, daß diese Mittel- und Übergangsklasse als »in Aktion gesetzter sozialer Widerspruch« auftritt. In Teilen oder als Ganzes verband sich das Kleinbürgertum mit den Lohnarbeitern als »Volk« oder mit der Bourgeoisie zum »Bürgertum«. Im Grunde aber versucht das Kleinbürgertum das Unvereinbare zu vereinbaren und »Bourgeois und Volk zugleich« zu sein: als »eine *Übergangsklasse*, worin die Interessen zweier Klassen sich zugleich abstumpfen, dünkt (es) sich über den Klassengegensatz überhaupt erhaben.«[37] Vom Absinken ins Proletariat und von der Vernichtung durch die große Bourgeoisie bedroht, darf sich das Kleinbürgertum keine Selbstvergegenwärtigung als Klasse erlauben und macht die Harmonisierung des Klassengegensatzes zu seinem ideologischen Hauptgeschäft. »Es glaubt vielmehr, daß die *besonderen* Bedingungen seiner Befreiung die *allgemeinen* Bedingungen sind, innerhalb deren allein die moderne Gesellschaft gerettet und der Klassenkampf vermieden werden kann.«[38] Der Kampf der Mittelstände gegen die Bourgeoisie ist konservativ und reaktionär: es geht dabei nicht um »die blutige Tragödie zwischen der Lohnarbeit und dem Kapital, sondern (um) das ge-

36 Marx, Der achtzehnte Brumaire des Louis Bonaparte, MEW, Bd. 8, S. 198
37 A. a. O., S. 144
38 A. a. O., S. 141 f.

fängnisreiche und lamentable Schauspiel zwischen dem Schuldner und dem Gläubiger.«[39] Sind sie aber revolutionär, so »im Hinblick auf den ihnen bevorstehenden Übergang ins Proletariat, so verteidigen sie nicht ihre gegenwärtigen, sondern ihre zukünftigen Interessen, so verlassen sie ihren eigenen Standpunkt, um sich auf den des Proletariats zu stellen.«[40]

Die politische und gesellschaftliche Ambivalenz der Mittelschichten ist derart ökonomisch fundiert. Obgleich die selbständigen Handwerker oder Kleinbauern Warenproduzenten sind, gehören sie weder in die Kategorie der produktiven noch der unproduktiven Arbeiter, weil sie nicht ihre Arbeitskraft verkaufen müssen: weder gegen Geld als Geld (unproduktive Arbeit) noch gegen Geld als Kapital (produktive Arbeit).[41]

Allerdings wird diese Bestimmung durch die Hegemonie des kapitalistischen Produktionssystems kompliziert: »Es ist möglich, daß diese Produzenten, die mit eigenen Produktionsmitteln arbeiten, nicht nur ihr Arbeitsvermögen reproduzieren, sondern Mehrwert schaffen, indem ihre Position ihnen erlaubt, ihre eigene Surplusarbeit oder einen Teil derselben (indem ein Teil ihnen unter der Form von Steuern etc. weggenommen wird) sich anzueignen ... Der unabhängige Bauer oder Handwerker wird in zwei Personen zerschnitten. Als Besitzer der Produktionsmittel ist er Kapitalist, als Arbeiter ist er sein eigener Lohnarbeiter. Er zahlt sich also seinen Salär als Kapitalist und zieht seinen Profit aus seinem Kapital, d. h. er exploitiert sich selbst als Lohnarbeiter und zahlt sich in dem surplus value den Tribut, den die Arbeit dem Kapital schuldet.«[42] Diese Subsumtion des nichtkapitalistischen Produzenten unter die Bestimmtheit des Kapitalverhältnisses bedingt, daß er ebensowenig wie die Kapitalisten den im eigenen Betrieb erzeugten Mehrwert vereinnahmen kann. Denn die Masse der Mehrarbeit, die er verwerten kann, hängt von der allgemeinen Profitrate ab.

»Es tritt hier sehr schlagend hervor, daß der Kapitalist als solcher nur Funktion des Kapitals, der Arbeiter Funktion des Arbeitsvermögens ist. Es ist dann auch Gesetz, daß die ökonomische Entwicklung die Funktion an verschiedene Personen verteilt;

39 Marx, Die Klassenkämpfe in Frankreich 1848 bis 1850, MEW, Bd. 7, S. 63

40 Marx/Engels, Manifest, MEW, Bd. 4, S. 472

41 Marx, Theorien über den Mehrwert, MEW, Bd. 26.1, S. 365 ff.; besonders S. 382

42 A. a. O. S. 383

und der Handwerker oder Bauer, der mit seinen eigenen Produktionsmitteln produziert, wird sich entweder nach und nach in einen kleinen Kapitalisten verwandeln, der auch fremde Arbeit exploitiert, oder er wird seiner Arbeitsmittel verlustig gehen (dies mag zunächst geschehen, obgleich er ihr nomineller Eigentümer bleibt, wie beim Hypothekenwesen) und in einen Lohnarbeiter verwandelt werden. Dies ist die Tendenz in der Gesellschaftsform, worin die kapitalistische Produktionsweise vorherrscht.«[43]

Als solcherart widersprüchlich integrierte kleine Warenproduktion erhalten sich am längsten die selbständigen Bauern; dennoch unterscheidet sich »ihre Exploitation von der Exploitation des industriellen Proletariats ... nur durch die *Form* ... Der Exploiteur ist derselbe: *das Kapital.* Die einzelnen Kapitalisten exploitieren die einzelnen Bauern durch die *Hypotheke* und den *Wucher,* die Kapitalistenklasse exploitiert die Bauernklasse durch die *Staatssteuer.* Der Eigentumstitel der Bauern ist der Talisman, womit das Kapital ihn bisher bannte, der Vorwand, unter dem es ihn gegen das industrielle Proletariat aufhetzte.«[44]

Die einfache Warenproduktion des Handwerks ist völlig verschwunden. »Das heutige, noch nicht von der kapitalistischen Entwicklung zerstörte ›Handwerk‹ unterscheidet sich von dem vom werdenden Kapitalismus aus dem Mittelalter überkommenen vorgefundenen Handwerk grundsätzlich. Es ist gewissermaßen die unterste Sprosse der kapitalistischen Betriebshierarchie. Ob und wie lange diese ›kleinkapitalistischen‹ Betriebe konkurrenzfähig bleiben, hängt von mannigfachen Umständen ab, die von Industriezweig zu Industriezweig und von Entwicklungsphase zu Entwicklungsphase verschieden sind.«[45] Grünberg, Behrens, Sombart etc. haben den Strukturwandel des Kleinbetriebs vom unabhängigen Produktionsbetrieb zum Re-

---

43 A. a. O. S. 384

44 Marx, Die Klassenkämpfe in Frankreich, MEW, Bd. 7, S. 84. – Vgl. Theodor Bergmann, Die Agrarfrage bei Marx und Engels – und heute, in: Kritik der politischen Ökonomie heute, 100 Jahre »Kapital«, Frankfurt am Main 1968

45 Friedrich Behrens, Alte und neue Probleme der politischen Ökonomie, Eine theoretische und statistische Studie über die produktive Arbeit im Kapitalismus, Dietz Vlg., Berlin 1948. Dieser Band enthält eine sehr gute Klassenanalyse der unproduktiven Schichten. – Vgl. zum Strukturwandel des »Handwerks« Emil Grünberg, Der Mittelstand in der kapitalistischen Gesellschaft, Leipzig 1932; ebenso R. Hilferding, a. a. O. S. 460 ff.

paratur- und Installationsbetrieb oder zum abhängigen Hilfs- und Zulieferunternehmen industrieller Großunternehmen beschrieben. Die alte Mittelklasse der Gesellschaft, die neben den Klassen im modernen Sinne fortvegetierte oder zwischen ihnen schwebte, durch Besitz an Produktionsmitteln selbständig und unabhängig, ohne der Kapitalistenklasse zugerechnet werden zu können – gehört der Vergangenheit an.

6. *Über das fragmentarische Kapitel »Die Klassen«*

Das Kapitel-Fragment wird mißverstanden, wenn es nicht als abschließendes und zusammenfassendes Kapitel des letzten Abschnitts im III. Band des »Kapital«[46] begriffen wird. Dieser Abschnitt, »Die Revenuen«, behandelt die Verteilung des in der kapitalistischen Produktionsweise erzeugten Neuwerts als Resultat der vorangegangenen und sich ständig produzierenden Fundamental-Distribution der Produktionsbedingungen. Die Separation der wirklichen Produzenten (persönliche Produktionsbedingungen) von ihren sachlichen Produktionsbedingungen (Produktionsmittel, Grund und Boden) bewirkt es, daß ihre Ar-

46 Vgl. den Brief von Marx an Engels, 30. April 1868, MEW, Bd. 32, S. 74: Marx schreibt in einem Aufriß des dritten »Kapital«-Buches über den siebten Abschnitt: »Endlich sind wir angelangt bei den *Erscheinungsformen*, die dem Vulgär als *Ausgangspunkt* dienen: Grundrente aus der Erde stammend, Profit (Zins) aus dem Kapital, Arbeitslohn aus der Arbeit. Von unserem Standpunkt nimmt sich die Sache aber jetzt anders aus. Die scheinbare Bewegung erklärt sich«, nämlich durch Entdeckung der hinter den scheinbaren Wertbildnern Kapital und Boden verborgenen Ausbeutung der Lohnarbeit. »Endlich, da jene 3 (Arbeitslohn, Grundrente, Profit (Zins)) die Einkommensquellen der 3 Klassen von Grundeigentümern, Kapitalisten und Lohnarbeitern – der *Klassenkampf* als Schluß, worin sich die Bewegung und Auflösung der ganzen Scheiße auflöst.« Das 52. Kapital wäre mithin keine »Klassensoziologie« geworden, wie jene Kritiker vermuten, die stereotyp wiederholen, dieses Kapitel sei leider unvollendet geblieben – die Klassentheorie ist vielmehr in den drei »Kapital«-Büchern entfaltet –, sondern eine historische Beschreibung der tatsächlichen Klassenkämpfe, die auf den Untergang des Kapitalismus hinzielen; ebenso wie dessen historische Voraussetzung, die ursprüngliche Akkumulation, nur konkret historisch beschrieben werden konnte. Unterm Gesichtspunkt der Regelung des Arbeitstages und der Fabrikgesetzgebung hat Marx im ersten Band des Kapital diese Geschichtsschreibung des Klassenkampfs, was den methodischen Aufbau des Kapitels angeht, vorweggenommen. Daß das 52. Kapitel fragmentarisch geblieben ist, scheint weniger wissenschaftlichen oder lebensgeschichtlichen Schwierigkeiten geschuldet zu sein, als der historischen Entwicklungsstufe der Arbeiterbewegung.

beitskraft zu einem Ding wird, zu einer besonderen Ware, deren Ankauf die Eigentümer der Produktionsmittel zu Kapitalisten macht und deren Nutzung über die Reproduktionskosten hinaus den Kapitalisten wie den Grundeigentümern das Mehrprodukt der eigentlichen Erzeuger in der Form des Mehrwerts sichert. Diesen analytischen Sachverhalt arbeitet Marx anhand seiner Kritik an der »Trinitarischen Formel«[47] der Vulgär-Ökonomie heraus, die von der Mystifikation ausgeht, daß die drei »Produktionsagentien« Arbeitskraft, Kapital und Grundeigentum gleichermaßen Wertbildner sind und jedes für sich je einen der Bestandteile (Arbeitslohn, Profit, Grundrente) »produzieren«, aus denen sich dann der Wert erst »zusammensetzt«. Statt dessen sind aber Arbeitskraft, Kapital und Grundeigentum die Produktionsverhältnisse und als solche die Rechtstitel, die im Zusammenhang der kapitalistischen Produktionsweise proportionale Beteiligung an dem von den Lohnarbeitern insgesamt geschaffenen Neuwertprodukt bedingen. Die äußerlichen Distributionsverhältnisse dieser konkurrierenden Beteiligung sind Arbeitslohn, Profit und Grundrente: Einkommensquellen der drei Klassen der kapitalistischen Gesellschaft und nicht Quellen der Wertbildung. Um diese »drei großen Klassen« allein geht es Marx entsprechend der Thematik des ganzen Abschnitts in dem Kapitel-Fragment. Sie sind in ihrer Wechselwirkung die kapitalistische Gesellschaft. Auf sie fällt zunächst »der durch die jährlich neu zugesetzte Arbeit neu zugesetzte Wert«[48], um dessen Proportionierung sie sich auseinanderzusetzen haben.
»Die Eigentümer von bloßer Arbeitskraft, die Eigentümer von Kapital und die Grundeigentümer, deren respektive Einkommensquellen Arbeitslohn, Profit und Grundrente sind, also Lohnarbeiter, Kapitalisten und Grundeigentümer, bilden die drei großen Klassen der modernen, auf der kapitalistischen Produktionsweise beruhenden Gesellschaft.«[49] Dieser einleitende Satz knüpft an die in den vorangegangenen Kapiteln des Abschnittes durchgeführte kritische Analyse an, die einsichtig machte, daß das von den Lohnarbeitern erzeugte Neuwertprodukt nach divergierenden und konkurrierenden Verteilungsverhältnissen – Arbeitslohn, Profit, Grundrente – primär nur den drei

47 Vgl. das 48. Kapitel im dritten Band des »Kapital«, MEW, Bd. 25, S. 822 ff.
48 A. a. O. S. 884
49 A. a. O. S. 892

Kategorien von Produktionsbedingungen und damit den Klassen ihrer Inhaber zufällt. »In England ist unstreitig die moderne Gesellschaft, in ihrer ökonomischen Gliederung, am weitesten, klassischsten entwickelt. Dennoch tritt diese Klassengliederung selbst hier nicht rein hervor. Mittel- und Übergangsstufen vertuschen auch hier (obgleich auf dem Lande unvergleichlich weniger als in den Städten) überall die Grenzbestimmungen. Indes ist dies für unsere Betrachtung gleichgültig. Man hat gesehn, daß es die beständige Tendenz und das Entwicklungsgesetz der kapitalistischen Produktionsweise ist, die Produktionsmittel mehr und mehr von der Arbeit zu scheiden, und die zersplitterten Produktionsmittel mehr und mehr in große Gruppen zu konzentrieren, also die Arbeit in Lohnarbeit und die Produktionsmittel in Kapital zu verwandeln. Und dieser Tendenz entspricht auf der andern Seite die selbständige Scheidung des Grundeigentums von Kapital und Arbeit, oder Verwandlung allen Grundeigentums in die der kapitalistischen Produktionsweise entsprechende Form des Grundeigentums.«[50]

Die kapitalistische Durchdringung der aus Feudalzeit und Manufakturperiode überkommenen Gesellschaft ist zu Marx' Zeit im industriekapitalistischen Mutterland England am weitesten gediehen. Der Fortschritt dieses Strukturierungsprozesses reichte aus, um hinter der Vielfalt der Erscheinungen die scharfen Konturen der modernen, auf der kapitalistischen Produktionsweise beruhenden Gesellschaft mit ihren sich tendenziell durchsetzenden Produktions-, Distributions- und Gliederungsverhältnissen sichtbar werden zu lassen. Unter den Mittel- und Übergangsstufen, die jene Konturen vertuschen, versteht Marx die außerhalb des kapitalistischen Produktionssystems stehenden und diesem erst allmählich unterliegenden Klassen kleiner, einfacher Warenproduzenten, die im Besitz ihrer Produktionsbedingungen (Grund und Boden, Handwerkszeug) sind. In zweiter Linie ist auch das selbstwirtschaftende Gutsbesitzertum gemeint, sofern Boden und Rente noch nicht die kapitalistischer Produktionsweise entsprechende abstrakte Veräußerbarkeit und Übertragbarkeit erhalten haben und noch eher feudalen Zuschnitt besitzen.

»Die nächst zu beantwortende Frage ist die: *Was bildet eine Klasse?* und zwar ergibt sich dies von selbst aus der Beantwor-

50 A. a. O. S. 892

tung der andern Frage: *Was macht Lohnarbeiter, Kapitalisten, Grundeigentümer zu Bildnern der drei großen gesellschaftlichen Klassen?*«[51] Die abstrakte allgemeine Frage nach dem, was eine Klasse definiert, kann nur konkret an Hand der Analyse der historisch vorliegenden drei großen Klassen der kapitalistischen Gesellschaft beantwortet werden. »Auf den *ersten Blick* die *Dieselbigkeit* der *Revenuen* und *Revenuequellen.* Es sind drei große gesellschaftliche *Gruppen,* deren Komponenten, die sie bildenden Individuen, resp. von Arbeitslohn, Profit und Grundrente, von der Verwertung ihrer Arbeitskraft, ihres Kapitals und ihres Grundeigentums leben.«[52] In diesen beiden Sätzen referiert Marx die positivistische Ökonomie der »Trinitarischen Formel«, die er eben in den vorangegangenen Kapiteln des Abschnitts widerlegt hat. Es ist eben das phänomenologisierende und damit zugleich ideologisch beschränkte Verharren beim »ersten Blick«, das er der zeitgenössischen Politischen Ökonomie zum Vorwurf macht. Die These der »Trinitarischen Formel« ist, wie gesagt, daß die Produktionsagentien Arbeit, Kapital und Grundeigentum gleichermaßen Wertbildner sind und daher auch gleichrangige Verwertungsobjekte für ihre Eigentümer. Der große Fortschritt der marxistischen gegenüber der bürgerlichen Ökonomie besteht aber in dem Nachweis, daß nur die Arbeitskraft wertschöpfend ist; Kapital wie Grundeigentum sind nur in dem Maß verwertbar, wie die Arbeitskraft vom Kapital periodisch angeeignet und jener wertschöpfende Gebrauchswert menschlicher Arbeit exploitiert wird. Daher fährt Marx fort: »Indes würden von *diesem Standpunkt* aus z. B. *Ärzte und Beamte* auch zwei Klassen bilden, denn sie gehören zwei unterschiednen gesellschaftlichen *Gruppen* an, bei denen die Revenuen der Mitglieder von jeder der beiden aus derselben Quelle fließen. Dasselbe gälte für die unendliche Zersplitterung der *Interessen und Stellungen,* worin die *Teilung der gesellschaftlichen Arbeit,* die *Arbeiter wie die Kapitalisten und Grundeigentümer* – letztre z. B. in Weinbergsbesitzer, Äckerbesitzer, Waldbesitzer, Bergwerksbesitzer, Fischereibesitzer – spaltet.«[53]

Im Zusammenhang mit alledem, was im gesamten Abschnitt über »Die Revenuen« entwickelt ist, sowie in Beziehung zur Analyse der kapitalistischen Produktionsweise und Gesellschaft

51 A. a. O. S. 893
52 A. a. O. S. 893
53 A. a. O. S. 893

überhaupt, weist Marx hier auf die Absurdität vordergründiger Klassenbestimmungen hin. Hierin ist die Kritik an neueren Soziologen vorweggenommen, die den Klassenaufbau der Gesellschaft nach eingebürgerter Wertschätzung von »Interessen und Stellungen« (Status, Prestige, Einkommen, etc.) vornehmen. Nicht die formale »Dieselbigkeit« von Einkommen und Einkommensquelle determiniert die Existenz einer Klasse, sondern die Relation des Verhältnisses zur gesellschaftlichen Arbeitsteilung, zu den gesellschaftlichen Produktionsbedingungen und damit zum gesellschaftlichen Mehrprodukt. Produktionsverhältnisse sind Verteilungsverhältnisse der gesellschaftlichen Produktionsbedingungen und erst als solche zugleich Distributionsverhältnisse des Neuproduktes. Der allen antagonistischen Gesellschaften innewohnende Klassencharakter tritt erst in den drei großen durch universelle Warentauschökonomie (Vermittlung abstrakt-allgemeiner Arbeit in verdinglichter Form von Ware – Tauschwert – Geld) bedingten Gesellschaftsklassen offen zu Tage. Wo die gesellschaftliche Arbeit in ihrer abstrakten Form die Produktion reguliert, treten spezielle »Interessen und Stellungen« gegenüber der Allgemeinheit der Produktions- und Distributionsverhältnisse zurück. Diese abstrakte und zugleich praktisch-objektivierte Gleichgültigkeit aller Sorten und Fachschaften von Lohnarbeit gegen die Lohnarbeit überhaupt, aller Kapitalsphären gegen das Kapital schlechthin und aller Grundeigentumskategorien gegen das Grundeigentum sans phrase setzt eine sehr entwickelte Totalität wirklicher Arbeits- und Eigentumsarten voraus, von denen keine mehr die alles beherrschende ist. So »entstehen die allgemeinsten Abstraktionen überhaupt nur bei der reichsten, konkreten Entwicklung, wo vieles gemeinsam erscheint, allen gemein. Dann hört es auf, in besonderer Form gedacht werden zu können.«[54] Im Gegensatz zu den fachlich fixierten Parallelklassen der Manufakturperiode stehen also die Klassen der hochkapitalistischen Produktionsweise sowohl ihrer Eigentumsstellung als auch ihrer Einkommensrelation nach unter der Bestimmung und Vermittlung der verdinglichten abstrakten Arbeit. Das zentrale Klassenverhältnis der kapitalistischen Produktionsweise ist aber, wie dargelegt wurde, das zwischen Kapitalist und Lohnarbeiter. Der Grundeigentümer tritt infolge seines tradierten Monopols nur als Teilhaber am Mehrwert hinzu.

54 Marx, Grundrisse, S. 25

Die drei großen Klassen der bürgerlichen Gesellschaft sind unter einer besonderen Form gesellschaftlicher Produktion und Verteilung aufeinander bezogen. Im engeren Sinne betrifft das vor allem Proletariat und Bourgeoisie: »Das *Klassenverhältnis* zwischen Kapitalist und Lohnarbeiter ist also *schon vorhanden, schon vorausgesetzt,* in dem Augenblick, wo beide in dem Akt G–A (A–G von seiten des Arbeiters) sich gegenübertreten. Es ist Kauf und Verkauf, *Geldverhältnis,* aber ein Kauf und Verkauf, wo der Käufer als Kapitalist und der Verkäufer als Lohnarbeiter vorausgesetzt wird, und dies Verhältnis ist damit gegeben, daß die Bedingungen zur Verwirklichung der Arbeitskraft – Lebensmittel und Produktionsmittel – getrennt sind als fremdes Eigentum von dem Besitzer der Arbeitskraft.« Diese Trennung kann nur dadurch aufgehoben werden, »daß die Arbeitskraft an den Inhaber der Produktionsmittel verkauft wird; daß also auch die Flüssigmachung der Arbeitskraft, deren Grenzen keineswegs mit den Grenzen der zur Reproduktion ihres eigenen Preises nötigen Arbeitsmasse zusammenfallen, dem Käufer gehört. Das Kapitalverhältnis während des Produktionsprozesses kommt nur heraus, weil es an sich im Zirkulationsakt existiert, in den unterschiednen ökonomischen Grundbedingungen, worin Käufer und Verkäufer sich gegenübertreten, in ihrem *Klassenverhältnis.* Es ist nicht das Geld, mit dessen Natur das Verhältnis gegeben ist, es ist vielmehr das Dasein dieses Verhältnisses, das eine bloße Geldfunktion in eine Kapitalfunktion verwandeln kann.«[55] Es ist evident, daß unter einem so gefaßten Klassenverhältnis alle Arten von Lohnarbeitern bzw. Kapitalisten subsumiert sind. Diese Feststellung trifft in eingeschränktem Maße schon für den Manufakturkapitalismus zu, bekommt aber erst im Hochkapitalismus eine umfassende, das betriebliche, lokale, fachbegrenzte »Klassenverhältnis« überschreitende gesamtgesellschaftliche Bedeutung. Der grundsätzlichen Austauschbarkeit der Arbeitskräfte und der universellen Mobilität der Kapitalien entsprechend stellen sich die einzelnen konkreten Eigentums-, Produktions- und Verteilungsrelationen zwischen den Klassen nach gesamtgesellschaftlichen, durch das Wirken der Konkurrenz vermittelten Durchschnittsbemessungen her. Grundrente, Profitrate und Lohnniveau pendeln sich zu gesamtgesellschaftlichen Durchschnittsquoten aus, die in den konkreten Fällen ständig über-

55 Marx, Das Kapital, Bd. II, MEW, Bd. 24, S. 37

und unterschritten werden, aber doch die allgemeine Tendenz der Verteilung des von den Lohnarbeitern erzeugten gesellschaftlichen Neuwertproduktes festlegen. Diese allgemeine, durchschnittliche Proportionierung ist durch das krisenhafte Verhältnis von Produktionsverhältnissen und Produktivkräften sowie – darin eingeschlossen – durch den wirtschaftlichen und politischen Kampf der Klassen, vor allem durch den Klassenkampf von Proletariat und Bourgeoisie bestimmt. Das für den Kapitalismus charakteristische Auftreten realer Gesamtklassen wird durch die Gesellschaftlichkeit der Umteilung des Neuwertproduktes nicht nur zwischen, sondern auch innerhalb der Klassen unterstrichen. Dies hebt Marx besonders hinsichtlich des Verhältnisses der einzelnen Kapitalisten bzw. Kapitalisten-Abteilungen zu ihrer Gesamtklasse hervor.
Als Folge des ausgleichenden, den gewinnorientierten Fluß der Kapitalien regulierenden Wirkens der Konkurrenz erhält der einzelne Kapitalist oder eine bestimmte Kapitalsphäre keineswegs genau den im eigenen Umkreis produzierten Mehrwert, sondern im allgemeinen nur einen Durchschnittsprofit, der durch die alle einzelnen Profitraten nivellierende allgemeine Profitrate vermittelt wird. *Das innere Klassenverhältnis der Kapitalisten ist die allgemeine Profitrate.* Sie faßt alle Kapitalisten in eine informale Aktiengesellschaft zusammen, die den Gesamtmehrwert, der nach Abzug der Gesamtgrundrente dem gesellschaftlichen Kapital verbleibt, auf dessen Anteile größenmäßig verteilt, gleichgültig gegen ihre Zusammensetzung. Ausgleichsprozesse spielen sich auch in den anderen beiden Klassen ab; bei der Lohnarbeiterschaft ist der Durchschnittslohn der einfachen Arbeitskraft der Pegel, an dem sich die Entlohnung aller Arbeitskräfte orientiert und der die Umteilung des Gesamtlohnfonds reguliert. Das erweist sich am realen Zusammenschluß von Lohnarbeitern in Gewerkschaften: Arbeitskämpfe beeinflussen das durchschnittliche Lohnniveau sowie das Lohngefüge der Gesamtklasse.

Drittes Kapitel

Die Kapitalistenklasse

1. *Innere Klassengliederung und sozialökonomische Funktionalität*

Die Kapitalistenklasse verkörpert ein allgemeines Produktionsverhältnis, das Kapital insgesamt als Kontrolle und Aneignungsform der gesellschaftlichen Produktivkräfte. Die Fraktionen und Abteilungen der Kapitalistenklasse verkörpern jeweils besondere Produktionsverhältnisse, also spezielle Beziehungen zu den vom Gesamtkapital angeeigneten Produktivkräften. Die Einheit aller Gliederungsformen stellt sich durch die Partizipation aller Kapitalisten und Kapitalistengruppen am Mehrwert her, die Differenzierung durch differente Verhältnisse der Partizipation. Fraktion und Abteilung sind allgemeine Kategorien der marxistischen Klassentheorie; aber »Fraktion« oder »Klasse« erklären, an sich genommen, nichts als was sie unmittelbar aussagen, sie sind eine umfangslogische Bestimmung. Wie der Klassenbegriff definiert die Kategorie Fraktion nicht bloß verschiedene Sorten von Warenbesitzern, sondern beschreibt historisch spezifizierend die Entfaltung konkreter Produktionsverhältnisse.

Wäre die kapitalistische Gesellschaft ohne weiteres mit der despotisch reglementierten Hierarchie einer Fabrik identisch oder nach deren Vorbild organisiert,[1] so wäre es einfach, über die

1 Lenins Formel für die erste Phase des Sozialismus – »Die ganze Gesellschaft wird ein Büro und eine Fabrik mit gleicher Arbeit und gleichem Lohn sein« – scheint zum Vorbild die despotische Hierarchie der kapitalistischen Fabrik zu haben. »Aber diese ›Fabrik‹disziplin, die das siegreiche Proletariat nach dem Sturz der Kapitalisten, nach der Beseitigung der Ausbeuter auf die gesamte Gesellschaft erstrecken wird, ist nichts weniger als unser Ideal oder unser Endziel, sie ist nur eine *Stufe*«, die überschritten werden soll, »wenn alle Mitglieder der Gesellschaft oder wenigstens ihre übergroße Mehrzahl *selbst* gelernt haben, den Staat zu regieren ... wenn *alle* gelernt haben werden, selbständig die gesellschaft-

strukturellen Untergliederungen der Klassen zu berichten. Solange die bürgerliche Gesellschaft nicht von einem Gesamtkapitalisten geleitet wird,[2] gilt für die Klassenelemente wie für die Klassen insgesamt: sie resultieren aus dem anarchischen Ablauf der gesellschaftlichen Reproduktion, sie entstehen, vergehen und funktionieren nach den Tendenzgesetzen der Konkurrenz. »Während innerhalb der modernen Fabrik die Arbeitsteilung durch die Autorität des Unternehmers bis ins einzelne geregelt ist, kennt die moderne Gesellschaft keine andere Regel, keine an-

---

liche Produktion zu leiten.« Staat und Revolution, Werke, Bd. 25, S. 488 f.

Nicht auf die Struktur, sondern dic Buchhaltung und Kalkulation eines kapitalistischen Unternehmens bezieht sich die Formel von Baran und Sweezy: »In einer vollauf entwickelten kommunistischen Gesellschaft« wäre »die gesellschaftliche Produktion wie in einem riesigen Wirtschaftsunternehmen organisiert«, also ebensowenig nach dem Tauschprinzip, »wie gegenwärtig die Versetzung eines Stuhls aus dem Schlafzimmer in das Wohnzimmer die Belastung des Wohnzimmers mit dem Wert des Möbels sowie dessen Gutschrift auf dem Konto des Schlafzimmers nötig macht.« Monopolkapital – Ein Essay über die amerikanische Wirtschafts- und Gesellschaftsordnung, Frankfurt am Main 1967, S. 411

2 Bereits Engels rechnet damit, daß »schließlich der offizielle Repräsentant der kapitalistischen Gesellschaft, der Staat, die Leitung der Produktion übernehmen« muß. Dadurch werde das Kapitalverhältnis nicht aufgehoben, »es wird vielmehr auf die Spitze getrieben. Aber auf der Spitze schlägt es um. Das Staatseigentum an den Produktivkräften ist nicht die Lösung des Konflikts, aber es birgt in sich das formelle Mittel der Lösung.« (Die Entwicklung des Sozialismus von der Utopie zur Wissenschaft, MEW, Bd. 19, S. 221 f.)

Hilferding entwickelt als die geschichtliche Tendenz des Finanzkapitals die Herstellung eines Generalkartells, »die bewußt geregelte Gesellschaft in antagonistischer Form« (Das Finanzkapital. Eine Studie über die jüngste Entwicklung des Kapitalismus, Frankfurt am Main 1968). Daher bezieht Lenin die Theorie vom Übergang des monopolistischen in den staatsmonopolistischen Kapitalismus.

Horkheimer hat auf einmal darauf insistiert, daß mit dem Staatskapitalismus nicht einfach die objektive Möglichkeit einer sozialistischen Gesellschaft heranreife, sondern an ihrer Stelle und zu ihrer Verhinderung der autoritäre Staat etabliert werde. Seine konsequenteste Form sei der integrale Etatismus oder Staatssozialismus. (Autoritärer Staat, in: Walter Benjamin zum Gedächtnis, hrsg. vom Institut f. Sozialforschg., Los Angeles 1942)

Die Rede vom staatsmonopolistischen oder Staatskapitalismus führt freilich in die Irre, sofern sie unmittelbare Einheit von Staat und Kapital unterstellt. Ein System, das die Konkurrenz der Kapitalien prinzipiell beseitigt, hat den Kapitalismus überschritten. Baran und Sweezy lehnen den Terminus »staatsmonopolistischer Kapitalismus« ab; erstens weil der Staat schon immer eine wichtige Rolle gespielt, seine Funktionen für die wirtschaftliche Reproduktion zwar bedeutend ausgedehnt, nicht aber qualitativ gewandelt habe; zweitens weil der Terminus den Staat als unabhängige soziale Macht suggeriere (a. a. O. S. 72 f.)

dere Autorität für die Verteilung der Arbeit als die freie Konkurrenz.

Unter dem patriarchalischen Regime, unter dem Regime der Kasten, des feudalen und Zunftsystems, gab es Arbeitsteilung in der ganzen Gesellschaft nach bestimmten Regeln. Sind diese Regeln von einem Gesetzgeber angeordnet worden? Nein. Ursprünglich aus den Bedingungen der materiellen Produktion hervorgegangen, wurden sie erst viel später zum Gesetz erhoben. So wurden diese verschiedenen Formen der Arbeitsteilung ebensoviele Grundlagen sozialer Organisationen.«[3]

In der modernen bürgerlichen Gesellschaft des 19. Jahrhunderts dagegen reguliert nicht mehr die politische Gewalt, sondern die sich naturwüchsig regelnde Ökonomie unmittelbar die soziale Gliederung. »Die Bourgeoisie selbst entwickelt sich erst mit ihren Bedingungen allmählich, spaltet sich nach der Teilung der Arbeit wieder in verschiedene Fraktionen und absorbiert endlich alle vorgefundenen besitzenden Klassen in sich (während sie die Majorität der vorgefundenen besitzlosen und einen Teil der bisher besitzenden Klasse zu einer neuen Klasse, dem Proletariat, entwickelt), in dem Maße, als alles vorgefundene Eigentum in industrielles oder kommerzielles Kapital umgewandelt wird. Die einzelnen Individuen bilden nur insofern eine Klasse, als sie einen gemeinsamen Kampf gegen eine andere Klasse zu führen haben; im übrigen stehen sie einander selbst in der Konkurrenz wieder feindlich gegenüber. Auf der andern Seite verselbständigt sich die Klasse wieder gegen die Individuen, so daß diese ihre Lebensbedingungen prädestiniert vorfinden, von der Klasse ihre Lebensstellung und damit ihre persönliche Entwicklung angewiesen bekommen, unter sie subsumiert werden. Dies ist dieselbe Erscheinung wie die Subsumtion der einzelnen Individuen unter die Teilung der Arbeit und kann nur durch die Aufhebung des Privateigentums und der Arbeit selbst beseitigt werden ...«[4]

Die Bedeutung der »Naturwüchsigkeit« der gesellschaftlichen Arbeitsteilung für die soziale Strukturbildung im Kapitalismus besteht darin, daß im Gegensatz zur planvollen Arbeitsorganisation des Fabrikbetriebs die Funktionen und Funktionsgliederungen der gesellschaftlichen Arbeitsteilung »spontan« sich regeln.

---

3 Marx, Das Elend der Philosophie, MEW, Bd. 4, S. 151
4 Marx/Engels, Die deutsche Ideologie, MEW, Bd. 3, S. 53 f.

Die sozialökonomische Funktionalität unterscheidet sich von der arbeitstechnischen Funktionalität. Zwar bildet sie in der kapitalistischen Produktion eine widersprüchliche Einheit von Arbeitsprozeß und Verwertungsprozeß, in welcher ihre Differenz sich verschleiert. Während aber die arbeitstechnische Funktionalität die – technologisch vermittelte – Beziehung zu Sachen, das Verhältnis von Mensch und Natur bestimmt, so entspringt die sozialökonomische Funktionalität des Kapitalismus den – durch Arbeitsteilung und Tausch vermittelten – gesellschaftlichen Verhältnissen der Menschen untereinander. In einer Gesellschaft, die in Kapitalisten und Lohnarbeiter gespalten ist, welche jeweils untereinander und gegeneinander konkurrieren, verselbständigt und verdinglicht sich die allgemeine Arbeitsteilung in den produzierten und zirkulierenden Waren, im Geld und im Kapital. Indem die gesellschaftlichen Verhältnisse der Menschen zueinander – Arbeitsteilung, Tausch, Eigentum – sich in Dinge verkehren, nimmt auch die sozialökonomische Funktionalität dinglichen Charakter an: Sie scheint von Natur Dingen anzuhaften. Geld scheint als Materie die magische Eigenschaft an sich zu haben, Mehrwert heckender Wert zu sein. Der bestimmende Regulator der kapitalistischen Ökonomie, der Mechanismus der Profitmaximierung, erscheint als dingliche Funktion: Kapital produziert Zins.

Inbegriff der sozialökonomischen Funktionalität ist die Konkurrenz. Sie, Hauptfunktion des Produktionssystems und verselbständigte Wirkung von Sachbewegungen, deren die menschliche Gesellschaft nicht mächtig ist, charakterisiert die Erscheinungsweise sozialökonomischer Funktionen im Kapitalismus. So entsteht ein sich selbst regelndes Produktionssystem, dessen Analogie zu organizistischen (biologischen oder kybernetischen) Modellen nur auf paradoxe Weise gegeben ist, da es nicht durch Einklang, sondern nur durch die permanente Disharmonie seiner »subsystems« im Verhältnis zueinander und zum Gesamtsystem funktioniert, woran auch die staatliche Regulierung des monopolistisch organisierten Kapitalismus im Prinzip nichts ändert. Umgekehrt bestätigt die Notwendigkeit staatlicher Vermittlung der monopolkapitalistischen Produktionsweise wie die neuen Erscheinungsformen des Antagonismus von herrschaftlicher Aneignung und vergesellschafteter Produktion, daß die sozialökonomische Funktionalität zugleich Dysfunktionalität ist: der klassische Krisenmechanismus ebenso wie der Inflationsmechanismus der durch Vergeudungsproduktion in Gang gehaltenen spätkapitalistischen Wirtschaft. Diese widersprüchliche Einheit von Funktion und Dysfunktion impliziert jene von Funktionalität und historischem Prozeß der kapitalistischen Gesellschaft: indem deren Regelungsmechanismus konkurrenzbedingt wachsende Kapitalakkumulation, steigende organische Zusammensetzung, Konzentration und Zentralisierung des Kapitals, permanente Expansion und Umwälzung der Produktion, der Märkte und der gesellschaftlichen Gliederung einschließt, wandelt dieses Funktionssystem qua functionem sich selbst, auf konflikt- und krisenhafte Weise. Diese im kapitalistischen Produktionssystem installierte permanente Umwälzung und Expansion der gesellschaftlichen Produktivkräfte bezeichnet »die historische Aufgabe und Berechtigung des Kapitals«, seine transitorische Funktion: »Eben damit schafft es unbewußt die materiellen Bedingungen einer höheren Produktionsform«.[5]

Die Tausch- und Profitrationalität erweist sich in der Aufstiegsphase der kapitalistischen Produktionsweise als Motor ständiger Produktivitätssteigerung, da Produktion und Austausch dem Kriterium der Rechenhaftigkeit unterliegen. Das Verwertungskalkül bewirkt die zunehmende Ökonomisierung und Mathematisierung der gesellschaftlichen Arbeit.

Progressives Moment dieser kapitalistischen Rationalisierung ist die Verallgemeinerung der Wertbestimmung innerhalb der gesellschaftlichen Arbeit, so daß wenigstens tendenziell, wenn auch mit größten Unkosten und Verlusten, nach der Norm gesellschaftlich notwendiger Arbeit produziert wird. Davon unabtrennbar ist das regressive Moment kapitalistischer Rationalität: alle ihre positiven Effekte sind nur Nebenwirkungen, da ihr Zweck nicht gesamtgesellschaftliche Bedarfsdeckung ist, sondern herrschaftliche Mehrwertaneignung auf expandierender Stufenleiter.

Sobald auf der Grundlage privater Verfügung über großindustrielle Produktionsmittel die besondere Ware Arbeitskraft massenhaft in den Markt einbezogen wird, verwandelt sich die Tauschwirtschaft aus einer Randerscheinung traditioneller Produktionsweisen in eine universell herrschende Zirkulation, die auf naturwüchsige, anarchische Weise die nationale und internationale Arbeitsteilung und zugleich Herrschaft und Knechtschaft vermit-

5 Marx, Das Kapital, Bd. III, MEW, Bd. 25, S. 269

telt. Privateigentum und Arbeit sind nun keine persönlichen, subjektiv gefärbten Verhältnisse mehr, sondern in Warenform verdinglicht, veräußerlicht und verselbständigt. Zwar an Funktionsträger gebunden, aber nicht mehr an bestimmte Individuen, ermöglichen sie sowohl auf der Seite der Herrschenden wie auf der der Beherrschten eine wachsende Auswechselbarkeit der Menschen. Sozialökonomische Funktionen werden diesen äußerlich, sie scheinen an Dinge fixiert und nicht mehr an Persönlichkeiten. In vorkapitalistischen Gesellschaften »kann die Herrschaft des Eigentümers über die Nichteigentümer auf persönlichen Verhältnissen, auf einer Art von Gemeinwesen beruhen«; im Kapitalismus »muß sie in einem Dritten, dem Geld, eine dingliche Gestalt angenommen haben.«[6] Während somit die in früheren Gesellschaftsformationen durch persönlich-willkürliche Herrschaft und Knechtschaft verhüllte »Herrschaft der Produktionsbedingungen über die Produzenten« offen in Erscheinung tritt, substituiert die »ökonomische Mystifikation« der gesellschaftlichen Beziehungen die traditionell politische Herrschaft. Diese tritt nicht mehr auf barbarische, willkürhaft-persönliche, sondern höchstens konventionell geregelte Weise in Erscheinung, als anonymes Regime scheinhaft verselbständigter Sachzwänge, die als technische Notwendigkeit figurieren und ihren Trägern den Schein funktionaler Autorität verleihen.

Die Funktionalisierung der Menschen zu »Agenten« der als sachliche Agentien verselbständigten Produktionsverhältnisse gründet in dieser spezifischen Rationalität der Profitmaximierung und führt zur Quantifizierung aller Arbeitsleistungen und Produkte auf den Nenner abstrakter Arbeit. In dieser spezifischen Rationalität hat sie ihre Grenze. »Der Widerspruch, ganz allgemein ausgedrückt, besteht darin, daß die kapitalistische Produktionsweise eine Tendenz einschließt nach absoluter Entwicklung der Produktivkräfte, abgesehn vom Wert und dem in ihm eingeschloßnen Mehrwert, auch abgesehn von den gesellschaftlichen Verhältnissen, innerhalb deren die kapitalistische Produktion stattfindet; während sie andrerseits die Erhaltung des existierenden Kapitalwerts und seine Verwertung im höchsten Maß (d. h. stets beschleunigten Anwachs dieses Werts) zum Ziel hat. Ihr spezifischer Charakter ist auf den vorhandenen Kapitalwert als Mittel zur größtmöglichen Verwertung dieses Werts gerichtet ...

6 Marx/Engels, Die deutsche Ideologie, MEW, Bd. 3, S. 65

Die *wahre Schranke* der kapitalistischen Produktion ist *das Kapital* selbst, ist dies: daß das Kapital und seine Selbstverwertung als Ausgangspunkt und Endpunkt, als Motiv und Zweck der Produktion erscheint; daß die Produktion nur Produktion für das *Kapital* ist und nicht umgekehrt die Produktionsmittel bloße Mittel für eine stets sich erweiternde Gestaltung des Lebensprozesses für die Gesellschaft der Produzenten sind«.[7]
Die Unterscheidung von arbeitstechnischer und sozialökonomischer Funktionalität, welche das Kapital als herrschendes Produktionsverhältnis einer spezifischen historisch-gesellschaftlichen Totalität zu begreifen erlaubt, ist klassentheoretisch relevant. Die Kapitalistenklasse büßt in dem Maße ihre transitorische Funktion ein, wie die gesellschaftlichen Produktivkräfte dem Privateigentum über den Kopf wachsen, wie Aktiengesellschaften und schließlich staatsinterventionistische Regulation die fungierenden Privateigentümer aus der direkten Leitung der Produktion verdrängen, wie sich die sozialökonomische Dysfunktionalität in Krisen und Stagnation durchsetzt.

2. *Die Kapitalistenklasse als informale Aktiengesellschaft*

Die vermittelte Einheit der Kapitalistenklasse wird hergestellt durch den Ausgleich der Profitraten zur Durchschnittsprofitrate. Nach der praktischen Erfahrung des einzelnen Kapitalisten stammt der Profit aus der Zirkulation, nicht aus der Produktion. Dieses notwendig falsche Bewußtsein hat insofern ein rationales Moment, als der Einzelkapitalist nie unmittelbar den betrieblich erzeugten Mehrwert, sondern immer nur eine Quote des von der gesamten produktiven Arbeiterklasse erzeugten und von der gesamten Kapitalistenklasse angeeigneten, in der Zirkulation tatsächlich realisierten gesellschaftlichen Gesamtmehrwerts oder Gesamtprofits erhält. Der Einzelkapitalist legt sein Kapital in solchen Produktionssphären an, die infolge günstiger Marktlage hohe Profite versprechen. Der Zufluß von Kapitalien vermehrt aber das Warenangebot, verschärft die Konkurrenz und führt schließlich zur Senkung der Preise und Profite. Der Abfluß von Kapitalien vermindert das Warenangebot bis zur Knappheit, was Preiserhöhung und Extraprofit zur Folge hat und von neuem Kapitalien zufließen läßt. Aus diesen Kapitalbewegun-

7 Marx, Das Kapital, Bd. III, MEW, Bd. 25, S. 277 f.

gen resultiert ein tendenzieller Ausgleich der Profitraten der einzelnen Kapitalisten einer Branche, eines Sektors, einer Nationalwirtschaft, obwohl der Einzelkapitalist durch seinen Betrieb einen größeren oder geringeren Mehrwert erzeugt haben mag, als sein Warenverkauf realisiert.

Der Ausgleich der Profitraten bewirkt, daß Konkurrenz und Partikularität unter den Kapitalisten nicht nur der Gesamtklasse widersprechen, sondern diese zugleich hervorbringen als reale vermittelte Gesamtheit. Das Gesetz der Durchschnittsprofitrate impliziert, daß die Klasse eine in sich kommunizierende Korporation ist, die nicht unmittelbar sichtbar wird, sondern durch die verdinglichte und verselbständigte Bewegung der Kapitalien sich fortwährend herstellt als vermittelte Korporation.

»Jedes einzelne Kapital bildet... nur ein verselbständigtes, sozusagen mit individuellem Leben begabtes Bruchstück des gesellschaftlichen Gesamtkapitals, wie jeder einzelne Kapitalist nur ein individuelles Element der Kapitalistenklasse.«[8] Der korporative Charakter der Aneignung des gesellschaftlichen Mehrprodukts durch die Kapitalistenklasse erweist sich am fiktiven Fall eines Unternehmers, der gar keine Arbeiter anwendet. Dieser Kapitalist wäre »ganz ebensosehr an der Exploitation der Arbeiterklasse durch das Kapital interessiert, und leitete ganz ebensosehr seinen Profit von unbezahlter Mehrarbeit ab, wie etwa ein Kapitalist, der ... nur variables Kapital anwendete, also sein ganzes Kapital in Arbeitslohn auslegte.«[9] Das Gesamtkapital als gesellschaftliches Element in allen Einzelkapitalien impliziert, daß Kapitalgesellschaften im Grunde nur das Wesen der vermittelt funktionierenden Assoziation der Kapitalistenklasse in höherorganisierter und zugleich partieller Form reproduzieren: »Das Gesamtkapital erscheint als Aktienkapital aller einzelnen Kapitalisten zusammen. Diese Aktiengesellschaft hat das mit vielen anderen Aktiengesellschaften gemein, daß jeder weiß, was er hineinsetzt, aber *nicht*, was er herauszieht.«[10]

Der einzelne Kapitalist, gleichgültig ob fungierend oder müßig, figuriert im Zusammenhang seiner Klasse als Bezieher einer Dividende vom gesellschaftlichen Gesamtmehrwert, als Aktionär des Durchschnittsprofits. Das Kapital ist wesentlich Eigentum gesellschaftlichen Charakters, die Einzelkapitalien können nicht

8 Marx, Das Kapital, Bd. II, MEW, Bd. 24, S. 351 f.
9 Marx, Das Kapital, Bd. III, MEW, Bd. 25, S. 207
10 Marx, Das Kapital, Bd. II, MEW, Bd. 24, S. 431

an sich, sondern nur als Momente der Totalität des Gesamtkapitals existieren – aber sein gesellschaftlicher Charakter ist partikulär und exklusiv; in der Aktiengesellschaft verkörpert sich dieser Widerspruch auf höherer Stufe. »Wenn also das Kapital in gemeinschaftliches, allen Mitgliedern der Gesellschaft angehöriges Eigentum verwandelt wird, so verwandelt sich nicht persönliches Eigentum in gesellschaftliches. Nur der gesellschaftliche Charakter des Eigentums verwandelt sich. Es verliert seinen Klassencharakter.«[11] Dieser Klassencharakter des Kapitaleigentums bedingt, daß die gesellschaftlichen Produktionsmittel und das Sozialprodukt der monopolistischen Verfügung eines Gemeinwesens von Privilegierten unterliegen, dem die Zwangsgemeinschaft der Lohnabhängigen unterworfen ist. Zwar sind die einzelnen Kapitalisten ebenso funktionalisierte »Agenten« und auswechselbare Personifikationen verselbständigter Sachbewegungen, wie das an ihrem Platz die Lohnarbeiter sind, aber eben diese Sachbewegungen von Waren, Geld und Kapitalien stellen über die Köpfe der einzelnen Kapitalisten den Zusammenhang der Klasse als korporativ aneignender und herrschender Gemeinschaft her. Auch in den vorkapitalistischen Gesellschaften bilden die herrschenden Großeigentümer, sei es im städtischen Gemeinwesen antiker und orientalischer Sklavenhalter, sei es im mittelalterlichen Lehnswesen unter den Feudalherren, eine herrschaftliche Assoziation zur Niederhaltung der unmittelbaren Produzenten. Während aber diese früheren Korporationen auf die Ausgebeuteten sowie abweichende Mitglieder direkte Repression ausübten, wird brutale Gewalt für die Interessenverbindung der Kapitaleigentümer sekundär, solange die formale Egalität des Tauschs, die Despotie der »Sachzwänge«, die Herrschaft der Konkurrenz jene offene und direkt gewalttätige Unterdrückung ersetzt. In der anonymen Herrschaft der parlamentarischen Republik als einer »Aktienkompanie ihrer konkurrierenden Fraktionen« findet daher die moderne Bourgeoisie die adäquate politische Zusammenfassung ihres ökonomischen Systems. Freilich weicht der Parlamentarismus als anonymer Terror der Klassenherrschaft immer wieder dem offenen Terror, sobald Krisen und Klassenkämpfe das Kapitalregime zu stürzen drohen.[12]

---

11 Marx/Engels, Manifest, MEW, Bd. 4, S. 476

12 Vgl. Johannes Agnoli, Die bürgerliche Gesellschaft und ihr Staat, in: Das Argument 41, 8. Jg., Dez. 1966

Die Konkurrenz, durch welche die Kapitalistenklasse zur informalen Aktiengesellschaft wird, tendiert zugleich dazu, das Monopol der Klasse durch das Monopol einzelner Kapitalisten zu ersetzen und reduziert fortlaufend den Kreis der Herrschenden durch immer wachsende Konzentration und Zentralisation des Kapitals. In der Konkurrenz wirkt der Einzelkapitalist nur als Teil einer gesellschaftlichen Macht, »und es ist in dieser Form, daß die Konkurrenz den gesellschaftlichen Charakter der Produktion und Konsumtion geltend macht«.[13] Da im Einzelkapitalisten die Macht des Kapitals personifiziert ist, zugleich aber das Kapital immer mehr als gesellschaftliche Macht sich ausbildet, entwickelt sich mit zunehmender Konzentration der »Widerspruch zwischen der allgemeinen gesellschaftlichen Macht« des Kapitals und »der Privatmacht des einzelnen Kapitalisten«[14] – ein Widerspruch, der den Antagonismus von gesellschaftlicher Produktion und privater Aneignung spezifiziert. Ihm entspricht das *Spezialinteresse,* welches das Kapital einer Sphäre, im Unterschied vom Gesamtkapital[15] hat, und ebenso das spezielle Interesse des Einzelkapitalisten im Unterschied zu seiner Sphäre. Die informal-anonyme Aktiengesellschaft der Klasse verhält sich auch im Fall der Baisse wie eine wirkliche Aktiengesellschaft: mit dem Schrumpfen des Profits schwindet die Kommunität gleichgestellter Teilhaber, die »Aktionäre« versuchen aus dem Verlustgeschäft so unbeschadet wie möglich herauszukommen: »Solange alles gut geht, agiert die Konkurrenz, wie sich bei der Ausgleichung der allgemeinen Profitrate gezeigt, als praktische Brüderschaft der Kapitalistenklasse, so daß sie sich gemeinschaftlich, im Verhältnis zur Größe des von jedem eingesetzten Loses, in die gemeinschaftliche Beute teilt. Sobald es sich aber nicht mehr um Teilung des Profits handelt, sondern um Teilung des Verlustes, sucht jeder soviel wie möglich sein Quantum an demselben zu verringern und dem andern auf den Hals zu schieben. Der Verlust ist unvermeidlich für die Klasse. Wieviel aber jeder einzelne davon zu tragen, wieweit er überhaupt daran teilzunehmen hat, wird dann Frage der Macht und der List, und die Konkurrenz verwandelt sich dann in einen Kampf der feindlichen Brüder. Der Gegensatz zwischen dem Interesse jedes einzelnen Kapitalisten und dem der Kapitalistenklasse macht

13 Marx, Das Kapital, Bd. III, MEW, Bd. 25, S. 203
14 A. a. O. S. 274
15 A. a. O. S. 251 ff.

sich dann geltend, ebenso wie vorher die Identität dieser Interessen sich durch die Konkurrenz praktisch durchsetzte.«[16] Interessengemeinschaft wie -gegensatz entspringen Produktionsverhältnissen, die »nicht einen einheitlichen, einfachen Charakter haben, sondern einen zwieschlächtigen«; der bürgerliche Reichtum, d. h. der Reichtum der Bourgeoisieklasse, wird erzeugt nur »unter fortgesetzter Vernichtung des Reichtums einzelner Glieder dieser Klasse und unter Schaffung eines stets wachsenden Proletariats«[17], so daß mit fortschreitender, aus der Konkurrenz hervorgetriebener Monopolisierung die Kapitalistenklasse sich zahlenmäßig verkleinert.

3. Die Trennung von Eigentum und Funktion

Wie alle kapitalistischen Produktionsverhältnisse ist auch die Klasse nicht an bestimmte Personen gebunden. Daß einzelne Kapitalisten dem Konkurrenzkampf zum Opfer fallen, besagt noch nichts gegen den korporativen Charakter ihrer Klasse. Die Konkurrenz »kann das Kapital wohl von diesem einzelnen Kapitalisten scheiden und es kann auf einen andern übergehn. Aber indem er das Kapital verliert, verliert er die Eigenschaft, Kapitalist zu sein. Das Kapital ist daher wohl vom einzelnen Kapitalisten trennbar, nicht von *dem* Kapitalisten, der als solcher *dem* Arbeiter gegenübersteht. So kann auch der einzelne Arbeiter aufhören das Fürsichsein der Arbeit zu sein; er kann Geld erben, stehlen etc. Aber dann hört er auf *Arbeiter* zu sein.«[18] Umgekehrt findet eine ständige Ergänzung der Kapitalistenklasse durch neue Elemente statt: ein Mechanismus, der den Klassengegensatz von Lohnarbeit und Kapital nicht in Frage stellt, weil dieser ja nicht durch bestimmte Personen, sondern durch verdinglichte, personell auswechselbare Produktionsverhältnisse determiniert ist. Im Gegenteil bewirkt solche »Blutauffrischung« eine Stärkung der Hegemonie der Kapitalisten und übernimmt ein altes Herrschaftsmittel in moderner Form: » . . . dieser Umstand, der so sehr bewundert wird von den ökonomischen Apologeten, daß ein Mann ohne Vermögen, aber mit Energie, Solidität, Fähigkeit und Geschäftskenntnis sich in dieser Weise in einen Kapitalisten verwandeln kann – wie denn überhaupt in

16 A. a. O. S. 263
17 Marx, Das Elend der Philosophie, MEW, Bd. 4, S. 141
18 Marx, Grundrisse, Berlin 1953, S. 211

der kapitalistischen Produktionsweise der Handelswert eines jeden mehr oder weniger richtig abgeschätzt wird – so sehr er beständig gegenüber den vorhandnen einzelnen Kapitalisten eine unwillkommene Reihe neuer Glücksritter ins Feld führt, befestigt die Herrschaft des Kapitals selbst, erweitert ihre Basis und erlaubt ihr, sich mit stets neuen Kräften aus der gesellschaftlichen Unterlage zu rekrutieren. Ganz wie der Umstand, daß die katholische Kirche im Mittelalter ihre Hierarchie ohne Ansehn von Stand, Geburt, Vermögen aus den besten Köpfen im Volk bildete, ein Hauptbefestigungsmittel der Pfaffenherrschaft und der Unterdrückung der Laien war. Je mehr eine herrschende Klasse fähig ist, die bedeutendsten Männer der beherrschten Klassen in sich aufzunehmen, desto solider und gefährlicher ist ihre Herrschaft.«[19]

Ein wichtiges Kriterium dafür, ob jemand Kapitalist werden bzw. bleiben kann, ist das notwendige Kapitalminimum; es variiert von Branche zu Branche und steigt mit steigender organischer Zusammensetzung des Kapitals. Zu dieser Grundbedingung muß die Fähigkeit des einzelnen Kapitalisten hinzukommen, sein Kapital zu erhalten und zu erweitern, um dem Druck der Konkurrenz und den durch sie bewirkten Umwälzungen der Technologie und des Wertgefüges standhalten zu können. »Akkumuliere, akkumuliere, das ist Moses und die Propheten!« Der Kapitalist hat, wenn er sich als solcher halten will, ein durch die Kapitalfunktion fixiertes Rollenprogramm zu absolvieren. Der tendenzielle Ausgleich der Profitraten – Zuckerbrot und Peitsche – treibt ihn dazu, nach dem Höchstprofit zu streben, so daß der institutionalisierte Mechanismus der Profitmaximierung zum Be-

---

19 Marx, Das Kapital Bd. III, MEW, 25, S. 614. – Wenn in der Soziologie »Schichtung und Mobilität« fast immer als verschwisterte Termini auftreten, neben die unleugbare Tatsache von Privilegien der Macht und des Eigentums die abstrakte Möglichkeit von Aufstiegschancen stellend, so lebt diese Assoziation von jenem Umstand, der so sehr bewundert wird von den Apologeten, mit der Monopolisierung des Kapitals aber nichtig wurde. Die ideologische Funktion der Mobilitätstheorie steckt nicht bloß im Zusammenwerfen von »vertikalem« Aufstieg des Tellerwäschers zum Millionär und »horizontalem« Umhergeworfenwerden der Arbeitskräfte von einem Job zum anderen. Die wirklichen Chancen des Aufstiegs sind heute nichts als künstlich hergestellte, scheinhafte Statusdifferenzen in den Bürokratien und im Konsum. – Die »bedeutendsten Männer der beherrschten Klassen« zu kooptieren, erreichen die Herrschenden heute (da die Umwälzung der Technologie mit steigendem Bedarf an Technikern, Ingenieuren und Wissenschaftlern verbunden ist, andrerseits die Vergesellschaftung der Produktion in bürokratischer Form qualifiziertes Leitungspersonal erfordert) durch das Ausbildungswesen.

reicherungstrieb zu werden tendiert. »Die freie Konkurrenz macht die immanenten Gesetze der kapitalistischen Produktion dem einzelnen Kapitalisten gegenüber als äußerliches Zwangsgesetz geltend.«[20] Die Kapitalfunktion macht ihren Träger zur Charaktermaske, die gegenüber einzelnen Personen verselbständigt existiert, denn »die Hauptagenten dieser Produktionsweise selbst, der Kapitalist und der Lohnarbeiter, sind als solche nur Verkörperung, Personifizierungen von Kapital und Lohnarbeit; bestimmte gesellschaftliche Charaktere, die der gesellschaftliche Produktionsprozeß den Individuen aufprägt; Produkte dieser bestimmten gesellschaftlichen Produktionsverhältnisse.«[21] Diese

---

20 Marx, Das Kapital, Bd. I, MEW, Bd. 23, S. 286

21 Marx, Das Kapital, Bd. III, MEW, Bd. 25, S. 887; vgl. auch MEW, Bd. 23, S. 16, S. 91 f., S. 99 f. Die Begriffe Charaktermaske, Produktionsagent, Klassenindividuum bezeichnen gesellschaftliche Verkörperungen der Individuen, die von ihrem Willen unabhängig, durch eine bestimmte Verkehrsform aufgezwungen, also entfremdete Gestalten ihres Verkehrs sind. Das soziale Handeln, vermöge dessen die Menschen sich aufeinander beziehen, begreifen Marx und Engels unter den Kategorien des Verkehrs, der Verkehrsform, der Verkehrsverhältnisse. (Vgl. Die deutsche Ideologie, MEW, Bd. 3) In antagonistischen Gesellschaften entfaltet sich soziales Handeln nicht im »Verkehr der Individuen als solcher«, sondern im durch ökonomische und politische Gewalt »bedingten Verkehr« (a. a. O. S. 68). Unter der Herrschaft der Warenproduktion wird der soziale Austausch bestimmt durch die Geldbeziehung, die noch die intimsten Beziehungen färbt; soziales Handeln steht unterm Zeichen des Handels, des Kaufens und Verkaufens – der sprachliche Doppelsinn hält die Verkehrung der menschlichen Beziehungen fest. In der Kritik der politischen Ökonomie wird konsequent »Verkehr« nur in seiner historisch bestimmten Negation aufgefaßt: »Die Waren können nicht selbst zu Markte gehen und sich nicht selbst austauschen ... Um diese Dinge als Waren aufeinander zu beziehen, müssen die Warenhüter sich zueinander als Personen verhalten, deren Willen in jenen Dingen haust, so daß der eine nur dem Willen des andren, also jeder nur vermittelst eines, beiden gemeinsamen Willensaktes sich die fremde Ware aneignet, indem er die eigene veräußert. Sie müssen sich daher wechselseitig als Privateigentümer anerkennen.« So beschreibt Marx den für soziales Handeln überhaupt konstitutiven Prozeß der wechselseitigen Anerkennung von Normen in der bürgerlichen Verkehrsform. Wo in den allgemeinen Theorien sozialen Handelns der Begriff »Rolle« steht, führt Marx an dieser Stelle den kritisch-negativen Begriff »Charaktermaske« ein: »Dies Rechtsverhältnis, dessen Form der Vertrag ist, ob nun legal entwickelt oder nicht, ist ein Willensverhältnis, worin sich das ökonomische Verhältnis widerspiegelt. Der Inhalt dieses Rechts- oder Willensverhältnisses ist durch das ökonomische Verhältnis selbst gegeben. Die Personen existieren hier nur füreinander als Repräsentanten von Ware und daher als Warenbesitzer. Wir werden überhaupt ... finden, daß die ökonomischen Charaktermasken der Personen nur die Personifikation der ökonomischen Verhältnisse sind, als deren Träger sie sich gegenübertreten.« (MEW, Bd. 23, S. 99 f.) Karl Korsch hat die sprachliche Vermittlung des sozialen Verkehrs in ihrer Bestimmtheit durch seine dingliche Vermittlung gesehen: »Die Waren

Bestimmung des verselbständigten Produktionsverhältnissen unterworfenen Individuums als Produktionsagent gilt für das Klassenverhältnis insgesamt wie für die Klassenabteilungen. Sowohl eine reale Abstraktion wie eine zufällige konkrete Person benennend, stellt diese Kategorie eine individualisierende Benennung für das moderne Klassenverhältnis dar.

Im Kapitalismus »tritt ein Unterschied heraus zwischen dem Leben jedes Individuums, soweit es persönlich ist und insofern es unter irgendeinen Zweig der Arbeit und die dazugehörigen Bedingungen subsumiert ist. (Dies ist nicht so zu verstehen, als ob z. B. der Rentier, der Kapitalist pp. aufhörten, Personen zu sein; sondern ihre Persönlichkeit ist durch ganz bestimmte Klassenverhältnisse bedingt und bestimmt, und der Unterschied tritt erst im Gegensatz zu einer andern Klasse und für sie selbst erst dann hervor, wenn sie Bankrott machen.) Im Stand (mehr noch im Stamm) ist dies noch verdeckt. . . Der Unterschied des persönlichen Individuums gegen das Klassenindividuum, die Zufälligkeit der Lebensbedingungen für das Individuum tritt erst mit dem Auftreten der Klasse ein, die selbst ein Produkt der Bourgeoisie ist. Die Konkurrenz und der Kampf der Individuen untereinander erzeugt und entwickelt erst diese Zufälligkeit als solche.«[22]

---

können nicht selbst als Angebot allgegenwärtig sein: so entsteht die Sprache, und ihr Inneres, der Begriff (als Reklame). Diese Sprache als Moment des Warenaustausches und der Warenproduktion steht im Gegensatz zu der Sprache als Moment des gesellschaftlichen Arbeitsprozesses (der Gebrauchswertproduktion)« (Entstehung der Sprache in der kapitalistischen Gesellschaft, in: alternative, Heft 41, S. 66) Marx rechnet nicht nur auf der Ebene seiner materialen Untersuchungen, sondern auch auf kategorialer Ebene mit einer gesellschaftlichen Praxis, die Arbeit *und* Verkehr umfaßt. Eine der Analyse des Arbeitsprozesses (Das Kapital, Bd. 1, MEW, Bd. 23, S. 192 ff.) vergleichbare Analyse des Verkehrs »unabhängig von jeder bestimmten gesellschaftlichen Form« gibt Marx nicht. Zumindest betont die »Deutsche Ideologie«, daß Arbeit, »die Produktion des materiellen Lebens selbst«, immer in einer bestimmten Verkehrsform, die zugleich die Produktion von Menschen in der Familie organisiert und in der Sprache ihr praktisches Bewußtsein hat, existiert (a. a. O. S. 28 ff.) Vgl. Engels, Die Entstehung der Familie, des Privateigentums und des Staates, MEW, Bd. 21, S. 27 f., wo Arbeit und Familie als die beiden Arten der Produktion und Reproduktion des unmittelbaren Lebens unterschieden werden.

22 Marx/Engels, Die deutsche Ideologie, MEW, Bd. 3, S. 76. Gleichwohl benutzt Marx den Begriff »Charaktermaske« auch für vorkapitalistische Verhältnisse, »wo die gesellschaftlichen Verhältnisse der Personen in ihren Arbeiten als ihre eignen persönlichen Verhältnisse« erscheinen und nicht verkleidet sind »in gesellschaftliche Verhältnisse der Sachen, der Arbeitsprodukte.« (Marx, Das Kapital, Bd. I, MEW, Bd. 23, S. 91) Nicht auf

Das Klassenindividuum, der Produktionsagent stellt als eine Personifikation der Produktionsverhältnisse ein ganzes System von verschiedenen Produktionsagenten, von Trägern der verschiedenen Funktionen des Produktionsprozesses dar. Ein bestimmter Kapitalist verkörpert in einem sein spezielles Kapital, das Kapital einer besonderen Sphäre und das gesellschaftliche Gesamtkapital. Die Indentität des Hauptagenten mit seinen Erscheinungsweisen als besonderer und einzelner Produktionsagent bringt den vermittelten Zusammenhang von Person, Abteilung und Klasse zum Ausdruck.

Wie sehr die personelle »Bekleidung« der Kapitalfunktion variabel ist, erweist sich nicht nur in der Austauschbarkeit der Funktionäre, sondern auch in der Aufteilung der Funktion selbst. Die Kapitalfunktion, der Verwertungsprozeß im allgemeinen, spaltet sich in die Metamorphosen, die das Kapital durchmacht – Geldkapital, produktives Kapital, Warenkapital – so daß »Geldkapitalist und produktiver Kapitalist sich wirklich gegenüberstehn, . . . als Personen, die ganz verschiedne Rollen im Reproduktionsprozeß spielen, oder in deren Hand dasselbe Kapital wirklich eine doppelte und gänzlich verschiedne Bewegung durchmacht. Der eine verleiht es nur, der andere wendet es produktiv an.«[23]

Der Typ des Rentiers, des reinen Geldkapitalisten kommt durch die Funktionsteilung zwischen dem eigentlichen in der Produktion oder Zirkulation fungierenden und dem müßigen Kapitalisten zustande, der jenem Kapital leiht; rechnerisch erscheint dies in der Teilung des Profits in Unternehmergewinn und Zins. Der Kapitalist als bloßer Eigentümer kann sich schließlich von der Kapitalfunktion überhaupt auf den Genuß seiner Revenue zurückziehen, indem er jene einem Manager überträgt.

Die formelle Trennung zwischen Eigentum und Verfügung setzt sich mit dem Aufkommen der Aktiengesellschaften durch. Als direkte Korporationen von Kapitalinhabern ermöglichen sie eine

---

der Fetischisierung, sondern auf der Borniertheit der sozialen Beziehungen beruht hier die Entfremdung; den Individuen werden Charaktermasken aufgezwungen bereits durch das »Sichfestsetzen der sozialen Tätigkeit«, der naturwüchsigen Arbeitsteilung. »Sowie nämlich die Arbeit verteilt zu werden anfängt, hat jeder einen bestimmten ausschließlichen Kreis der Tätigkeit, der ihm aufgedrängt wird, aus dem er nicht heraus kann; er ist Jäger, Fischer, Hirt oder kritischer Kritiker und muß es bleiben, wenn er nicht die Mittel zum Leben verlieren will . . .« (MEW, Bd. 3, S. 33)

23 Marx, Das Kapital, Bd. III, MEW, Bd. 25, S. 385

»ungeheure Ausdehnung der Stufenleiter der Produktion und Unternehmungen, die für Einzelkapitale unmöglich waren.«[24] Sie wälzen das Akkumulationsverfahren um, indem sie einzelne Geldkapitalisten als selbständige Finanziers ablösen und die Abhängigkeit des Produktionssystems von der Revenue mit der Entfaltung des Kreditwesens relativieren. Die Entwicklung des modernen Leihkapitals und seine dem sprunghaft wachsenden Kapitalbedarf folgende Zusammenfassung zu einem konzentrisch funktionierenden Kreditsystem, worin sich der jeweils flüssige Teil des gesellschaftlichen Gesamtkapitals ansammelt, verstärkt den Charakter der Kapitalistenklasse als vermittelter Korporation. Das organisierte und zentralisierte Geldkapital repräsentiert die Allgemeinheit des gesellschaftlichen Kapitals gegenüber einzelnen Kapitalien und Kapitalsphären und damit auch die verdinglichte Existenz der Gesamtklasse gegenüber der Masse ihrer fungierenden Agenten.

»Als was das industrielle Kapital nur in der Bewegung und Konkurrenz zwischen den besondren Sphären erscheint, als an sich gemeinsames Kapital der Klasse, tritt es hier wirklich, der Wucht nach, in der Nachfrage und Angebot von Kapital auf. Andrerseits besitzt das Geldkapital auf dem Geldmarkt wirklich die Gestalt, worin es als gemeinsames Element, gleichgültig gegen seine besondere Anwendung, sich unter die verschiedenen Sphären, unter die Kapitalistenklasse verteilt. . . Es kommt hinzu, daß mit der Entwicklung der großen Industrie das Geldkapital mehr und mehr, soweit es auf dem Markt erscheint, nicht vom einzelnen Kapitalisten vertreten wird, dem Eigentümer dieses oder jenes Bruchteils des auf dem Markt befindlichen Kapitals, sondern als konzentrierte, organisierte Masse auftritt, die ganz anders als die reelle Produktion unter die Kontrolle der das gesellschaftliche Kapital vertretenden Bankiers gestellt ist.«[25] Nicht nur wird auf diesem Weg der kontinuierliche Ablauf der gesellschaftlichen Reproduktion rationeller vermittelt. Der Fortschritt in der Vergesellschaftung des Gesamtproduk-

---

24 A. a. O. S. 452. – Auf der Grundlage von Aktiengesellschaften und Aktienbanken bildeten sich in Deutschland schon vor 1870 Ansätze zu einer Finanzbourgeoisie, wodurch die führende Rolle der industriellen Bourgeoisie jedoch nicht einmal angetastet wurde. (Vgl. Karl Obermann, Die Rolle der ersten deutschen Aktienbanken in den Jahren 1848 bis 1856, in: Jb. f. Wirtschaftsgeschichte, 1960, Teil 2, Berlin 1961, S. 62; sowie Mottek, Bd. II, a. a. O. S. 219 f.)

25 Marx, Das Kapital, Bd. III, MEW, Bd. 25, S. 381

tionsprozesses bewirkt eine noch effektivere Aufhebung persönlicher Fixierungen. Wie das Kreditgeschäft immer weniger eine Angelegenheit zwischen zwei Personen, so ist die Ausübung der aktiven Kapitalfunktion in immer geringerem Maß an Kapitaleigentum gebunden. Für das im Kreditsystem verfügbar gemachte Gesamtkapital der Klasse wird die praktische Verfügung, Unternehmens- und Betriebsleitung zu einer übertragbaren und ablösbaren Sache: zur Funktion angestellter Manager.

4. *Geschichtliche Entwicklung der Kapitalistenklasse und ihrer Fraktionen*

Im Entfaltungsprozeß der kapitalistischen Produktionsweise sind drei Epochen zu unterscheiden, denen jeweils eine besondere Gliederung der Kapitalistenklasse wie der Lohnarbeiterklasse entspricht. Lange bevor das Kapital sich die Produktion unterordnet, entsteht auf einer fortgeschrittenen Stufe der einfachen Warenproduktion in den meisten vorkapitalistischen Klassengesellschaften Kaufmanns- und Wucherkapital.[26] Das Kapital als Produktionsverhältnis entsteht in Westeuropa; seit dem 16. Jahrhundert etabliert es sich in der Form der Manufaktur im Widerspruch zur Feudalgesellschaft. Die frühkapitalistische Epoche schließt ab mit der industriellen Revolution, welche seit dem Ende des 18. Jahrunderts die große Industrie, die Dominanz des Industriekapitals und die allgemeine Herrschaft der kapitalistischen Produktionsweise durchsetzt. Die hochkapitalistische Epoche Westeuropas endet mit der Entstehung des Monopolkapitals um die Jahrhundertwende, seit die kapitalistische Produktionsweise in immer schärferen Widerspruch zu den von ihr selbst hervorgebrachten Produktivkräften tritt. Seinen spezifischen Inhalt und Antrieb erfährt dieser Entwicklungsprozeß aus dem allgemeinen Gesetz der kapitalistischen Akkumulation. Die Verallgemeinerung einer besonderen Kombination der Produktionselemente, welche auf der hochkapitalistischen Stufe den adäquaten Rahmen für die Entfaltung der Produktivkräfte setzt, tritt in Gestalt des Industriekapitals in Erscheinung.
»Das industrielle Kapital ist die einzige Daseinsweise des Kapi-

26 Vgl. Marx, Das Kapital, Bd. I, MEW, Bd. 23, S. 161; Bd. 25, 20. Kapitel: Geschichtliches über das Kaufmannskapital; 36. Kapitel: Vorkapitalistisches. Ernest Mandel, Marxistische Wirtschaftstheorie, Kapitel IV

tals, worin nicht nur Aneignung von Mehrwert respektive Mehrprodukt, sondern zugleich dessen Schöpfung Funktion des Kapitals ist. Es bedingt daher den kapitalistischen Charakter der Produktion; sein Dasein schließt das des Klassengegensatzes von Kapitalisten und Lohnarbeitern ein. Im Maß, wie es sich der gesellschaftlichen Produktion bemächtigt, werden Technik und gesellschaftliche Organisation des Arbeitsprozesses umgewälzt, und damit der ökonomisch-geschichtliche Typus der Gesellschaft. Die andern Arten von Kapital, die vor ihm inmitten vergangner oder untergehender gesellschaftlicher Produktionszustände erschienen, werden ihm nicht nur untergeordnet und im Mechanismus ihrer Funktionen ihm entsprechend verändert, sondern bewegen sich nur noch auf seiner Grundlage, leben und sterben, stehen und fallen daher mit dieser Grundlage. Geldkapital und Warenkapital, soweit sie mit ihren Funktionen als Träger eigner Geschäftszweige neben dem industriellen Kapital auftreten, sind nur noch durch die gesellschaftliche Teilung der Arbeit verselbständigte und einseitig ausgebildete Existenzweisen der verschiednen Funktionsformen, die das industrielle Kapital innerhalb der Zirkulationssphäre bald annimmt, bald abstreift.«[27]
Aus dieser Bestimmung resultiert, daß vor und nach der gesellschaftlichen Durchsetzung der kapitalistischen Produktionsweise ganz verschiedene soziale Gliederungsformen bestehen – vor allem unter den Kapitalisten selbst. Weder in der manufakturkapitalistischen Epoche noch in der finanzkapitalistischen Phase dominiert das industrielle Kapital über das Geldkapital. Die speziellen Gliederungsformen der Klasse entspringen jeweils einem von der hochkapitalistischen Epoche unterschiedenen Wechselverhältnis von Industrie- und Geldkapital. Diesen wesentlichen Unterschied der Klassengliederung beschreibt Marx am Beispiel des Kontrasts zwischen der englischen und der französischen Gesellschaft des 19. Jahrhunderts.

Finanzaristokratie und industrielle Bourgeoisie

Noch um die Jahrhundertmitte dominiert das industrielle Kapital in Frankreich, nicht die Produktion, in der das kleinbürgerliche Element vorherrscht. Die nichtkapitalistischen Produk-

27 Marx, Das Kapital, Bd. II, MEW, Bd. 24, S. 61

tionsbereiche werden von Handels- und Geldkapitalisten beherrscht, die mehr oder minder außerhalb des Reproduktionskreislaufs des Industriekapitals stehen und deren Interesse sich auf die Konservierung jener Produktionsformen richtet. Sie geraten in scharfen Gegensatz zu den Industriellen. Diese Finanzaristokratie, Bankiers und Finanziers, die, mit dem Großgrundbesitz verbunden, die Staatsfinanzen durch Anleihen, Handel mit Staatspapieren, Staatsaufträgen etc. kontrolliert, übt die politische Herrschaft aus. So bildet sie »einen Teil der *Bourgeoisie*, der, gleichgültig gegen die Gesamtinteressen seiner Klasse, ein besonderes, derselben sogar feindliches Sonderinteresse verfolgt.«[28] Die Bourgeoisie umfaßt zwar alle industriellen und »nichtindustriellen« Kapitalbesitzer als Fraktionen, aber zugleich wird dieser eher äußerliche und antizipatorische Klassenzusammenhang durch den Interessenantagonismus jener Fraktionen zerrissen. Nur gegen den Aufstand der nichtkapitalistischen Volksmassen 1848 kommt es »unter dem gemeinschaftlichen Ruf zur Rettung des Eigentums, der Religion, der Familie, der Gesellschaft«[29], kurz: des Profits zur politischen Vereinigung der gesamten Bourgeoisie in der Partei der Ordnung. Die industrielle bildete zwar die Kernklasse der allgemeinen Bourgeoisie, aber noch nicht deren stärkste und herrschende Fraktion. Die Sozialstruktur Frankreichs entsprach eher dem Stadium der Manufaktur als dem der großen Industrie. »Die französische Industrie ist ausgebildeter und die französische Bourgeoisie revolutionärer entwickelt als die des übrigen Kontinents. Aber die Februarrevolution, war sie nicht unmittelbar gegen die Finanzaristokratie gerichtet? Diese Tatsache bewies, daß die industrielle Bourgeoisie Frankreich nicht beherrschte.«[30]

»Nur eine Fraktion der Ordnungspartei war direkt am Sturze der Finanzaristokratie beteiligt, die *Fabrikanten*. . . . Ihr Interesse ist unzweifelhaft Verminderung der Produktionskosten, also Verminderung der Steuern, die in die Produktion, also Verminderung der Staatsschulden, deren Zinsen in die Steuern eingehen, also Sturz der Finanzaristokratie. In England – und die größten französischen Fabrikanten sind Kleinbürger gegen ihre

---

28 Marx/Engels, Montesquieu LVI., »Neue Rheinische Zeitung« vom 21. Januar 1849, MEW, Bd. 6, S. 195

29 Marx, Das Kapital, Bd. I, MEW, Bd. 23, S. 302

30 Marx, Die Klassenkämpfe in Frankreich 1848 bis 1850, MEW, Bd. 7, S. 20

englischen Rivalen – finden wir wirklich die Fabrikanten, einen Cobden, einen Bright, an der Spitze des Kreuzzuges gegen die Bank und Börsenaristokratie. Warum nicht in Frankreich? In England herrscht die Industrie, in Frankreich die Agrikultur vor. . . Die französische Industrie beherrscht nicht die französische Produktion, die französischen Industriellen beherrschen daher nicht die französische Bourgeoisie.«[31]

Die Gliederung der Kapitalistenklasse unter Verhältnissen wenig entwickelter Industrialisierung ist dadurch charakterisiert, daß die industrielle Bourgeoisie sich noch nicht als Inkorporation der allgemeinen Bourgeoisie durchsetzen kann. Die im Kreislauf des Industriekapitals engagierten »produktiven« Kapitalisten bilden nur eine unter verschiedenen »Kapitalistenklassen«, weil unabhängig vom Industriekapital noch ältere Kapitalformen existieren. Diese »Klassen« kommerzieller und finanzieller Kapitalisten, deren Kapital hauptsächlich in Sphären nicht spezifisch industrieller Produktion zirkuliert: in der bäuerlichen, handwerklichen und kleingewerblichen Wirtschaft; im Kolonialgeschäft, in Staatsfinanzen- und Bodenspekulationen – vertreten konservative Tendenzen gegenüber der industriellen Bourgeoisie, die den gesellschaftlichen Fortschritt verkörpert.[32] Das ka-

31 A. a. O. S. 78 f.

32 Die unterentwickelt gehaltenen Länder der Gegenwart stehen zum größeren Teil auf dieser Stufe: Paul A. Baran bezeichnet sie, entsprechend der Zusammensetzung der herrschenden Klasse aus Großgrundbesitzern, Industriemonopolisten und Kompradorenbourgeoisie, als »feudal-merkantilistisch« oder »handelskapitalistisch«. Jedoch verkörpert die industrielle Bourgeoisie nicht mehr den gesellschaftlichen Fortschritt, weil sie gegenüber den anderen Bestandteilen der herrschenden Klasse und gegenüber den imperialistischen Monopolen weder über die nötige Macht noch über das zur Industrialisierung treibende Interesse verfügt. Denn das Geldkapital kann profitabler in Bodenspekulation, Import-Export-Geschäften und ausländischen Unternehmungen angelegt werden. Der (von dem US-Regierungsberater Rostow so genannte) Take-Off der Industrialisierung kann nur von einer sozialen Kraft in Gang gesetzt werden, die zur Mobilisierung, Zentralisierung und produktiven Verwendung des Mehrprodukts – gleichzeitig mit einer agrarischen und einer kulturellen Umwälzung – fähig ist. Dafür ist nationale Unabhängigkeit und Entmachtung der herrschenden Klasse die unerläßliche Vorbedingung. Die beherrschten Klassen sind ähnlich zusammengesetzt wie in der beschriebenen Epoche Frankreichs: Bauern bilden die große Mehrheit der Bevölkerung (in Ländern mit Plantagenwirtschaft: Landarbeiter); modernes Proletariat konzentriert sich vor allem in den Hauptstädten, wie im Paris des 19. Jahrhunderts; dazu kommt die nicht unbedeutende Masse des Kleinbürgertums, das oft den Charakter einer »Lumpenbourgeoisie« annimmt. Diese Klassen verkörpern das Potential des gesellschaftlichen Fortschritts, vor allem die ländlichen Massen. Der revolutionäre Volks-

pitalistische Eigentumsverhältnis, welches alle Kapitalinhaber als Gesamtklasse zur Bourgeoisie zusammenfaßt, spaltet sie zugleich. Es führt nur dann zu politischer Vereinigung, wenn extrem-feudale Restauration oder radikale Demokratie es bedroht.

Klassische industrielle Bourgeoisie

In England beherrscht die kapitalistische Produktionsweise erstmals seit dem Durchbruch der großen Industrie in den bedeutenderen Produktionsbereichen die Gesellschaft. Zwar existiert auch hier noch eine Großgrundbesitz und Hochfinanz verknüpfende, ökonomisch mächtige und politisch bis 1831 beherrschende Finanzaristokratie. Jedoch die englische Industrie beherrscht die englische Produktion, die Industriellen beherrschen – spätestens seit der Abschaffung der Kornzölle 1846 – die Bourgeoisie, denn »Freihandel bedeutete die Umgestaltung der gesamten inneren und äußeren Handelspolitik Englands im Einklang mit den Interessen der industriellen Kapitalisten, der Klasse, die jetzt die Nation vertrat. . . . Jedes Hemmnis der industriellen Produktion wurde unbarmherzig entfernt. Der Zolltarif und das ganze Steuersystem wurden umgewälzt.«[33] Durch diese Umwälzung wurden die Geld- und Handelskapitalisten dem industriellen Kapital untergeordnet. Erst der durch den Ausgleich der allgemeinen Profitrate regulierte innere Zusammenhang der Profitbezieher vereinigt die verschiedenen Kategorien von Kapitalisten zu einer Klasse, die nicht bloß durch formale Dieselbigkeit des Eigentums, sondern durch den Kreislauf des Industriekapitals zusammengeschlossen wird. *Die Teilklassen der Geld- und Handelskapitalisten werden zu Fraktionen der industriellen Bourgeoisie mediatisiert.* Als Geldhandlungs- und Warenhandlungskapitalisten repräsentieren sie spezielle Funktionssphären des in-

---

krieg zeigt sich immer mehr als der einzige Weg zur nationalen Befreiung und sozialen Umwälzung. (Vgl. Paul A. Baran, Politische Ökonomie des wirtschaftlichen Wachstums, Frankfurt am Main 1966; Ernest Mandel, Die Marxsche Theorie der ursprünglichen Akkumulation und die Industrialisierung der Dritten Welt, in: Folgen einer Theorie – Essays über »Das Kapital« von Karl Marx, Frankfurt am Main 1967). Der Guerillakrieg, eine historisch qualitativ neue Form des Krieges, wurde schon im 19. Jahrhundert entwickelt im rückständigen Spanien (vgl. Marx, Das revolutionäre Spanien, MEW, Bd. 10, S. 433–485, besonders S. 459 ff.)

33 Engels, England 1845 und 1885, MEW, Bd. 21, S. 192

dustriellen Kapitals. Die kommerziellen Kapitalisten sind gewissermaßen solche industriellen Kapitalisten, die als besondere Abteilungen ihrer gesamten Klasse Rationalisierungsdienste leisten. Für das darauf verwandte Kapital fließt ihnen in Gestalt des »kommerziellen Profits« eine Durchschnittsquote des Gesamtmehrwerts zu, obwohl die kommerziellen Operationen keinen Wert schaffen; zur Verkürzung der Umlaufzeit, d. h. Senkung der Zirkulationskosten sind sie gleichwohl notwendig. Was für die Warenhandlungskapitalisten gilt, trifft ebenso für die Geldhandlungskapitalisten zu: Geldkapital ist Gegenstand »der Manipulation einer besonderen Sorte von Kapitalisten, in dem Zirkulationsprozeß des industriellen Kapitals.«[34]

Ein wichtiger Unterschied zwischen dem industriellen Kern und den kommerziellen Fraktionen der Kapitalistenklasse besteht darin, daß sie sich in verschiedenem Verhältnis zur Arbeiterklasse befinden. Die Kaufmannschaft steht nicht in so direktem Gegensatz zu den Lohnarbeitern wie die Fabrikanten, die als personifiziertes Kapital, als Kommando über die Lohnarbeiter unmittelbar Mehrwert herauspressen, während jene nur den Mehrwert realisieren. Der Fabrikant, der selbständige Industrieunternehmer ist der soziale Hauptprotagonist der Bourgeoisie. Der »Manchestermann«, wie der bürgerliche Unternehmer des Hochkapitalismus nach der mittelenglischen Industriehochburg genannt wird, verkörpert dessen klassische, geschichtlich umwälzendste Gestalt. In der Agrikultur entspricht dem klassischen Industriellen der kapitalistische Großpächter als Repräsentant des industriellen Kapitals, auch er steht unmittelbar dem Lohnarbeiter gegenüber. Das Manchestertum bildet freilich nur eine vorübergehende, ziemlich kurze Phase in der Geschichte der kapitalistischen Produktionsweise, in welcher diese »in der prägnantesten Form und von störenden Einflüssen mindest getrübt« erscheint und in England, nur dort, ihre klassische Stätte findet.[35]

---

34 Marx, Das Kapital, Bd. II, MEW, Bd. 24, S. 419

35 Artur Rosenberg nennt den *Liberalismus* eine vorübergehende Episode, eine Selbsttäuschung des frühen Industriekapitalisten. Er war »Produkt der industriellen Entwicklung Englands ... Frieden und Freihandel sind seine Losungen. Die freie Konkurrenz unter den einzelnen Unternehmern soll sich ohne jede Störung oder Hemmung und auch ohne jede künstliche Förderung durchsetzen ... Das klassische Land des neuen Liberalismus wurde England in der Periode von 1832 bis 1866.« Er unterscheidet von diesem eine ältere Form des Liberalismus, welche innenpolitische Freiheiten mit einer starken staatlichen Machtpolitik nach außen, mit Schutzzoll

Noch während der Blütezeit der hochkapitalistischen Epoche zeichnen sich die Konturen einer neuen Entwicklungsphase des kapitalistischen Produktionssystems ab, in welcher die um das Fabrikantentum zentrierte Klasse ihren unlängst hergestellten Zusammenhang verliert und wiederum eine mehr heterogene Gliederungsform annimmt. Der Konzentrations- und Zentralisationsprozeß erzeugt innerhalb des Industriekapitals eine vertikale Gliederung (Schichtung) zwischen »Fabrikmagnaten«, »Chefs ganzer industrieller Armeen« und »industriellem Mittelstand« bzw. »kleinen Industriellen«, die durch die Konkurrenz mit den Großkapitalisten zu »ruinierten Bourgeoisklassenfraktionen« zu werden drohen. Zugleich hebt sich von den industriell und kommerziell fungierenden Unternehmern eine besondere Kategorie der bloßen Eigentümer ab, die ganz außerhalb der wirklichen Warenproduktion und -zirkulation stehen. Die Kapitalien der bloßen Eigentümer verbleiben im Reproduktionsprozeß, als Verleiher von Geldkapital an fungierende Kapitalisten partizipieren sie am Mehrwert. Diese müßigen Kapitalisten operieren nicht wie die alte Finanzaristokratie außerhalb des Industriekapitalkreislaufs, sondern ihre Kapitalien zirkulieren innerhalb der integrierten Reproduktion. Eine personelle Abspaltung zur Fraktion ereignet sich, sobald das bloße Eigentum für eine größere Gruppe zum zentralen und beständigen Eigentumsverhältnis sich verfestigt. *Auf höherer Stufe und nunmehr innerhalb der integrierten kapitalistischen Ökonomie kommt es aufs neue zur Bildung besonderer »Klassen« von Kapitalisten.* Die Kristallisierung einer wachsenden separaten Gruppe von reinen Geldkapitalisten und Rentiers ist Folge der Konzentration und Zentralisation des Kapitals, des steigenden Betriebskapital-Minimums. Zugleich funktioniert das Kreditwesen als deren Ursache. Das Leihkapital ist nicht unmittelbar an das industrielle Kapitalminimum gebunden, es kann zur produktiven Verwendung beliebig zusammengelegt und aufgeteilt werden. Indem die Geldhandlungskapitalisten sich wieder in eine besondere Klasse von Geldkapitalisten verwandeln, die das Kreditsystem beherrschen, werden sie in wachsendem Maß aus Dienern zu Herren des Industriekapitals. Das Kreditsystem als Ausdruck erhöhter Vergesellschaftung impliziert sowohl eine Stei-

und Kolonialismus verbindet – »die typische Staatsform des frühen Kapitalismus«. (Demokratie und Sozialismus, Zur politischen Geschichte der letzten 150 Jahre, Frankfurt am Main 1962, S. 224 f.)

gerung der ökonomischen Rationalität als auch das irrationale Regime einer »neuen Finanzaristokratie«, welche die Industriellen kontrolliert und ausbeutet. Im Mittelpunkt der Aktivität des Finanziers steht das mit Produktivitätsfortschritt und Akkumulation nicht mehr funktional verknüpfte Profitstreben. Es bildet sich »eine neue Sorte Parasiten in Gestalt von Projektmachern, Gründern und bloß nominellen Direktoren«, Marx nennt sie den »parasitär« gewordenen Teil der Bourgeoisie, der, aus der Sphäre wirklicher Mehrwertschöpfung ausgeschieden, eine »besondere Klasse« verkörpert:

»Mit dem Wachstum des stofflichen Reichtums wächst die Klasse der Geldkapitalisten; es vermehrt sich einerseits die Zahl und der Reichtum der sich zurückziehenden Kapitalisten, der Rentiers; und zweitens wird die Entwicklung des Kreditsystems gefördert, und damit die Zahl der Bankiers, Geldverleiher, Financiers etc. vermehrt. Mit der Entwicklung des disponiblen Geldkapitals entwickelt sich die Masse der zinstragenden Papiere, Staatspapiere, Aktien etc. . . . Aber damit zugleich die Nachfrage nach disponiblem Geldkapital, indem die Jobbers, die in diesen Papieren Spekulationsgeschäfte machen, eine Hauptrolle im Geldmarkt spielen. . . Die Bankiers stellen dem Gelichter dieser Händler das Geldkapital des Publikums zur Verfügung, und es wächst diese Brut von Spielern.«[36]

Das Abhängigkeitsverhältnis zwischen Industrie- und Geldkapital hat sich erneut umgekehrt. Der Interessenwiderspruch zwischen beiden »besonderen Klassen« nimmt die Züge eines Gegensatzes zwischen herrschenden, besitzenden Klassen an. Sie kämpfen um die Aufteilung des Rohprofits in Unternehmergewinn und Zins. Zins entspringt scheinbar aus dem »bloßen« Kapitaleigentum: »*Qualitativ* betrachtet ist der Zins Mehrwert, den das bloße Eigentum des Kapitals liefert, . . . obgleich sein Eigentümer außerhalb des Reproduktionsprozesses stehn bleibt. . . *Quantitativ* betrachtet erscheint der Teil des Profits, der den Zins bildet, nicht auf das industrielle und kommerzielle Kapital als solches, sondern auf das Geldkapital bezogen, und die Rate dieses Teils des Mehrwerts, die Zinsrate oder der Zinsfuß befestigt dieses Verhältnis. . . . Befände sich alles Kapital in den Händen der industriellen Kapitalisten, so existierte kein Zins und kein Zinsfuß.«[37]

---

36 Marx, Das Kapital, Bd. III, MEW, Bd. 25, S. 527 f.

37 A. a. O. S. 390. – »Im zinstragenden Kapital ist dieser *autonomische*

Geldkapital erhält die Form des von den fungierenden Kapitalisten getrennten Leihkapitals. Der Gegensatz beider »Kapitalistenklassen« wird auf dem Geldmarkt ausgetragen, wo sich nur Verleiher und Borger gegenüberstehen. – Die Differenzierung der allgemeinen Kapitalistenklasse in zwei besondere Klassen affiziert auch den Gegensatz von Kapital und Lohnarbeit.
»Das zinstragende Kapital ist das Kapital *als Eigentum* gegenüber dem Kapital als *Funktion*. Aber soweit das Kapital nicht fungiert, exploitiert es nicht die Arbeiter und tritt in keinen Gegensatz zur Arbeit.«[38]
Der Unternehmergewinn bildet keinen Gegensatz zur Lohnarbeit, sondern nur zum Zins. Die Trennung von Eigentum und Funktion läßt den Schein aufkommen, als sei der Unternehmergewinn ebenso Lohn, nur höherer Lohn als der des gewöhnlichen Lohnarbeiters, als beständen gemeinsame Interessen von »schaffendem« Kapital und Lohnarbeit gegenüber dem »raffenden Kapital.«

Aufhebung der Kapitalistenklasse auf kapitalistischer Basis

Mit der fortschreitenden Trennung von Eigentum und Funktion – institutionalisiert in Form der Aktiengesellschaft – büßt die Kapitalistenklasse in wachsenden Bestandteilen ihre funktionelle Bedeutung ein, ähnlich wie durch die Auflösung des Feudalismus »der Grundeigentümer vom Lenker und Beherrscher des Produktionsprozesses und des ganzen gesellschaftlichen Lebensprozesses herabgedrückt wird zum bloßen Verpachter von Boden, Wucherer in Boden, und bloßen Einkassierer von Rente ...«[39]
Die Bourgeoisie wird aus einer historisch notwendigen zu einer überflüssigen Klasse. Das Kapital ist in immer größerem Teil »nicht Eigentum einzelner Kapitalisten, die ihr Geschäft selbst leiten, sondern von Aktiengesellschaften, deren Betrieb von *bezahlten Angestellten* geleitet wird, von Dienern, die in jeder

Fetisch vollendet, der sich selbst verwertende Wert, das geldmachende Geld, und es trägt in dieser Form keine Narben seiner Entstehung mehr.« Das gesellschaftliche Verhältnis ist vollendet als Verhältnis des Dings (Geld, Ware) zu sich selber ... Es ist das Kapital *par excellence*.« (Marx, Theorien über den Mehrwert, MEW, Bd. 26.3, S. 447)

38 Marx, Das Kapital, Bd. III, MEW, Bd. 25, S. 392; »Im zinstragenden Kapital ist das Verhältnis des Kapitals zur Arbeit ausgelöscht!« (Marx, Theorien über den Mehrwert, MEW, Bd. 26.3, S. 480)

39 Marx, Das Kapital, Bd. III, MEW, Bd. 25, S. 890

Hinsicht die Position höhergestellter, besser bezahlter Arbeiter einnehmen. Was die Direktoren und Aktionäre anbetrifft, so wissen beide, daß es für das Geschäft um so besser ist, je weniger sich die ersteren in die Leitung und die letzteren in die Kontrolle einmischen ... Die gesellschaftliche Funktion des Kapitalisten ist hier auf besoldete Diener übergegangen ...«[40]
Die hegemoniale Zentralisierung des kapitalistischen Produktionssystems im Kreditkapital, das sich in der speziellen Klasse der Geldkapitalisten verkörpert und diese zugleich durch eine kleine Finanzoligarchie beherrscht, charakterisiert den Übergang zum bürokratisch organisierten Monopolkapitalismus. Marx und Engels prognostizieren diese Entwicklung in ihren entscheidenden Zügen. Sie führt zu einer neuen Epoche des Kapitalismus, die sich grundlegend von der klassischen Epoche des Manchestertums abhebt. Das Kreditsystem bildet die Hauptbasis »zur allmählichen Verwandlung der kapitalistischen Privatunternehmungen in kapitalistische Aktiengesellschaften«.[41] Mit ihrer Durchsetzung wird die Figur des fungierenden Kapitalisten, des autonomen Fabrikanten, obsolet. Aus einer besonderen Klasse werden jetzt die Geldkapitalisten zunehmend zur Personifikation des gesellschaftlichen Gesamtkapitals, zur Gesamtklasse der Kapitalisten, welche die Aktiengesellschaften kontrolliert. Hilferding hat diese Form als *Finanzkapital* definiert.[42] In dieser neuen Phase verschärft sich der Antagonismus: die gesellschaftlichen Produktivkräfte und damit die unmittelbare Gesellschaftlichkeit der Wirtschaft wird gewaltiger denn je entwickelt, während die Kapitalisten immer weniger Initiatoren und Lenker der Pro-

---

40 Engels, Notwendige und überflüssige Gesellschaftsklassen, MEW, Bd. 19, S. 288 f.

41 Marx, Das Kapital, Bd. III, MEW, Bd. 25, S. 456

42 »Ein immer wachsender Teil des Kapitals in der Industrie gehört nicht den Industriellen, die es anwenden, sie erhalten die Verfügung über das Kapital nur durch die Bank, die ihnen gegenüber den Eigentümer vertritt. Andererseits muß die Bank einen immer wachsenden Teil ihrer Kapitalien in der Industrie fixieren. Sie wird damit in immer größerem Umfang industrieller Kapitalist. Ich nenne das Bankkapital, also Kapital in Geldform, das auf diese Weise in Wirklichkeit in industrielles Kapital verwandelt ist, das Finanzkapital.« Es ist also »Kapital in der Verfügung der Banken und in der Verwendung der Industriellen. – Das Finanzkapital entwickelt sich mit der Entwicklung der Aktiengesellschaft und erreicht seinen Höhepunkt mit der Monopolisierung der Industrie ... Es ist klar, daß mit zunehmender Konzentration des Eigentums die Besitzer des fiktiven Kapitals, das die Macht über die Banken, und desjenigen, das die Macht über die Industrie gibt, immer mehr identisch werden.« (Rudolf Hilferding, a. a. O. S. 309)

duktion sind, obwohl Eigentümer riesiger Kapitalien. Durch den Kredit erlangen sie »innerhalb gewisser Schranken absolute Verfügung über fremdes Kapital und fremdes Eigentum, und dadurch über fremde Arbeit. Verfügung über gesellschaftliches, nicht eignes Kapital gibt den Kapitalisten Verfügung über gesellschaftliche Arbeit. Das Kapital, das man wirklich oder in der Meinung des Publikums besitzt, wird nur noch die Basis zum Kreditüberbau ... Das Gelingen und Mißlingen führen hier gleichzeitig zur Zentralisation der Kapitale und daher zur Expropriation auf der enormsten Stufenleiter. Die Expropriation erstreckt sich hier von den unmittelbaren Produzenten auf die kleineren und mittleren Kapitalisten selbst. Diese Expropriation ist der Ausgangspunkt der kapitalistischen Produktionsweise; ihre Durchführung ist ihr Ziel, und zwar in letzter Instanz die Expropriation aller einzelnen von den Produktionsmitteln ... Diese Expropriation stellt sich aber innerhalb des kapitalistischen Systems selbst in gegensätzlicher Gestalt dar, als Aneignung des gesellschaftlichen Eigentums durch wenige ... In dem Aktienwesen existiert schon Gegensatz gegen die alte Form, worin gesellschaftliches Produktionsmittel als individuelles Eigentum erscheint; aber die Verwandlung in die Form der Aktie bleibt selbst noch befangen in den kapitalistischen Schranken; statt daher den Gegensatz zwischen dem Charakter des Reichtums als gesellschaftlicher und als Privatreichtum zu überwinden, bildet sie ihn nur in neuer Gestalt aus.«[43]
Nicht nur die Produktion, sondern auch das Eigentum wird in der neuen Phase vergesellschaftet, als Kollektiveigentum von sowohl unmittelbar als auch mittelbar assoziierten Privateigentümern; als Kapitalverhältnis, das der individuellen Kontrolle entwachsen ist: »Es ist dies die Aufhebung der kapitalistischen Produktionsweise innerhalb der kapitalistischen Produktionsweise selbst, und daher ein sich selbst aufhebender Widerspruch, der prima facie als bloßer Übergangspunkt zu einer neuen Produktionsform sich darstellt. Als solcher Widerspruch stellt er sich dann auch in der Erscheinung dar. Er stellt in gewissen Sphären das Monopol her und fordert daher die Staatseinmischung heraus ... Es ist Privatproduktion ohne die Kontrolle des Privateigentums.«[44]

43 Marx, Das Kapital, Bd. III, MEW, Bd. 25, S. 455 f.
44 A. a. O. S. 454

In der modernen Aktiengesellschaft erreicht das Kapitalverhältnis den Gipfelpunkt seiner Verdinglichung: es personifiziert sich nicht mehr in Gestalt des individuellen Kapitalisten, sondern tritt als »Person« agierend auf – ganz im Sinne der Formulierung Rathenaus vom »Unternehmen an sich«. Dieser ökonomische Leviathan Monsieur Le Capital wirkt weiterhin im zugleich kollektiven und partikularen Aneignungs- und Herrschaftsinteresse der Kapitalistenklasse, die das produktive Kapital nunmehr indirekt in seiner realen Abstraktion als Geldkapital kontrolliert, während die unmittelbaren Leistungsfunktionen mehr und mehr besoldeten Funktionären überlassen werden. In der neuen Phase bestätigt sich am Kapitalismus, was ihn von allen früheren Gesellschaftsformationen unterscheidet: »... daß der Kapitalist nicht in irgendeiner persönlichen Eigenschaft den Arbeiter beherrscht, sondern, daß dies nur [stattfindet] soweit er ›Kapital‹ ist; seine Herrschaft ist nur die der vergegenständlichten Arbeit über die lebendige, des Produkts des Arbeiters über den Arbeiter selbst.«[45]

Mit der Einstellung lohntätiger Dirigenten verliert der Kapitalist »alle realen Funktionen« und verschwindet »als überflüssige Person aus dem Produktionsprozeß«[46]; denn die Kapitalfunktion als bloße »Verwaltungsarbeit« kann ebenso rationalisiert und aufgeteilt werden wie die unmittelbare Produktionsarbeit. »Soweit die Arbeit des Kapitalisten nicht aus dem Produktionsprozeß als bloß kapitalistischem hervorgeht, ... soweit sie also aus der Form der Arbeit als gesellschaftlicher hervorgeht, aus der Kombination und Kooperation vieler zu einem gemeinsamen Resultat, ist sie ganz ebenso unabhängig vom Kapital, wie diese Form selbst, sobald sie die kapitalistische Hülle gesprengt hat.«[47]

Die angestellten Dirigenten, die an die Stelle der Unternehmer treten, sind, mindestens formell, eine Sorte höherer Lohnarbeiter, die nicht nur die Rationalisierung des Verwertungsprozesses, sondern zugleich die erhöhte und wachsende Gesellschaftlichkeit des Produktionsprozesses – als Vergesellschaftung der Leitung – betätigen. In dieser Zwieschlächtigkeit kündigt sich mit den angestellten Dirigenten die Aufhebung des Kapitalverhältnisses

45 Marx, Theorien über den Mehrwert, Erster Teil, MEW, Bd. 26.1, S. 366.
46 Marx, Das Kapital, Bd. III, MEW, Bd. 25, S. 401
47 A. a. O. S. 400

überhaupt an.[48] Das Phänomen der industriellen und kommerziellen »Manager« rangiert nach der Analyse von Marx und Engels bereits außerhalb des spezifischen Strukturzusammenhanges der Kapitalistenklasse. An dem Entwicklungspunkt des kapitalistischen Produktionssystems, wo die Kapitalfunktionen mehr und mehr durch Angestellte wahrgenommen werden, scheint der Klassenbegriff eine Dimension sozialökonomischer Gegensätzlichkeit zu bezeichnen, die ihn wesentlich ausweitet und zu gleicher Zeit überschreitet. Mit dem Verschwinden des klassischen Kapitalisten tritt das Kapital den Lohntätigen, (zu denen grundsätzlich auch die Angestellten und, wenigstens formell, die Manager gehören, wo also fast die gesamte Gesellschaft zum Lohnarbeiter geworden ist) – als unmittelbare Macht der Dinge über die Menschen gegenüber, als ein System »technischer« Sachzwänge von dämonischer Funktionalität. Zwar kann man noch von einer Kapitalistenklasse sprechen; aber das kapitalistische Produktionssystem hat sich in seiner Gesamtheit auch ihnen gegenüber derart verselbständigt, daß es der Gesellschaft als eine ungeheure und unheimliche Maschine entgegentritt, der die Menschen unterworfen sind, anstatt sie zu kontrollieren. Es ist dies der direkte, zugespitzte Gegensatz zwischen der toten (aufgehäuften, vergegenständlichten) und der lebendigen Arbeit als letzte Stufe des gesellschaftlichen Antagonismus. Nachdem die Kapitalisten nicht mehr als Unternehmer funktionell das Kapital personifizieren, personifiziert sich die Kapitalistenklasse unmittelbar und unsichtbar im Kapital als blindselbsttätigem Funktionssystem. Mit dieser totalen Verdinglichung der Klassenkategorie wird sie jedoch als spezifisch soziologische Kategorie hinfällig.[49] Andererseits erweitert sie sich

48 Die kapitalistisch entwickelten Produktivkräfte drängen »nach Aufhebung des Widerspruchs, nach ihrer Erlösung von ihrer Eigenschaft als Kapital, nach *tatsächlicher Anerkennung ihres Charakters als gesellschaftlicher Produktivkräfte*. Es ist dieser Gegendruck der gewaltig anwachsenden Produktivkräfte gegen ihre Kapitaleigenschaft, dieser steigende Zwang zur Anerkennung ihrer gesellschaftlichen Natur, der die Kapitalistenklasse selbst nötigt, mehr und mehr, soweit dies innerhalb des Kapitalverhältnisses überhaupt möglich, sie als gesellschaftliche Produktivkräfte zu behandeln.« (Engels, Die Entwicklung des Sozialismus von der Utopie zur Wissenschaft, MEW, Bd. 19, S. 220.) – Dies ist überhaupt nur möglich in der widersprüchlichen Organisationsform der Bürokratie, und die steigende Vergesellschaftung von Produktion und Leitung ist der Motor der Bürokratisierung des Kapitalverhältnisses.

49 »Als caput mortuum des Verwandlungsprozesses der Bourgeoisie ist die oberste industrielle und staatliche Bürokratie übriggeblieben.« (Hork-

mit der Internationalisierung des Klassenkampfes zu gesellschaftlicher Allgemeinheit. Das kapitalistische *Lager* würde in diesem Sinne auf nationaler wie internationaler Ebene alle besitzenden, privilegierten und überhaupt am Bestand der kapitalistischen Ordnung interessierten und engagierten »Klassen«, Gruppen und Individuen umfassen.

---

heimer, Autoritärer Staat, a. a. O. S. 123) Mit Helmut Steiner gesprochen, »ist der oberste Manager gegenwärtig der Repräsentant des Kapitals überhaupt in der imperialistischen Gesellschaft.« Er ist dies »unabhängig vom konkreten Ort seiner Tätigkeit im einzelnen Monopol, in der Regierung, in den Parteien und Verbänden oder Massenkommunikationsmedien ...«. Er verkörpert »den Anachronismus der monopolkapitalistischen Aufhebung des Privateigentums ...« (Helmut Steiner, Soziale Strukturveränderungen im modernen Kapitalismus – Zur Klassenanalyse der Angestellten in Westdeutschland, Berlin 1967, S. 131 f.) »Die Form des staatsmonopolistischen Kapitalismus läßt die wahren Herren, das Finanzkapital, jedoch zunehmend anonym erscheinen und in den Hintergrund treten, während in der Öffentlichkeit ein von ihnen dirigierter Apparat von ›höchsten Angestellten‹ das wirtschaftliche, gesellschaftliche, politische und kulturelle Leben als fiktive Herren in der Gestalt von Generaldirektoren, Ministern, Parlamentariern, Parteiführern, Chefredakteuren, Intendanten, Verbandspräsidenten usw. leitet.« (a. a. O. S. 134) An die Stelle der ökonomischen Charaktermaske ist die *bürokratische Charaktermaske* des staatsmonopolistischen Managers getreten.

Viertes Kapitel

Die Arbeiterklasse

1. Zur klassentheoretischen Terminologie

Marx und Engels verwenden nur selten den Terminus Klasse. Die Klassenverhältnisse als spezifisch gesellschaftliche Vermittlungsform der Produktionsverhältnisse werden mit Hilfe von Termini analysiert, welche direkt Produktionsbeziehungen benennen oder ihre technisch-ökonomische Basis, die Produktivkräfte zum Ausdruck bringen. Der Klassenbegriff umfaßt mithin eine reiche Terminologie. So wird die »arbeitende Klasse« des kapitalistischen Systems als »Lohnarbeiterklasse« unterschieden von den arbeitenden Klassen vorkapitalistischer Gesellschaften; der Ausdruck »Salariat« benennt ihr Einkommensverhältnis. Die Verdinglichung der gesellschaftlichen Verhältnisse kommt in den Termini »Produktionsagent«, »Produktionsagentium«, »Personifikation« zum Ausdruck. Solche Termini wie »lebendige Arbeit«, »Arbeitskraft«, »gesellschaftlicher Gesamtarbeiter« und »Produktivkraft der gesellschaftlichen Arbeit« betonen dagegen die menschlichen Kräfte gegenüber den verdinglichten Verhältnissen »toter Arbeit«. Die Formel: »die größte Produktivkraft ist die revolutionäre Klasse selbst« benennt den historischen Zusammenhang von ökonomischer und politischer Praxis. Auch die Rede von den »Massen« oder den »arbeitenden Massen« bezieht sich vornehmlich auf die geschichtlichen Kämpfe.

Auf den ersten Blick mißverständlich wirkt es, wenn Marx die Lohnarbeiter als »Rasse eigentümlicher Warenbesitzer« tituliert und den Preis, zu welchem der Arbeiter seine Arbeitskraft verkauft, als Kosten der »Erhaltung seiner selbst und seiner Rasse« definiert. Nicht im Sinne der deutschen Lesart, sondern des englischen Sprachgebrauchs verwendet Marx »Race« als Synonym für »Art«, »Schlag«, »Gattung« oder Klasse im formallogischen Verstand; und auch, in Entsprechung zu dem Allgemeinbegriff

»Bevölkerung«, als Ausdruck für den regenerativen Aspekt, für das biologische Schicksal der Arbeiterklasse, die er demgemäß auch als »Geschlecht« bezeichnet.
Der Terminus »Schicht« findet sich bei Marx und Engels relativ selten. Während »Klasse« und »Klassenfraktion« historische Begriffe sind, hat »Schicht« offenbar eine deskriptive, klassifizierende Bedeutung. Für sich genommen stellt eine »Schicht« ebenso eine »chaotische Vorstellung vom Ganzen«, also eine Abstraktion von seinem Prozeßcharakter dar, wie Marx das für die abstrakte Vorstellung von der »Bevölkerung«[1] konstatiert hat. Wie diese erst durch die Kenntnis der Klassen, aus denen sie besteht, und der Produktionsweise, die sie in Klassen gliedert, als eine »reiche Totalität von vielen Bestimmungen und Beziehungen« verständlich wird – so erhält der Terminus »Schicht« als Bezeichnung einer besonderen Untergliederung einer Klasse historischen Inhalt. So ist es plausibel, daß Marx nur selten unspezifiziert und außerhalb eines Klassenzusammenhangs von Schichten spricht, es sei denn im Kontext des Bevölkerungs-Synonyms »Volk«, welches alle Werktätigen umfaßt. So ist von »allen Schichten« der »englischen Volksmassen«[2] in der Cromwell-Epoche oder von den englischen Wanderarbeitern als von einer »Volksschicht«[3] ländlichen Ursprungs die Rede. Meistens aber kennzeichnet »Schicht« im Zusammenhang einer bestimmten Klasse die äußerlich (in der Lebenshaltung) hervortretenden Einkommensunterschiede oder Unterschiede der Eigentumsgröße. So ist »die Bourgeoisie selbst nur die höchste Schicht der Mittelklassen«[4]; die Kapitalistenklasse samt Anhang nennt Marx einmal, im Hinblick auf Reichtum und luxuriöse Lebenshaltung, »Gesellschaftsschichten«.[5] Relevant wird das Einkommen als Schichtungskriterium aber hauptsächlich, um die soziale Lage der Lohnarbeiterklasse unterm Druck von Verelendung und Arbeitslosigkeit empirisch zu beschreiben. Bei der Ableitung und Illustration des allgemeinen Gesetzes der kapitalistischen Akkumulation behandelt Marx »die verschiedenen Schichten der Arbeiterklasse«,[6] die »schlechtbezahlten Schichten der britischen indu-

1 Marx, Grundrisse, Einleitung, S. 21 ff.
2 Marx, Das Kapital, Bd. I, MEW, Bd. 23, S. 776
3 A. a. O. S. 693.
4 Marx, Die britische Konstitution, MEW, Bd. 11, S. 96
5 Marx, Das Kapital, Bd. I, MEW, Bd. 23, S. 468
6 A. a. O. S. 666

striellen Arbeiterklasse«,[7] das »Elend stets wachsender Schichten der aktiven Arbeiterarmee«[8] und die Sphäre des Pauperismus als »Lazarusschicht der Arbeiterklasse«.[9] Den »bestbezahlten Teil der Arbeiterklasse« nennt Marx ihre »Aristokratie«.[10]

Der Terminus »Armee« bezieht sich auf den Tatbestand einer Fraktion oder besonderen Gruppe innerhalb der allgemeinen Lohnarbeiterklasse, er setzt aber einen speziellen Akzent. Die Militär-Analogie, die auch auf die Ursprünge der Lohnarbeit im Söldnerwesen hinweist, bezieht sich auf die soziale Organisation der Industriearbeit überhaupt. Gleichgültig, welchen Rang sie in der industriellen Hierarchie einnehmen, sind die Lohnarbeiter wie Soldaten einer Armee gezwungen, innerhalb einer Organisation zu dienen, deren Zwecke ihnen entzogen und fremd sind. Sie haben der Interessenräson ihrer »industriellen Armee« zu gehorchen und auf Befehl des zuständigen Kapitals industrielle Feldzüge zu führen. Der Terminus »Armee« bezeichnet sowohl das Kapital-Lohnarbeit-Verhältnis wie die Produktivkraft des gesellschaftlichen Gesamtarbeiters. In ihm kommt der gesellschaftlich-kombinierte Charakter der großindustriellen Produktion prägnant zum Ausdruck, zugleich aber auch die herrschaftlich-repressive Organisation, Disziplinierung und Aneignung der kollektiven Arbeit. »Im Fortgang der kapitalistischen Produktion entwickelt sich eine Arbeiterklasse, die aus Erziehung, Tradition, Gewohnheit, die Anforderungen jener Produktionsweise als selbstverständliche Naturgesetze anerkennt. Die Organisation des ausgebildeten kapitalistischen Produktionsprozesses bricht jeden Widerstand, die beständige Erzeugung einer relativen Übervölkerung hält das Gesetz der Zufuhr von und Nachfrage nach Arbeit, und daher den Arbeitslohn, in einem den Verwertungsbedürfnissen des Kapitals entsprechenden Gleise, der stumme Zwang der ökonomischen Verhältnisse besiegelt die Herrschaft des Kapitalisten über den Arbeiter. Außerökonomische, unmittelbare Gewalt wird zwar immer noch angewandt, aber nur ausnahmsweise. Für den gewöhnlichen Gang der Dinge kann der Arbeiter den »Naturgesetzen der Produktion« überlassen bleiben, d. h. seiner aus den Produk-

7 A. a. O. S. 684
8 A. a. O. S. 674
9 A. a. O. S. 673
10 A. a. O. S. 697

tionsbedingungen selbst entspringenden, durch sie garantierten und verewigten Abhängigkeit vom Kapital.«[11]

Obwohl Marx erst im Zusammenhang der großindustriellen Lohnarbeiterklasse von industriellen Armeen spricht, trifft die Militäranalogie besonders die hierarchisch-autoritäre Manufakturorganisation. Diese Arbeitsorganisation entspricht als Produktivkraft so unmittelbar dem Exploitationsbedürfnis des Kapitals – als Verhältnis privater Beherrschung und Aneignung gesellschaftlicher Produktion –, daß sie in den großindustriellen Betrieb übernommen wurde. »Obgleich nun die Maschinerie das alte System der Teilung der Arbeit technisch über den Haufen wirft, schleppt es sich zunächst als Tradition der Manufaktur gewohnheitsmäßig in der Fabrik fort, um dann systematisch vom Kapital als Exploitationsmittel der Arbeitskraft in noch ekelhaftrer Form reproduziert und befestigt zu werden. Aus der lebenslangen Spezialität, ein Teilwerkzeug zu führen, wird die lebenslange Spezialität, einer Teilmaschine zu dienen. Die Maschinerie wird mißbraucht, um den Arbeiter selbst von Kindesbeinen in den Teil einer Teilmaschine zu verwandeln. Nicht nur werden so die zu seiner eignen Reproduktion nötigen Kosten bedeutend vermindert, sondern zugleich seine hilflose Abhängigkeit vom Fabrikganzen, also vom Kapitalisten, vollendet.«[12]

In der Maschinerie erhält die »Autokratie des Kapitals« nicht nur ein Instrument, um die Produktivkraft der Arbeit zu steigern, sondern zugleich »das machtvollste Kriegsmittel zur Niederschlagung der periodischen Arbeiteraufstände«, eine Waffe gegen »Arbeiteremeuten«, also gegen die Meutereien »industrieller Armeen«.[13]

Der in der Gegenwart eingebürgerte, alle Lohnempfänger umfassende Terminus »Arbeitnehmer« wird von Marx nicht benutzt – der entsprechende Terminus »Arbeitgeber« nur selten, im »Kapital« nur ein einziges Mal –, obwohl beide Termini unter den zeitgenössischen deutschen Ökonomen durchaus im Schwange waren. So polemisiert Engels: »Es konnte mir nicht in den Sinn kommen, in das ›Kapital‹ den landläufigen Jargon einzuführen, in welchem deutsche Ökonomen sich auszudrücken pflegen, jenes Kauderwelsch, worin z. B. derjenige, der sich für bare Zahlung von andern ihre Arbeit geben läßt, der *Arbeit-*

11 A. a. O. S. 765
12 A. a. O. S. 445
13 A. a. O. S. 459

geber heißt, und *Arbeitnehmer* derjenige, dessen Arbeit ihm für Lohn abgenommen wird. Auch im Französischen wird travail im gewöhnlichen Leben im Sinn von ›Beschäftigung‹ gebraucht. Mit Recht aber würden die Franzosen den Ökonomen für verrückt halten, der den Kapitalisten donneur de travail, und den Arbeiter receveur de travail nennen wollte.«[14]

Freilich notiert diese Ausdrucksweise die reale Verkehrung des Kapitalverhältnisses. »So erhält der Arbeiter in dem Geld, worin er seinen Arbeitslohn ausbezahlt erhält, die verwandelte Form seiner eignen zukünftigen Arbeit oder der andrer Arbeiter. Mit einem Teil seiner vergangnen Arbeit gibt ihm der Kapitalist Anweisung auf seine eigne künftige Arbeit.«[15]

Marx läßt daher »Arbeitgeber« als empirische Bezeichnung des Kapitalisten gelten, spricht aber im Zusammenhang mit jenen nur vom »Arbeiter«. Im Gegensatz zum Kapitalisten verbleibt der Arbeiter nicht in der Sphäre des Austauschs (als Arbeitnehmer), sondern leistet produktive Arbeit im Unterschied zu jenem, der wesentlich ein »Nichtarbeiter« ist.

Der Begriff »Arbeiter« ist mit dem des Lohnarbeiters freilich nicht identisch. Er bezieht sich wesentlich auf die zentrale Kategorie der Arbeit als Inbegriff des gesellschaftlich vermittelten Stoffwechsels von Mensch und Natur. In präkapitalistischen Gesellschaften sind Arbeiter namentlich die unmittelbaren Produzenten, also die Mehrheit der Menschen, die zugunsten der herrschenden Minderheit der Großbesitzer die harte, körperlich erschöpfende Plackerei leisten müssen – die antiken und orientalischen Sklaven, die feudalen Leibeigenen – aber auch die selbständigen einfachen Warenproduzenten, die Handwerker und Bauern.

»Braucht der Arbeiter alle seine Zeit, um die zur Erhaltung seiner selbst und seiner Race nötigen Lebensmittel zu produzieren, so bleibt ihm keine Zeit, um unentgeltlich für dritte Personen zu arbeiten. Ohne einen gewissen Produktivitätsgrad der Arbeit keine solche disponible Zeit für den Arbeiter, ohne solche überschüssige Zeit keine Mehrarbeit und daher keine Kapitalisten, aber auch keine Sklavenhalter, keine Feudalbarone, in einem Wort keine Großbesitzerklasse.«[16]

---

14 A. a. O. S. 34
15 Marx, Das Kapital, Bd. II, MEW, Bd. 24, S. 77
16 Marx, Das Kapital, Bd. II, MEW, Bd. 23, S. 534

Die kapitalistische Produktionsweise verwandelt tendenziell alle Arbeit in Lohnarbeit und unterwirft zunehmend auch die ehemals »höheren Tätigkeiten« dem Lohnverhältnis. So ist bei Marx neben der Massenerscheinung der einfachen, produktiven und unproduktiven Arbeiter von »höheren Arbeitern«, »geistigen Arbeitern«, »kommerziellen Arbeitern« die Rede. Insgesamt stellen sie die gesellschaftlich disponible Gesamtsumme »lebendiger Arbeit« dar gegenüber der unbearbeiteten Natur sowie gegenüber der Gesamtheit vergegenständlichter, vergangener, »toter Arbeit«. Erst in einer sozialistischen Gesellschaft kann die Arbeit ihre Widersprüchlichkeit verlieren – die Verknüpfung aller Art höherer Tätigkeit mit Herrschaft, die Verknüpfung aller Art niederer Tätigkeit mit Knechtschaft.
Das umfassende politisch-historische Synonym für Lohnarbeiterklasse ist der Begriff *Proletariat,* der entsprechende Gegenbegriff für die Kapitalistenklasse: *Bourgeoisie.* Das Wesen des modernen Proletariats und seine historische Bedeutung wird verkörpert durch das industrielle Proletariat, weil hier das proletarische Gesellschaftsverhältnis der in Lohnabhängigkeit umgesetzten Eigentumslosigkeit seinen Schwerpunkt wie die Wurzel seiner Verallgemeinerung hat. Das Industrieproletariat, die Masse der einfachen, produktiv verwendeten Arbeitskräfte, vertritt als Kern des gesamten Proletariats in seiner selbständigen Praxis dessen historisches Interesse. Gegenüber den besonderen Teilen und Fraktionen des Proletariats insgesamt ist das Industrieproletariat infolge seiner Massierung seiner technisch-ökonomisch vorgegebenen Organisation und seiner gesellschaftlichen Lage jene Teilgliederung, die mit ihren aktuellen Sonderinteressen zugleich die geschichtlichen Emanzipationsinteressen des gesamten Proletariats vorantreibt: »... die bewußte Rekonstitution der menschlichen Gesellschaft.«[17] Es verkörpert gegenüber dem Status quo die Gesellschaft als Bewegung.
Als einziges Synonym für die Kategorie Klasse findet sich bei Marx der Begriff des »Lagers«[18], der brauchbar zu sein scheint zur Analyse jener abschließenden Entwicklungsphase des kapitalistischen Systems, in welcher der Klassenbegriff als solcher unzulänglich wird.

---

17 Marx, Das Kapital, Bd. III, MEW, Bd. 25, S. 99
18 Marx/Engels, Manifest, MEW, Bd. 4, S. 463

Das moderne Proletariat ist kein festes, unwandelbares Aggregat, sondern unterliegt in seiner Zusammensetzung ebenso wie die Bourgeoisie den von der fortschreitenden Akkumulation, Konzentration, Zentralisation und steigenden organischen Zusammensetzung des Kapitals bewirkten technischen und gesellschaftlichen Umwälzungen. »Die Entwicklung des industriellen Proletariats ist überhaupt bedingt durch die Entwicklung der modernen Bourgeoisie. Unter ihrer Herrschaft gewinnt es erst die ausgedehnte nationale Existenz, die seine Revolution zu einer nationalen erheben kann, schafft es selbst erst die modernen Produktionsmittel, welche ebenso viele Mittel seiner revolutionären Befreiung werden.«[19] Marx' historische Chance bestand darin, daß er im England der Mitte des 19. Jahrhunderts den Kapitalismus in seiner klassischen Form studieren konnte: nach dem Sieg der Großen Industrie bzw. der Industriekapitalisten über Grundeigentümer und Manufakturproduktion und am Beginn der Monopolisierung. Klassisch war diese geschichtliche Situation, weil sie als Übergangsepoche ermöglichte, den Kapitalismus in seiner Genese und in seinen Entwicklungstendenzen insgesamt als prozessuale Totalität zu begreifen. Aus der besonderen geschichtlichen Konstellation erklären sich auch die kontrastierenden Aussagen über die Arbeiterklasse: der wechselvolle Inhalt der Begriffe reflektiert die Widersprüchlichkeit und Ungleichmäßigkeit der gesellschaftlichen Entwicklung. So erlebt Marx in England die Restbestände der alten, auf dem Kontinent bis zur Jahrhundertmitte vorherrschenden *Manufakturarbeiterschaft* und *Heimindustrie*, studiert am Beispiel des damals fortgeschrittensten Industriezweiges, der mittelenglischen Baumwollproduktion, die *Große Industrie* und das *Fabrikproletariat* und sieht schließlich die ersten Umrisse einer künftigen, durch das Wachstum der Produktivkräfte erzeugten Klasse *technologischer Arbeiter* entstehen. (Auf die Entstehung einer besonderen Schicht von *Angestellten* geht vor allem der späte Engels ein.) Die Lohnarbeiterklasse hat nicht nur eine lange Vorgeschichte und einen kategorial definierbaren Punkt ihrer Aufhebung, sondern befindet sich in einem Prozeß ständiger Umformung, der

19 Marx, Die Klassenkämpfe in Frankreich 1848 bis 1850, MEW, Bd. 7, S. 20

aus der Entfaltung der kapitalistischen Produktionsweise, also auch der Kapitalistenklasse resultiert und auf diese Entfaltung zurückwirkt. Wie die moderne Bourgeoisie, die »selbst das Produkt eines langen Entwicklungsganges, einer Reihe von Umwälzungen in der Produktions- und Verkehrsweise«[20] ist, so macht auch das Proletariat verschiedene Entwicklungsstufen durch. Das Proletariat der klassischen Epoche des englischen Kapitalismus: die Fabrikarbeiterschaft einer noch technisch wenig entwickelten Großen Industrie stellt keineswegs notwendig eine letzte Entwicklungsstufe dar. Marx hat diese strukturelle Dynamik für den Übergang von frühkapitalistischen Verhältnissen zum Hochkapitalismus hervorgehoben: »Die Bourgeoisie beginnt mit einem Proletariat, das selbst wiederum ein Überbleibsel des Proletariats des Feudalismus ist. In dem Verlauf ihrer historischen Entwicklung entwickelt die Bourgeoisie notwendigerweise ihren antagonistischen Charakter, der sich bei ihrem ersten Auftreten mehr oder minder verhüllt vorfindet, nur im latenten Zustande existiert. In dem Maße, wie die Bourgeoisie sich entwickelt, entwickelt sich in ihrem Schoße ein neues Proletariat, ein modernes Proletariat.«[21] Entsprechend der materialistischen Auffassung, daß der historische Hebelpunkt einer Gesellschaft in ihrer spezifischen Produktionsweise zu suchen ist, konzentrieren sich Marx' und Engels' Ausführungen über die Geschichte des »Salariats« vornehmlich auf den Kreis der materiell produzierenden bzw. mehrwertproduktiven Lohnarbeiter.

Charakter der modernen Eigentumslosigkeit

Sklavenhalterwirtschaft und Feudalismus sind antagonistische Produktionsweisen, die sich vom Kapitalismus durch die Form der Mehrarbeit und der Mehrproduktaneignung unterscheiden. Als arbeitende Klassen exploitierter unmittelbarer Produzenten sind Sklaven und Leibeigene von modernen Lohnarbeitern der Formbestimmung nach verschieden. Sie figurieren in ihrem jeweiligen Sozialzusammenhang als dessen »Proletariat«, aber sind kein Proletariat im kapitalistischen Sinne – auch nicht im Sinne der historischen Rückbeziehung des Begriffs. Während

20 Marx/Engels, Manifest, MEW, Bd. 4, S. 464.
21 Marx, Das Elend der Philosophie, MEW, Bd. 4, S. 141.

Sklaven und Leibeigene auf verschiedene Weise mit den Produktionsmitteln kombiniert bleiben, besteht das Kriterium von Proletarität in der Trennung formell autonomer Individuen von den Produktionsmitteln und in der Lohnabhängigkeit von den Produktionsmitteleigentümern.

In der spätantiken, spätrömischen Gesellschaft entstand eine Massenschicht eigentumsloser, sozial entwurzelter und formell freier Existenzen: die Plebejer.[22] An diesem Phänomen demonstriert Marx, daß kapitalistische Lohnarbeiter nicht schlichtweg Eigentumslose sind, sondern Arbeiter, denen es an bestimmtem Eigentum (Kapital) unter einer konkreten Produktionsweise fehlt, die durch spezifische Produktionsverhältnisse und Produktivkräfte charakterisiert ist.

Soziologische Zusammenhänge zwischen beiden historischen Formen des Proletariats räumt Marx allerdings ein: in der Entstehungsphase der kapitalistischen Produktionsweise rekrutiert sich die Lohnarbeiterschaft aus Bevölkerungselementen, die große Ähnlichkeit mit den römischen »proles« haben: es sind ruinierte Leute, »Lumpen, die in jedem Zeitalter existiert haben und deren massenhafte Existenz nach dem Untergang des Mittelalters dem massenhaften Entstehen des profanen Proletariats vorherging ...«[23] Dieser Zusammenhang ist jedoch, wiewohl er für die Entstehung des Kapitalismus grundlegende Bedeutung hatte, mit der Etablierung des neuen Produktionssystems keineswegs ganz erledigt: wie manche anderen Residuen verflossener sozialökonomischer Formationen bleibt neben dem »neuen« Proletariat werktätiger Lohnarbeiter auch ein »Proletariat« im spätrömischen Sinne bestehen, eine »Schicht«, die sich ständig aus den ruinierten Existenzen aller gesellschaftlichen Klassen ergänzt und die zugleich eine gewisse funktionale Bedeutung im Gesamtsystem zu haben scheint. Marx nennt sie das »Lumpenproletariat«, ein Begriff, der in der »Deutschen Ideologie« auch auf die heruntergekommenen Bürger im spätantiken Rom angewandt wird: »Die Plebejer, zwischen Freien und Sklaven stehend, brachten es nie über ein Lumpenproletariat hinaus.«[24]

---

22 Waren die Plebejer freie, eigentumslose Nicht-Arbeiter, so die Sklaven unfreie, eigentumslose Arbeiter. Ihre Arbeitskraft wurde zwar von Grundeigentümern und Unternehmern gekauft und in Bergwerken, Landgütern und Werkstätten zur Mehrwertproduktion eingesetzt – aber auf Lebenszeit. Vgl. Ernest Mandel, Marxistische Wirtschaftstheorie, S. 94.

23 Marx/Engels, Die deutsche Ideologie, MEW, Bd. 3, S. 183.

24 A. a. O. S. 23.

Unter Verhältnissen der Produktion auf Grundlage von Sklaverei oder Leibeigenschaft findet die Verwandlung von »Lumpenproletariern« in permanente Lohnarbeiter nur sporadisch statt, u. a. im Zusammenhang der Anwerbung von Söldnertruppen, wie Marx am Beispiel der spätrömischen Legionen aufweist. Kennzeichnend für die Entstehung und Existenz eines Lohnarbeiter-Proletariats kapitalistischer Provenienz ist daher nicht, daß die Ware Arbeitskraft hier und da käuflich ist, sondern daß die Arbeitskraft allgemein als Ware erscheint, daß die Separation des Arbeiters von den Produktionsmitteln sich zur herrschenden gesellschaftlichen Produktionsbeziehung ausgewachsen hat. Unter dieser Bestimmung verändern sich Zusammensetzung und Rolle des »Lumpenproletariats«.[25] Dieses besteht fortan aus all jenen mittellosen Existenzen, die noch nicht oder nicht mehr ihre Arbeitskraft verkaufen können.

Manufakturarbeiterschaft

Mehrwertproduktive Lohnarbeit als Grundlage der kapitalistischen Produktionsweise gewinnt ihre erste charakteristische Ausprägung in Gestalt der Manufakturarbeiterschaft in Westeuropa seit der Mitte des 16. Jahrhunderts. Ihre Vorformen sind die Abhängigkeit nur noch scheinbar selbständiger Handwerker vom Verlegerkapital, vom Zugang zur Zunftmeisterstellung ausgeschlossenen Gesellen und Lehrlinge, ihre Frühform: die lohnabhängigen Bergknappen und Tagelöhner.

Die heterogene Struktur und Lage der manufakturellen Lohnarbeiterklasse resultiert aus dem Widerspruch zwischen avancierter Produktionsorganisation durch das Kapitalverhältnis und rückständigen Produktionsgrundlagen. Im Gegensatz zum mittelalterlichen Handwerk sind die Manufakturarbeiter von Pro-

25 »Die durch Auflösung der feudalen Gefolgschaften und durch stoßweise, gewaltsame Expropriation von Grund und Boden Verjagten, dies vogelfreie Proletariat konnte unmöglich ebenso rasch von der aufkommenden Manufaktur absorbiert werden, als es auf die Welt gesetzt ward. Andererseits konnten die plötzlich aus ihrer gewohnten Lebensbahn Herausgeschleuderten sich nicht ebenso plötzlich in die Disziplin des neuen Zustandes finden. Sie verwandelten sich massenhaft in Bettler, Räuber, Vagabunden ... Ende des 15. und während des ganzen 16. Jahrhunderts daher in ganz Westeuropa eine Blutgesetzgebung gegen Vagabondage. Die Väter der jetzigen Arbeiterklasse wurden zunächst gezüchtigt für die ihnen angetane Verwandlung in Vagabunden und Paupers.« Marx, Das Kapital, MEW, Bd. 23, S. 761 f.

duktionsmitteln entblößt und auf Verkauf ihrer Arbeitskraft angewiesen, die freilich durch Spezialisierung auf handwerkliche Teilverrichtungen charakteristisch ist. Spezialistische Qualifikation schränkt die Austauschbarkeit der Arbeitskraft, damit aber auch die Mobilität des Manufakturkapitals ein. Somit überwiegt für die Arbeiter wie auch für die Kapitalisten noch das aus dem Zunfthandwerk herrührende Moment der Besonderheit vor dem der Universalisierung des Tauschverhältnisses. Ebensowenig wie die Kapitalisten durch das Medium einer allgemeinen Profitrate miteinander verknüpft sind, werden die Arbeiter von allgemeinen Lebensbedingungen und Klasseninteressen zur Gesamtklasse formiert. Eine solche bilden sie nur, da sie allesamt gleichermaßen im identischen Klassenverhältnis mehrwertproduktiver Lohnarbeit stehen; aber diese Gesamtklasse bildet noch keine durch Universalisierung abstrakter Arbeit hergestellte Totalität. An die Stelle einer Vielzahl ständischer Zwangskorporationen tritt in der Manufakturperiode eine Pluralität von »besonderen Klassen«, die durch persönliche Fach- und Funktionsbindung der Lohnarbeiter gegeneinander abgegrenzt sind. Marx und Engels befassen sich daher hauptsächlich mit der betriebssoziologischen Struktur der Manufakturarbeiterschaft: mit der hierarchischen und gruppenmäßigen Gliederung der Belegschaften, der eine Hierarchie von Qualifikationen und Arbeitslöhnen entspricht, welche der Ausbildung des Klassenzusammenhangs entgegenwirkt.[26] Die Auseinandersetzung mit dem Kapital begrenzte sich für die Manufakturlohnarbeiter auf den betrieblichen Bereich. Der Entwertung ihrer Arbeitskraft durch die industrielle Revolution vermochten sie nur durch die lokalen Maschinenstürmerrevolten Widerstand entgegenzusetzen. Aus dem Ruin der kastenmäßig isolierten und verknöcherten Manufakturarbeiterschaft erwächst mit der Einführung und Durchsetzung der Großen Industrie ein neues, ein modernes Proletariat.

26 »The labor force of the manufacturing phase corresponded to the requiriments of this particular mode of production. It consisted of a multitude of craftsmen possessing a great variety of skills, which were characteristically passed on from father to son. Craft consciousness rather than class consciousness was the hallmark of a proletariat so composed.«, schreibt Paul M. Sweezy, Marx and the Proletariat, in: Monthly Review 7, Vol. 19, Dec. 1967, S. 29 f. Im Spätkapitalismus wiederholt sich, auf höherer Stufe, diese Parzellierung des Klassenzusammenhangs durch die (künstlich verstärkte) Schichtung der Löhne und der Qualifikationen. »Once again, as in the period of manufacture, the proletariat is highly

Die Lohnarbeiterklasse des maschinellen Fabriksystems fungiert als »bloßes Zubehör der Maschine, von dem nur der einfachste, eintönigste, am leichtesten erlernbare Handgriff verlangt wird«.[27] Die durchschnittliche einfache Arbeitskraft wird Maßstab allgemeiner Verwertbarkeit, Ersetzbarkeit und Transferierbarkeit der Waren und Kapitalien. Arbeit ist als allgemein disponible Lohnarbeit »Mittel zum Schaffen des Reichtums überhaupt geworden und hat aufgehört, als Bestimmung mit den Individuen in einer Besonderheit verwachsen zu sein.«[28]
Das Produktionsverhältnis Lohnarbeit faßt alle produktiven Lohnarbeiter zu einer alle Besonderheiten und Differenzierungen durchdringenden Schicksalgemeinschaft zusammen, sobald die Masse der Arbeiter auf das Niveau der einfachen Arbeitskraft reduziert ist und die ganze Klasse dadurch sich als »gesellschaftlicher Gesamtarbeiter« auswirkt. Mit dem Verlust der bornierten Bedingungen der Manufakturarbeit wird die Lohnarbeiterschaft eine »Klasse mit radikalen Ketten«, eine Sphäre, welche »universellen Charakter durch ihr universelles Leiden besitzt und kein besondres Recht in Anspruch nimmt, weil kein besonderes Unrecht, sondern das Unrecht schlechthin an ihr verübt wird, welche nicht mehr auf einen historischen, sondern nur noch auf einen menschlichen Titel provozieren kann, ... einer Sphäre endlich, welche sich nicht emanzipieren kann, ohne sich von allen übrigen Sphären der Gesellschaft zu emanzipieren, welche mit einem Wort der völlige Verlust des Menschen ist, also nur durch die völlige Wiedergewinnung des Menschen sich selbst gewinnen kann. Diese Auflösung der Gesellschaft als ein besonderer Stand ist das Proletariat.«[29] Das gänzlich mittellose Proletariat des Fabriksystems, diese als Klasse gesetzte Verallgemeinerung von Entfremdung, nothafter Abhängigkeit und permanenter Existenzgefährdung, ist Resultat einer historischen

differentiated; and once again occupational and status consciousness has tended to submerge class consciousness.« (a. a. O. S. 38) Durch gewerkschaftliche Organisation wird zwar ein Klassenzusammenhang hergestellt, aber nicht im Bewußtsein und Handeln der Lohnabhängigen.

27 Marx/Engels, Manifest, MEW, Bd. 4, S. 469.

28 Marx, Grundrisse, S. 25.

29 Marx, Zur Kritik der Hegelschen Rechtsphilosophie, Einleitung, MEW, Bd. 1, S. 390.

Entwicklung, die die Herrschaft abstrakter Arbeit über die lebendige und konkrete Arbeit eingesetzt hat. Der Übergang von der Manufakturarbeit zur großindustriellen Produktion ist aber nur ein wenn auch sehr wesentliches Moment in diesem Prozeß der Vergesellschaftung der Arbeit in der Form ihrer Entfremdung und Verdinglichung. »So rekrutiert sich das Proletariat aus allen Klassen der Bevölkerung.«[30] Seine Entstehung, Vermehrung und Verbreiterung resultiert aus der allmählichen Auflösung der vorindustriellen Gesellschaft, aus dem Zerfall besonderer Klassen und Gruppen, auch jener, die in ihrer gewandelten Form (Mittelstände) zeitweise in die kapitalistische integriert werden. Am Ende wird der größte Teil der Gesellschaft in Lohnarbeiter verwandelt.

Im Zusammenhang des historischen Prozesses der Proletarisierung ist die Entstehungsphase der kapitalistischen Produktionsweise, die Periode der ursprünglichen Akkumulation zu unterscheiden von der fortschreitenden Polarisierung auf industriekapitalistischer Basis. »Akkumulation des Kapitals ist (...) Vermehrung des Proletariats.«[31] Die Zentralisation, die mit der Akkumulation notwendig einhergeht, bewirkt eine fortlaufende Verstärkung der Arbeiterklasse aus den höheren Schichten der Gesellschaft: »Die bisherigen kleinen Mittelstände, die kleinen Industriellen, Kaufleute und Rentiers, die Handwerker und Bauern, alle diese Klassen fallen ins Proletariat hinab, teils dadurch, daß ihr kleines Kapital für den Betrieb der großen Industrie nicht ausreicht und der Konkurrenz mit den größeren Kapitalisten erliegt, teils dadurch, daß ihre Geschicklichkeit von neuen Produktionsweisen entwertet wird.«[32] Durch periodische Wirtschaftskrisen wird diese Entwicklung beschleunigt. Der Kapitalismus expropriiert durch seine Wirkungsweise: durch Konkurrenz, Kredit und Krisen als Hebel der Zentralisation des Kapitals alte mittelständische Elemente, schließlich die kleineren Industriellen selbst. »Die kapitalistische Produktion, wie wir gesehen, produziert nicht nur Ware und Mehrwert; sie reproduziert, und in stets erweitertem Umfang, die Klasse der Lohnarbeiter und verwandelt die ungeheure Majorität der unmittelbaren Produzenten in Lohnarbeiter.«[33]

30 Marx/Engels, Manifest, MEW, Bd. 4, S. 470.
31 Marx, Das Kapital, Bd. I, MEW, Bd. 23, S. 642.
32 Marx/Engels, Manifest, MEW, Bd. 4, S. 469.
33 Marx, Das Kapital, Bd. II, MEW, Bd. 24, S. 39.

Marx bewertet die Proletarisierungstendenz insofern positiv, als durch den Ruin rückständiger Produktionsmethoden und Schichten die Gesellschaft sich in zwei große, feindliche Lager spaltet, also ihre Umwälzung auf die Tagesordnung gesetzt wird. In diesem Zusammenhang fällt eine gelegentlich zutage tretende Überschätzung des bereits erreichten Maßes gesellschaftlicher Polarisierung auf. Besonders kraß, fast an Wunschdenken grenzend, behauptet das »Kommunistische Manifest«, daß in der »bestehenden Gesellschaft das Privateigentum für neun Zehntel ihrer Mitglieder aufgehoben« sei, »es existiert gerade dadurch, daß es für neun Zehntel nicht existiert«.[34] Diese Situation bestand um 1848 nicht einmal im fortgeschrittenen England, geschweige denn in Frankreich und Deutschland. Die positive Bewertung wie die Überschätzung der Polarisierung erklärt sich aus der historischen Perspektive, der Gang Westeuropas durch das Fegefeuer kapitalistischer Industrialisierung sei notwendig und unvermeidlich; je eher und je schneller dieser Prozeß durchgemacht werde, um so geringer die Geburtswehen der neuen Gesellschaft. So schreibt Marx 1849: »Wir sind sicher die letzten, die die Herrschaft der Bourgeoisie wollen. Wir haben zuerst in Deutschland unsere Stimme gegen sie erhoben, als die jetzigen ›Männer der Tat‹ in subalternem Krakeel sich selbstgefällig herumtrieben. Aber wir rufen den Arbeitern und Kleinbürgern zu: Leidet lieber in der modernen bürgerlichen Gesellschaft, die durch ihre Industrie die materiellen Mittel zur Begründung einer neuen, euch alle befreienden Gesellschaft schafft, als daß ihr zu einer vergangenen Gesellschaftsform zurückkehrt, die unter dem Vorwand, eure Klassen zu retten, die ganze Nation in mittelalterige Barbarei zurückstürzt!«[35] Wenn im folgenden die Gliederung der Lohnarbeiterklasse der hochkapitalistischen Epoche dargestellt wird, so handelt es sich dabei um eine Gesamtklasse, die – entsprechend jener der Kapitalisten – zu einer funktionalen Einheit geworden ist, denn die große Industrie hat Kapitalien wie Arbeitskräfte in der Tendenz zu universell austauschbaren und mobilisierbaren Potenzen gemacht. Dabei ist weniger entscheidend, ob und daß es teilweise und zeitweise zur Absonderung von Lohnarbeitergruppen, zu Fraktionen und

---

34 Marx/Engels, Manifest, MEW, Bd. 4, S. 477.

35 Marx/Engels, Montesquieu LXL, »Neue Rheinische Zeitung«, 22. Januar 1849, MEW, Bd. 6, S. 195.

besonderen Klassen kommt, die sich mehr oder minder der allgemeinen Austauschbarkeit entziehen. Marx kommt es auf die Feststellung einer herrschenden historischen Tendenz an, die sich prozessual durchsetzt und für alle Besonderungen und Abweichungen, kraft welcher sie sich realisiert, den Maßstab setzt. Die Klasse der modernen Lohnarbeiter, zentrales Produktionsverhältnis (Lohnarbeit) und zugleich gesellschaftliche Produktivkraft (Gesamtarbeiter), faßt eine Fülle von Differenzierungen dieser zwieschlächtigen Einheit zusammen. Die allgemeine Mobilität und Disponibilität der Arbeitskraft ist eine geschichtlich gesellschaftliche Tendenzbestimmung, die mit den konkreten Beziehungen der einzelnen Individuen und Gruppen immer nur annäherungsweise übereinstimmt, ihnen vielmehr in den naturhaften Zwängen des Arbeitsmarktes gegenübertritt. Insofern stellen die Differenzierungen den objektiven Bestand der Lohnarbeiterklasse nicht in Frage. Unterschiede in Lohneinkommen und fachlicher Gliederung sind wohl die dominierenden Momente der Differenzierung.

Beide stehen nicht disparat nebeneinander, sondern hängen als zwei einander entsprechende Beziehungen der Lohnarbeit untrennbar zusammen. Die Variabilität des Lohneinkommens bringt die Teilung und Spezialisierung der gesellschaftlichen Arbeitskraft zum Ausdruck, wie diese andererseits auf das die Lohnarbeit regierende Verwertungsmotiv ausgerichtet ist.

Alle Differenzierungen sind Momente der Konkurrenz unter den Lohnarbeitern um den günstigen Verkauf ihrer Ware, der Arbeitskraft. Die objektive Existenz der Lohnarbeiterklasse, ihrer Einheit wie Differenzierung, beruht wie die Existenz der Kapitalistenklasse auf doppelter Konkurrenz: der Klassenmitglieder untereinander sowie der Arbeiter mit den Kapitalisten. Allerdings geht es bei diesen um die Höhe der Profitrate, während bei jenen die Daseinsfristung auf dem Spiel steht. Die Konkurrenz der Lohnarbeiter untereinander wird von den Kapitalisten nach Möglichkeit geschürt, weil das ihre hegemoniale Position im Konkurrenzkampf der Klassen noch verstärkt. Denn einerseits tendiert die Konkurrenz um den Verkauf der Arbeitskraft dazu, die Lohnabhängigen in einander widerstreitende Gruppen besser und schlechter gestellter Einkommensempfänger zu scheiden; andererseits führt sie zu Nivellierung und Senkung der Lohnkosten und damit zur Erhöhung der Ausbeutungsrate. Konkurrenz und Disponibilität der Arbeitskräfte steigern sich

wechselseitig – dadurch werden die Lohnarbeiter nicht nur voneinander isoliert, sie kommen auch miteinander in Verbindung. Die vermittelte Einheit ihrer Klasse beruht auf der Auswechselbarkeit ihrer Mitglieder, auf ihrer Konkurrenz untereinander, die zu durchschnittlichen Bedingungen ihrer Konkurrenz mit der Kapitalistenklasse insgesamt führt. Auf dem Arbeitsmarkt treten die Verkäufer der Ware Arbeitskraft der »Klasse der Käufer« gegenüber. Für diesen speziellen Markt gelten die gleichen Konkurrenzbedingungen wie für die anderen Warenmärkte: »Die Konkurrenz, wodurch der Preis einer Ware bestimmt wird, ist dreiseitig. Dieselbe Ware wird von verschiedenen Verkäufern angeboten. Wer Waren von derselben Güte am wohlfeilsten verkauft, ist sicher, die übrigen Verkäufer aus dem Felde zu schlagen und sich den größten Absatz zu sichern. Die Verkäufer machen sich also wechselseitig den Absatz, den Markt streitig. Jeder von ihnen will verkaufen, möglichst viel verkaufen und womöglich allein verkaufen, mit Ausschluß der übrigen Verkäufer. Der eine verkauft daher wohlfeiler wie der andere. Es findet also eine Konkurrenz unter den Verkäufern statt, die den Preis der von ihnen angebotenen Ware herabdrückt.
Es findet aber auch eine Konkurrenz unter den Käufern statt, die ihrerseits den Preis der angebotenen Waren steigen macht. Es findet endlich eine Konkurrenz unter den Käufern und Verkäufern statt; die einen wollen möglichst wohlfeil kaufen, die andern wollen möglichst teuer verkaufen. Das Resultat dieser Konkurrenz zwischen Käufern und Verkäufern wird davon abhängen, wie sich die beiden früher angegebenen Seiten der Konkurrenz verhalten, d. h., ob die Konkurrenz in dem Heer der Käufer oder die Konkurrenz in dem Herr der Verkäufer stärker ist. Die Industrie führt zwei Heeresmassen gegeneinander ins Feld, wovon eine jede in ihren eigenen Reihen zwischen ihren eigenen Truppen wieder eine Schlacht liefert. Die Heeresmasse, unter deren Truppen die geringste Prügelei stattfindet, trägt den Sieg über die entgegenstehende davon.«[36]
Die Arbeitskraft als »uneigentliche Ware« ist freilich gegenüber den anderen Waren ebenso schwer benachteiligt wie ihr Inhaber gegenüber dem Kapitalisten. Sie ist *»vergänglicherer* Natur als die anderen Waren. Sie kann nicht akkumuliert werden. Die *Zufuhr* kann nicht mit derselben Leichtigkeit vermehrt oder

36 Marx, Lohnarbeit und Kapital, MEW, Bd. 6, S. 402.

vermindert werden als bei anderen Waren.«[37] Die Bedingungen, unter denen Verkäufer und Käufer der Arbeitskraft einander auf dem Markt gegenübertreten, werden determiniert sowohl durch die progressive Produktion einer relativen Überbevölkerung oder industriellen Reservearmee infolge steigender organischer Zusammensetzung des Kapitals, wie durch deren periodische Expansion und Kontraktion entsprechend dem Periodenwechsel des industriellen Zyklus. »Mit dem Wachstum des Gesamtkapitals wächst zwar auch sein variabler Bestandteil, oder die ihm einverleibte Arbeitskraft, aber in beständig abnehmender Proportion ... in allen Sphären ist das Wachstum des variablen Kapitalteils ... verbunden mit heftigen Fluktuationen und vorübergehender Produktion von Überbevölkerung ... Mit der durch sie selbst produzierten Akkumulation des Kapitals produziert die Arbeiterbevölkerung also in wachsendem Umfang die Mittel ihrer eigenen relativen Überzähligmachung. Es ist dies ein der kapitalistischen Produktionsweise eigentümliches Populationsgesetz, wie in der Tat jede besondere historische Produktionsweise ihre besonderen, historisch gültigen Populationsgesetze hat.«[38] Die große Mehrheit der Lohnarbeiter Englands ist zu Marx' Zeiten durch den Siegeszug des Fabriksystems auf das Niveau einfacher und deshalb äußerst konkurrenzschwacher Arbeitskräfte herabgedrückt worden. Die politisch, weil für die soziale Lage der Lohnarbeiter entscheidende Auswirkung des kapitalistischen Populationsgesetzes, bzw. der Determination der Arbeitsmarktkonkurrenz durch die kapitalistische Akkumulation ist die ihr innewohnende *Verelendungstendenz.*

»Je größer der gesellschaftliche Reichtum, das funktionierende Kapital, Umfang und Energie seines Wachstums, also auch die absolute Größe des Proletariats und die Produktivkraft seiner Arbeit, desto größer die industrielle Reservearmee. Die disponible Arbeitskraft wird durch dieselben Ursachen entwickelt wie die Expansivkraft des Kapitals. Die verhältnismäßige Größe der industriellen Reservearmee wächst also mit den Potenzen des Reichtums. Je größer aber diese Reservearmee im Verhältnis zur aktiven Arbeiterarmee, desto massenhafter die konsolidierte Überbevölkerung, deren Elend in umgekehrtem Verhältnis zu

37 Marx, Arbeitslohn, MEW, Bd. 6, S. 542.
38 Marx, Das Kapital, Bd. I, MEW, Bd. 23, S. 658 ff.

ihrer Arbeitsqual steht. Je größer endlich die Lazarusschichte der Arbeiterklasse und die industrielle Reservearmee, desto größer der offizielle Pauperismus. Dies ist das absolute, allgemeine Gesetz der kapitalistischen Akkumulation. Es wird gleich allen anderen Gesetzen in seiner Verwirklichung durch mannigfache Umstände modifiziert ...«[39]
Zu diesen Umständen rechnet an erster Stelle die Aktion und Organisation der Arbeiter, welche »durch Trades' Unions usw. eine planmäßige Zusammenwirkung zwischen den Beschäftigten und Unbeschäftigten zu organisieren suchen, um die ruinierenden Folgen jenes Naturgesetzes der kapitalistischen Produktion auf ihre Klasse zu brechen oder zu schwächen«.[40] »Die Geschichte der Reglung des Arbeitstags in einigen Produktionsweisen, in anderen der noch fortdauernde Kampf um diese Reglung, beweisen handgreiflich, daß der vereinzelte Arbeiter, der Arbeiter als »freier« Verkäufer seiner Arbeitskraft, auf gewisser Reifestufe der kapitalistischen Produktion, widerstandslos unterliegt. Die Schöpfung eines Normalarbeitstags ist daher das Produkt eines langwierigen, mehr oder minder versteckten Bürgerkriegs zwischen der Kapitalistenklasse und der Arbeiterklasse.«[41] »Zum ›Schutz‹ gegen die Schlange ihrer Qualen müssen die Arbeiter ihre Köpfe zusammenrotten und als Klasse ein Staatsgesetz erzwingen, ein übermächtiges gesellschaftliches Hindernis, das sie selbst verhindert, durch freiwilligen Kontrakt mit dem Kapital sich und ihr Geschlecht in Tod und Sklaverei zu verkaufen.«[42] Der Klassenkampf, selbst eine Form der Konkurrenz (zwischen Arbeitern und Kapitalisten) wirkt auf die Aufhebung der anderen Formen der Konkurrenz (unter den Arbeitern wie unter den Kapitalisten) hin.[43] Zunächst gilt es jedoch, jene Differenzie-

---

39 A. a. O. S. 673 f.

40 A. a. O. S. 669.

41 A. a. O. S. 316.

42 A. a. O. S. 320.

43 Die Arbeiterbewegung, sofern sie sich beschränkte auf Verbesserung der Lage der Arbeiter, trug zur kapitalistischen Rationalisierung erheblich bei und ermöglichte durch eine Politik des »Burgfriedens«, der »Arbeitsgemeinschaft« oder »Sozialpartnerschaft« der Kapitalistenklasse, Elemente staatlicher Regulierung zu entwickeln.
Tatsächlich haben Marx und Engels staatliche Intervention und Regulierung als notwendige Konsequenz der Konzentration und Zentralisation des Kapitals vorausgesehen: vgl. MEW, Bd. 25, S. 454, Engels, Die Entwicklung des Sozialismus von der Utopie zur Wissenschaft, MEW, Bd. 19, S. 221 ff.
Im Kapital beschreibt Marx die wichtigsten Elemente der Rationalisie-

rungserscheinungen darzulegen, die Marx als besondere Momente der Konkurrenz innerhalb der hochkapitalistischen Lohnarbeiterklasse beschreibt.

3. Innere Gliederung der Lohnarbeiterklasse

Materielle und immaterielle Produktion

Neben der spezifisch kapitalistischen Teilung der in bezug auf Mehrwertschöpfung »produktiven« und »unproduktiven« Lohnarbeiter ist zwischen »materieller« und »immaterieller« Produktion zu unterscheiden, d. h. solcher, die im Endergebnis »materiellen Reichtum« hervorbringt, und solcher ohne dieses Resultat. Beide Bereiche umfassen »produktive« wie »unproduktive« Arbeit. Innerhalb der materiellen Produktion umfaßt sie vier »Sphären«: die extraktive Industrie, die Agrikultur, die Manufaktur (im Sinne von gewerblicher Produktion schlechthin) sowie die Lokomotionsindustrie, ob sie nun Menschen oder Waren transportiert. Jede dieser vier Sphären der materiellen Produktion durchläuft die verschiedenen Stufen des Handwerksbetriebs, des Manufakturbetriebs und des mechanischen Betriebs.

Städtische und ländliche Lohnarbeiter

Die Entwicklung der kapitalistischen Produktionsweise und der Warenproduktion überhaupt erscheint »erst in ihrem ganzen Umfang... wenn auch der unmittelbare ländliche Produzent Lohnarbeiter ist.«[44] Allerdings hebt sich das Agrikulturprole-

rung. Er begreift die »Fabrikgesetzgebung, diese erste bewußte und planmäßige Rückwirkung der Gesellschaft auf die naturwüchsige Gestalt des Produktionsprozesses« als »notwendiges Produkt der großen Industrie« (MEW, Bd. 23, S. 504, vgl. S. 514) und konstatiert »das Bestehn einer unwiderstehlichen Tendenz zur allgemeinen Anwendung dieser Prinzipien« (a. a. O. S. 525). Die Regelung des Arbeitstages erklärt er als Moment der »Naturgesetze der modernen Produktionsweise« (a. a. O. S. 299) – nicht als Folge seiner Lehre. Die Verkürzung des Arbeitstags wird durch »Reaktion der in ihrer Lebenswurzel bedrohten Gesellschaft« herbeigeführt (a. a. O. S. 431, vgl. S. 440). Die Erweiterung der Akkumulationsschranken durch das Kreditwesen wird im Dritten Band des Kapitals behandelt (MEW, Bd. 25, S. 451).

44 Marx, Das Kapital, Bd. II, MEW, Bd. 24, S. 120.

tariat zunächst scharf ab vom Manufakturproletariat, den gewerblich tätigen produktiven Lohnarbeitern. Als »Bruchteil der Klasse reiner Lohnarbeiter« figurieren die Landarbeiter als ein »besonderer Stand« bzw. als eine »besondere Klasse«,[45] im Gegensatz zu den städtischen, vor allem zu den Fabrikarbeitern, weil jene noch in starkem Maße örtlicher Bindung und patriarchalischer Abhängigkeit unterliegen. Den ländlichen Lohnarbeitern stehen nicht nur der als Pächter fungierende industrielle Kapitalist, sondern auch der bloße Grundeigentümer gegenüber, der aus dem Kapitalgewinn seine Rente abschöpft. Außerdem macht die auch in der Landwirtschaft fortschreitende Produktionstechnik zunehmend Tagelöhner überflüssig und verschärft den Lohndruck. Der Zustrom von ländlichen, d. h. von relativ anspruchslosen, durch Entwurzelung zusätzlich zu äußerster Genügsamkeit bereiten Arbeitskräfte in das städtische Manufakturproletariat drückt auf das errungene höhere Lohnniveau der etablierten städtischen Arbeiter; es kommt zur Konkurrenz unter den Arbeitern vom Land und den Städten. Aber auch die in der Landwirtschaft noch tätigen Lohnarbeiter können in offenen Widerstreit mit dem städtischen Industrieproletariat geraten, wenn die Interessen der Agronomie und der Großindustrie aufeinanderprallen. »... in allen Fragen, in denen die Stadt und das Land, die Fabrikation und die Grundbesitzer gegeneinander ankämpfen, werden beide Parteien von zwei großen Armeen unterstützt werden: die Fabrikanten von der Masse der industriellen, die Grundbesitzer von der Masse der Agrikulturarbeiter.«[46] Diese Kämpfe sind nur temporäre Erscheinungen, denn Unterordnung der landwirtschaftlichen Kapitalsphäre unter die des allgemeinen industriellen Kapitals impliziert die Angleichung der ländlichen an die städtischen Lohnarbeiter, ihre Einreihung in die allgemeine Konkurrenz und Austauschbarkeit der Arbeitskräfte, so daß endlich der Unterschied von Kapitalist und Grundrentner, wie von Ackerbauer und Manufakturarbeiter verschwindet und die ganze Gesellschaft in die beiden Klassen der Eigentümer und eigentumslosen *Arbeiter* zerfallen muß.[47]

45 Marx, Das Kapital, Bd. I MEW, Bd. 23, S. 734.
46 Marx/Engels, Revue, Mai bis Oktober 1850, MEW, Bd. 7, S. 434.
47 Marx, Ökonomisch-philosophische Manuskripte, MEW, Ergänzungsband 1. Teil, S. 505

Marx erlebt in England eine Wirtschaft, die bereits wesentlich vom Fabriksystem determiniert wird, aber sich andererseits noch im vollen Übergang von manufakturellen, ja handwerklichen Produktionsbedingungen zur großen Industrie befindet. »Die Umwälzung der gesellschaftlichen Betriebsweise, dies notwendige Produkt der Umwandlung des Produktionsmittels, vollzieht sich in einem bunten Wirrwarr von Übergangsformen.« Diese »naturwüchsig vorgehende industrielle Revolution« bewirkt nicht nur, daß der Fabrikbetrieb schnell oder langsam Betriebe rückständiger Produktionsweise niederkonkurriert, sondern hat auch die Konsequenz, daß in den noch nicht von der Umwälzung unmittelbar betroffenen Industriezweigen die Produktivitätsmaßstäbe der Maschinenarbeit zum herrschenden Kriterium werden. Der höhere und im Verhältnis zur großen Industrie sogar schärfere Exploitationsgrad in den tradierten Produktionsstätten wird dadurch ermöglicht, daß die unter der Ägide der klassischen Manufakturökonomie relative Arbeitsplatz- und Lohnstabilität unter dem Druck der durch Mechanisierung ausrangierten Arbeiter zusammenbricht. Diese überfluten alle leichter zugänglichen Industriezweige, überfüllen den Arbeitsmarkt und senken daher den Preis der Arbeitskraft unter ihren Wert. Unter dem Einfluß der großen Industrie werden alle ihr vorangegangenen, noch in starken Restbeständen vorhandenen Formen gänzlich verändert.

»Die Exploitation ... wird in der modernen Manufaktur schamloser als in der eigentlichen Fabrik, weil die hier existierende technische Grundlage, Ersatz der Muskelkraft durch Maschinen und Leichtigkeit der Arbeit, dort großenteils wegfällt ... Sie wird in der sog. Hausarbeit schamloser als in der Manufaktur, weil die Widerstandsfähigkeit der Arbeiter mit ihrer Zersplitterung abnimmt, eine ganze Reihe räuberischer Parasiten sich zwischen den eigentlichen Arbeitgeber und den Arbeiter drängt, die Hausarbeit überall mit Maschinen- oder wenigstens mit Manufakturbetrieb (...) kämpft, die Armut dem Arbeiter die nötigsten Arbeitsbedingungen, Raum, Licht, Ventilation usw., raubt, die Unregelmäßigkeit der Beschäftigung wächst, und endlich in diesen letzten Zufluchtsstätten der durch die große Industrie und Agrikultur ›überflüssig‹ Gemachten die Arbeiterkonkurrenz notwendig ihr Maximum erreicht. Die durch den

Maschinenbetrieb erst systematisch ausgebildete Ökonomisierung der Produktionsmittel, von vornherein zugleich rücksichtsloseste Verschwendung der Arbeitskraft und Raub an den normalen Voraussetzungen der Arbeitsfunktion, kehrt jetzt diese ihre antagonistische und menschenmörderische Seite um so mehr heraus, je weniger in einem Industriezweig die gesellschaftliche Produktivkraft der Arbeit und die technische Grundlage kombinierter Arbeitsprozesse entwickelt sind.«[48]

Gegenüber den Maschinenarbeitern, also den großindustriellen Lohnarbeitern, befindet sich der übrige Teil der gewerblichen Arbeiterschaft in einer Misere, der alle Arbeitskräfte verfallen, die den maschinellen Arbeitsbedingungen nicht gewachsen sind, die in der Industrie oder in der Agrikultur überzählig sind. Neben den Fabrik- bzw. Manufakturarbeitern, die das Kapital in großen Massen räumlich konzentriert und direkt kommandiert, bewegt es »durch unsichtbare Fäden eine andere Armee in den großen Städten und über das flache Land zerstreuter Hausarbeiter.«[49]

Ein besonderes Element außerhalb des Fabriksystems stellen jene Lohnarbeiter dar, die nicht in festen Betriebsstätten tätig sind, sondern je nach Bedarf an wechselnde Lokalitäten zu Arbeitsvorhaben zusammengezogen werden: die Wanderarbeiter. »Es versteht sich, daß die große Industrie nicht in jeder Lokalität eines Landes zu derselben Höhe der Ausbildung kommt. Dies hält indes die Klassenbewegung des Proletariats nicht auf, da die durch die große Industrie erzeugten Proletarier an die Spitze der Bewegung treten und die ganze Masse mit sich fortreißen, und da die von der großen Industrie ausgeschlossenen Arbeiter durch diese große Industrie in eine noch schlechtere Lebenslage versetzt werden, als die Arbeiter der großen Industrie selbst.«[50]

Luxusarbeiter

In der verschiedenartigen Bestimmung von Warenprodukten liegt ein Unterscheidungsmerkmal zwischen Lohnarbeiterkategorien, das praktische und theoretische Bedeutung hat. Auf diesen

---

48 Marx, Das Kapital, Bd. I, MEW, Bd. 23, S. 486.
49 A. a. O. S 485 f.
50 Marx/Engels, Die deutsche Ideologie, MEW, Bd. 3, S. 61.

Gesichtspunkt kommt Marx speziell im Zusammenhang seines – in der Nachfolge Quesnays konstruierten – Schemas der einfachen Reproduktion des gesellschaftlichen Gesamtkapitals zu sprechen. Er konstatiert, daß ein Teil der (produktiven) Lohnarbeiterklasse nur für den Unterhalt der Arbeiterklasse produziert, während der andre Teil Rohmaterial, Maschinerie und fertige Produkte für den Kapitalisten produziert. Soweit dieses Mehrprodukt aus Konsumtionsmitteln besteht, die nicht für die unmittelbare Lebenserhaltung der Kapitalisten notwendig sind, fallen sie in die Rubrik der »Luxusartikel«. Dazu rechnet Marx auch die Subsistenzmittel für die im persönlichen Anhang der Kapitalisten befindlichen unproduktiven Arbeiter und Nichtarbeiter; »diese Arbeiter selbst sind pro tanto Luxusartikel«.[51] Infolge ihres besonderen Produkts sind die »Luxusarbeiter« innerhalb des arbeitsteiligen kapitalistischen Reproduktionsprozesses eine besondere Kategorie: »Die in der Luxusproduktion beschäftigten Arbeiter produzieren zwar Kapital für ihren employer, aber ihr Produkt kann sich nicht in natura wieder in Kapital verwandeln, weder in konstantes noch in variables.«[52]
Diese Luxusartikel herstellenden Lohnarbeiter sind deshalb nicht »unproduktiv«, weil sie den Teil des kapitalistischen Mehrprodukts, der persönliche Revenue ist, in konkreten Warenprodukten realisieren. Sie unterscheiden sich von den anderen Lohnarbeitern jedoch darin, daß sie unter dem Aspekt einer gesamtgesellschaftlichen, von der kapitalistisch-antagonistischen Form der allgemeinen Arbeitsteilung absehenden Rationalität überflüssige Dinge und Leistungen produzieren, bedingt »durch die Verschwendung der Kapitalistenklasse, den Umsatz eines bedeutenden Teils ihres Mehrwerts in Luxusartikel.«[53]
Die Lage der »Luxusarbeiter« ist besonders unsicher: »Jede Krise vermindert die Luxuskonsumtion momentan; sie verlangsamt, verzögert die Rückverwandlung« des variablen Kapitals, das sich gegen die Arbeitskraft der Luxusarbeiter austauscht, »in Geldkapital, läßt sie nur teilweis zu und wirft damit einen Teil der Luxusarbeiter auf Pflaster . . .«.[54]

---

51 Marx, Das Kapital, Bd. II, MEW, Bd. 24, S. 409.
52 Marx, Theorien über den Mehrwert, Dritter Teil, MEW, Bd. 26.3, S. 241.
53 Marx, Das Kapital, Bd. II, MEW, Bd. 24, S. 408.
54 A. a. O. S. 409.

Im »Kapital« spielt die Frage nach fachlich-beruflicher Qualifikation kaum eine Rolle. Die Problematik höher qualifizierter Arbeitskräfte ist gegenüber der »allgemeinen Natur des Kapitals« dem Nenner und Maßstab der einfachen Arbeitskraft subsumiert; denn der »größte Teil der Arbeit ist nicht skilled labour«.[55] »Geschickte« Arbeit ist Arbeit über dem Durchschnitt. Die »komplizierte Arbeit« einer »qualifizierten Arbeitskraft« produziert mehr Wert (also auch mehr Mehrwert) im Verhältnis zur »einfachen Arbeit« einer »einfachen Arbeitskraft«, sofern sie »gesellschaftlich notwendig«, also noch nicht durch Rationalisierung überflüssig gemacht worden ist. »Zusammengesetzte« Arbeit wirkt als multiplizierte »einfache« Arbeit. Der »verschiedene Wert der Arbeitsvermögen selbst«, d. h. der Arbeitskräfte, ist durch ihre »verschiedenen Produktionskosten« bestimmt. Die durch das Lohnverhältnis auf den quantitativen Maßstab eines Tauschwerts, einer Ware gebrachte Arbeitskraft besteht aus zahllosen Gebrauchswerten (Nutzeffekt-Qualitäten). »Unter Arbeitskraft oder Arbeitsvermögen verstehen wir den Inbegriff der physischen und geistigen Fähigkeiten, die in der Leiblichkeit, der lebendigen Persönlichkeit eines Menschen existieren und die er in Bewegung setzt, sooft er Gebrauchswerte irgendeiner Art produziert.«[56]

Wie bei der gegenständlichen Warenwelt ist auch bei jeder einzelnen Ware Arbeitskraft ein bestimmter Gebrauchswert für andere die Voraussetzung der Verkäuflichkeit. Der »degree of skill der vorgefundenen Bevölkerung ist die jedesmalige Voraussetzung der Gesamtproduktion . . .«[57]

---

55 Marx, Arbeitslohn, MEW, Bd. 6, S. 536.

56 Marx, Das Kapital, Bd. I, MEW, Bd. 23, S. 181.

57 MEW, Bd. 26.3., S. 113 Ausgehend von dieser Einsicht, hat Franz Jánossy die herkömmliche Wachstumstheorie verändert: Am Ende der Wirtschaftswunder – Erscheinung und Wesen der wirtschaftlichen Entwicklung, Frankfurt am Main 1969. Vgl. die Aufsätze von Elmar Altvater: Perspektiven jenseits des Wirtschaftswunders, in: neue kritik 38/39 und 40; Krise und Kritik – Zum Verhältnis von ökonomischer Entwicklung und Bildungs- und Wissenschaftspolitik, in: Wider die Untertanenfabrik, Köln 1967; Wolfgang Lefèvre, Reichtum und Knappheit – Studienreform als Zerstörung gesellschaftlichen Reichtums, in: Rebellion der Studenten, Hamburg 1968. Sie wenden die Einsicht, daß der degree of skill »die Hauptakkumulation des Reichtums, das wichtigste erhaltne Resultat der antecedent labour, das aber in der lebendigen Arbeit selbst existiert«, (Marx, a. a. O.) in der Analyse des westdeutschen Bildungssystems an, das die

Der Begriff »Beruf« kommt bei Marx nicht vor. Wahrscheinlich hat auch hier die untersuchte englische Szenerie auf die Terminologie eingewirkt: »professions« sind außer- bzw. oberhalb des Umkreises einfacher, durchschnittlicher industrieller Lohnarbeiterschaft lokalisiert, während innerhalb dieses Umkreises allenfalls die Unterscheidung zwischen »skilled« und »unskilled labour« üblich ist. Das Marxsche Konzept der Arbeit im kapitalistischen Produktionssystem vorausgesetzt, ließe sich »Beruf« definieren als eine mehr oder weniger fixierte fachliche Disposition im gesellschaftlichen Arbeitsprozeß. Damit ist einerseits ein Produktionsverhältnis bezeichnet, das mit der fundamentalen Arbeitsteilung zwischen den Klassen zusammenhängt und im Gesamtprozeß der Mehrwertproduktion und -realisation eine besondere Beziehung bzw. Funktion einnimmt. Andrerseits ist der Beruf zugleich eine Produktivkraft in einem technisch-organisatorischen Arbeitsprozeß, die an das allgemeine Niveau der gesellschaftlichen Produktivkräfte der Arbeit – das der jeweiligen Gesamtheit gesellschaftlicher Produktionsverhältnisse zugrunde liegt – gebunden ist.
Wie sehr sich Lohnarbeiter in fachlich-beruflicher Hinsicht von einander bzw. vom Durchschnittsniveau einfacher, ungelernter bzw. angelernter Arbeitsleistung abheben mögen, entscheidend ist das allen Arbeitskräften gemeinsame Abhängigkeits-, Gegensatz- und Austauschverhältnis im Hinblick auf das Kapital, das zum einen eine Fülle verschiedener menschlicher Produktivpotenzen anwendet und zum anderen allesamt auf den gleichen, quantitativen Nenner des Verwertungsprinzips bringt. Wenn auch das allgemeine Produktionsverhältnis der Lohnarbeit sich in vielen Varianten realisiert, die Anlaß und Anlage von Sonderinteressen sein mögen, so besteht doch immer eine Wechselbeziehung zwischen dem allgemeinen, allen Lohnarbeitern gemeinsamen Produktionsverhältnis und partikulären Berufs- und Fachverhältnissen. Diese sind durch die Kollektivität des Lohnarbeiterverhältnisses vermittelt. Während diese vor dem Kapitalismus personell fixiert waren, als persönliche Eigenschaften auftraten, sind sie nun – wie die allgemeinen Produktionsverhältnisse – gegenüber den Individuen verselbständigte, verding-

---

Entfaltung der lebendigen Produktivkräfte auch in seiner technokratisch reformierten Struktur fesselt. Die daraus resultierenden Widersprüche hat André Gorz genauer bestimmt: Studium und Facharbeit heute, in: Wider die Untertanenfabrik.

lichte Sachverhalte, funktionale Institutionen der gesellschaftlichen Arbeitsteilung, die gegenüber individuellen Bindungen gleichgültig sind.

Je mehr das expandierende »Fabriksystem« (Maschinelle Produktion) sich durchsetzt, entstehen Unterschiede zwischen den Lohnarbeitern hinsichtlich der differenzierenden Komplexität ihrer Arbeit und – damit verknüpft – des verschiedenen Tauschwertes der Arbeitskraft (Produktionskosten dieser »Ware«). Auf gesellschaftlicher Basis treten solche Unterschiede vor allem dann akut in Erscheinung, wenn Arbeiterkategorien durch Rationalisierung mit den Arbeitsplätzen zugleich die Verwertungsmöglichkeit ihrer Qualifikation eingebüßt haben und um so schärfer mit noch nicht verdrängten Arbeitern. »Die Arbeit wird vereinfacht. Ihre Produktionskosten kleiner. Sie wird wohlfeiler. Die Konkurrenz unter den Arbeitern wird größer ... Die neue Arbeit, in die der Arbeiter geschleudert wird, schlechter als die frühere der Handarbeiter ... Die Konkurrenz unter den Arbeitern, nicht nur, daß *einer* sich wohlfeiler verkauft als der andre, sondern daß *einer* die Arbeit von zweien tut ... Der Arbeiter wird eine immer einseitigere Produktivkraft, die in möglichst wenig Zeit möglichst viel produziert. Die geschickte Arbeit verwandelt sich immer mehr in einfache Arbeit ...«[58]

Da die Komplexität der Arbeit von Menschenhand abgelöst und in die Maschinerie selbst übertragen wird, ist die »einfache Arbeit« des klassischen Fabrikarbeiters nicht mehr nur (wie beim Manufakturarbeiter) vereinfachte Handwerksgeschicklichkeit, sondern eine ganz neue Qualität von Arbeit: mehr oder minder abstrakte Routinehandgriffe als lebendiges Moment im maschinellen Getriebe. »Mit dem Arbeitswerkzeug geht auch die Virtuosität in seiner Führung vom Arbeiter auf die Maschine über. Die Leistungsfähigkeit des Werkzeugs ist emanzipiert von den persönlichen Schranken menschlicher Arbeitskraft. ... An die Stelle der sie (die Manufaktur, M. M.) charakterisierenden Hierarchie der spezialisierten Arbeiter tritt daher in der automatischen Fabrik die Tendenz der Gleichmachung oder Nivellierung der Arbeiten, welche die Gehilfen der Maschinerie zu verrichten haben ... Die wesentliche Scheidung ist von Arbeitern, die wirklich an den Werkzeugmaschinen beschäftigt sind ... und von bloßen Handlangern ... dieser Maschinenarbeiter ...

58 Marx, Arbeitslohn, MEW, Bd. 6, S. 540

Die Geschwindigkeit, ... womit die Arbeit an der Maschine im jugendlichen Alter erlernt wird, beseitigt ebenso die Notwendigkeit, eine besondre Klasse Arbeiter ausschließlich zu Maschinenarbeitern heranzuziehen. Die Dienste der bloßen Handlanger aber sind in der Fabrik teils durch Maschinen ersetzbar, teils erlauben sie wegen ihrer völligen Einfachheit raschen und beständigen Wechsel der mit dieser Plackerei belasteten Personen.«[59] Die Umstellung von »Handarbeit« auf »Industriearbeit« ist aber nicht mit dem Verschwinden von komplexer Arbeit überhaupt gleichzusetzen, sondern inmitten dieses Transformationsprozesses machen sich bereits die Keime einer ganz neuen, mit dem kollektiven Produktionsorganismus großindustrieller Prägung von vornherein untrennbar verwachsenen Form komplexer Arbeit bemerkbar. Mit dieser neuen Arbeitsqualität zeichnen sich zugleich die Umrisse einer neuen Lohnarbeiterklasse ab, die sich von dem Aggregatzustand der Fabrikarbeiterschaft ebenso abzuheben scheint, wie diese von der Manufakturarbeiterschaft zu unterscheiden ist. »Neben diesen Hauptklassen (d. h. der Maschinenarbeiter und der Handlanger, also der angelernten und der Hilfsarbeiter, M. M.) tritt ein numerisch unbedeutendes Personal, das mit der Kontrolle der gesamten Maschinerie und ihrer beständigen Reparatur beschäftigt ist, wie Ingenieure, Mechaniker, Schreiner usw. Es ist eine höhere, teils wissenschaftlich gebildete, teils handwerksmäßige Arbeiterklasse, außerhalb des Kreises der Fabrikarbeiter und ihnen nur aggregiert ...«[60]
Die Reduktion des durchschnittlichen Lohnarbeiters auf eine »einfache Arbeitskraft« setzt diesen keineswegs ohne Widersprüchlichkeit zu universeller Mobilität frei, sondern tendiert dazu – unter Beibehaltung manufaktureller Praktiken – ihn aus einem lebenslangen Spezialarbeiter zu einem permanenten Teilglied einer Maschine zu verwandeln. »Die moderne Industrie betrachtet und behandelt die vorhandne Form des Produktionsprozesses nie als definitiv. Ihre technische Basis ist daher revolutionär, während die aller führenden Produktionsweisen wesentlich konservativ war. Durch Maschinerie, chemische Prozesse und andre Methoden wälzt sie beständig mit der technischen Grundlage der Produktion die Funktionen der Arbeiter und die gesellschaftlichen Kombinationen des Arbeitsprozesses um. Sie revolu-

59 Marx, Das Kapital, Bd. I, MEW, Bd. 23, S.442.
60 A. a. O. S. 443.

tioniert damit ebenso beständig die Teilung der Arbeit im Innern der Gesellschaft und schleudert unaufhörlich Kapitalmassen und Arbeitermassen aus einem Produktionszweig in den andern. Die Natur der großen Industrie bedingt daher Wechsel der Arbeit, Fluß der Funktion, allseitige Beweglichkeit des Arbeiters, andrerseits reproduziert sie in ihrer kapitalistischen Form die alte Teilung der Arbeit mit ihren knöchernen Partikularitäten. Man hat gesehn, wie dieser absolute Widerspruch alle Ruhe, Festigkeit, Sicherheit der Lebenslage des Arbeiters aufhebt, ihm mit dem Arbeitsmittel beständig das Lebensmittel aus der Hand zu schlagen und mit seiner Teilfunktion ihn selbst überflüssig zu machen droht; wie dieser Widerspruch im ununterbrochenen Opferfest der Arbeiterklasse, maßlosester Vergeudung der Arbeitskräfte und den Verheerungen gesellschaftlicher Anarchie sich austobt. Dies ist die negative Seite ...«[61]

Für das Kapital hingegen wäre eine voll realisierte Mobilität der Arbeitskräfte vom Aspekt des Gesamtkapitals sowie der Konkurrenz unter den Kapitalisten wünschenswert, wie sie vom Aspekt des auf Profitmaximierung gerichteten Einzelkapitalisten unerwünscht ist. Dazu zeigt sich, daß die kapitalistische Weise der Entfaltung der Großindustrie letztlich auf Kosten der ökonomischen wie der technischen Rationalität vonstatten geht. »Wenn aber der Wechsel der Arbeit sich jetzt nur als überwältigendes Naturgesetz und mit der blind zerstörenden Wirkung eines Naturgesetzes durchsetzt, das überall auf Hindernisse stößt, macht die große Industrie durch ihre Katastrophen selbst es zur Frage von Leben oder Tod, den Wechsel der Arbeiten und daher möglichste Vielseitigkeit der Arbeiter als allgemeines gesellschaftliches Produktionsgesetz anzuerkennen und seiner normalen Verwirklichung die Verhältnisse anzupassen. Sie macht es zu einer Frage von Leben oder Tod, die Ungeheuerlichkeit einer elenden, für das wechselnde Exploitationsbedürfnis des Kapitals in Reserve gehaltenen, disponiblen Arbeiterbevölkerung zu ersetzen durch die absolute Disponibilität des Menschen für wechselnde Arbeitserfordernisse; das Teilindividuum, den bloßen Träger einer gesellschaftlichen Detailfunktion, durch das total entwickelte Individuum, für welches verschiedne gesellschaftliche Funktionen einander ablösende Betätigungsweisen sind. Ein auf Grundlage der großen Industrie naturwüchsig entwickeltes Mo-

---

61 A. a. O. S. 510 f.

ment dieses Umwälzungsprozesses sind polytechnische und agronomische Schulen, ein andres sind die ›écoles d'enseignement professionnel‹, worin die Kinder der Arbeiter einigen Unterricht in der Technologie und praktischen Handhabe der verschiednen Produktionsinstrumente erhalten. Wenn die Fabrikgesetzgebung als erste, dem Kapital notdürftig abgerungene Konzession nur Elementarunterricht mit fabrikmäßiger Arbeit verbindet, unterliegt es keinem Zweifel, daß die unvermeidliche Eroberung der politischen Gewalt durch die Arbeiterklasse auch dem technologischen Unterricht, theoretisch und praktisch, seinen Platz in den Arbeiterschulen erobern wird. Es unterliegt ebensowenig einem Zweifel, daß die kapitalistische Form der Produktion und die ihr entsprechenden ökonomischen Arbeiterverhältnisse im diametralsten Widerspruch stehn mit solchen Umwälzungsfermenten und ihrem Ziel, der Aufhebung der alten Teilung der Arbeit. Die Entwicklung der Widersprüche einer geschichtlichen Produktionsform ist jedoch der einzig geschichtliche Weg ihrer Auflösung und Neugestaltung.«[62]

Lohnunterschiede

Neben fachlich-beruflichen Differenzierungen bilden Unterschiede der Entlohnung das hauptsächliche Merkmal innerer Gliederung der Lohnarbeiterklasse. Den Kapitalisten dienen sie als Herrschaftsmittel, als Instrument des divide et impera, denn das Maß des Geldbeutels ist ein rein quantitativer Unterschied, wodurch zwei Individuen derselben Klasse beliebig aufeinander gehetzt werden können. Dennoch handelt es sich bei den Lohndifferenzen im Durchschnitt ihres Zustandekommens nicht einfach um willkürliche Bemessung. In der kapitalistischen Produktionsweise wird der Handelswert eines jeden mehr oder weniger richtig abgeschätzt. Der Wert der Arbeitskraft, um den herum unter Konkurrenzbedingungen ihr Preis, der Arbeitslohn, oszilliert, definiert sich durch das zu ihrer Produktion und Reproduktion notwendige Arbeitsquantum. Seine Variationen gehorchen dem historischen und gesellschaftlichen Element, das über das physische Existenzminimum hinaus in die Definition des kulturellen Existenzminimums eingeht, so daß sich der Wert der Ar-

62 A. a. O. S. 511 f. Vgl. die Hinweise in Anm. 57.

beitskraft konkret in jedem einzelnen Land und jeder Region durch den Stand der Arbeitsproduktivität, der vorherrschenden Lebens- und Konsumgewohnheiten und schließlich durch das Machtverhältnis der Klassenkräfte bestimmt. Innerhalb des nationalen und regionalen Zusammenhangs der Lohnarbeit, auf der Basis ihres vorherrschenden technisch-industriell und historisch-kulturell geprägten Standards differenzieren sich die Löhne dem zwieschlächtigen Charakter der Lohnarbeit gemäß. Die Löhne als dingliche Verhüllung des gesellschaftlichen Verhältnisses von Kapitalisten und Lohnarbeitern sind in ihrem Niveau und ihren Schwankungen, zumal bei unorganisierter Konkurrenz bzw. Vereinzelung der Ware Arbeitskraft, abhängig von den Bewegungen der industriellen Reservearmee und des Wirtschaftszyklus, auf der anderen Seite resultieren sie aus der Organisierung und dem Kampf der Arbeiter gegen das Kapital, wie die Geschichte der Festlegung von Normalarbeitstag, Mindestlohn, Tarifverträgen, sozialen und rechtlichen Sicherungen zeigt. Die Abstufung der Löhne wird bedingt durch den Charakter der Lohnarbeit als technisch-gesellschaftlicher Gesamtproduktivkraft mit einer durch die Arbeitsteilung differenzierten fachlich-beruflichen Qualifikationsstruktur und Tätigkeitskombination. Qualifizierte Arbeit unterliegt der Quantifikation durch ihre kapitalistische Verwertung; danach bemessen sich die unterschiedlichen Löhne. »Um die allgemein menschliche Natur so zu modifizieren, daß sie Geschick und Fertigkeit in einem bestimmten Arbeitszweig erlangt, entwickelte und spezifische Arbeitskraft wird, bedarf es einer bestimmten Bildung oder Erziehung, welche ihrerseits eine größere oder geringere Summe von Warenäquivalenten kostet. Je nach dem mehr oder minder vermittelten Charakter der Arbeitskraft sind ihre Bildungskosten verschieden. Diese Erlernungskosten, verschwindend klein für die gewöhnliche Arbeitskraft, gehn also ein in den Umkreis der zu ihrer Produktion verausgabten Werte.«[63] Die Produktionskosten der Arbeitskraft begreifen nicht nur die Lebens- und Ausbildungskosten des einzelnen Arbeiters ein, sondern auch die der Arbeiterfamilie, des Arbeitskraftnachwuchses. Daraus erwachsen beträchtliche Vorteile des unverheirateten Arbeiters gegenüber dem verheirateten, d. h. reale Lohnunterschiede.

Schließlich wirken sich nicht nur die verschiedenen Lohnhöhen

---

63 A. a. O. S. 186.

als Differenzierungsmoment aus, sondern auch die unterschiedlichen Entlohnungsformen, die dem Kapital teils als Exploitationsmittel dienen, (wie die »der kapitalistischen Produktionsweise entsprechendste Form des Arbeitslohns«[64]: der Stücklohn und das Akkordsystem), teils die Isolierung von Arbeiterkategorien ermöglichen (wie die verschiedenen Formen des Zeitlohns: Stundenlohn, Monatslohn etc.). Bereits zu Marx' Zeit erfolgte die Bezahlung der Arbeiter in manchen Betrieben teilweise als angebliche Gewinnbeteiligung.

Schichtung der Arbeiterklasse und Verelendungstendenz

Die Einkommensschichtung der Lohnarbeiterklasse erwächst aus dem Prozeß der kapitalistischen Akkumulation. Das wird deutlich bei Marx' Untersuchung der schlechtbezahlten Schichten und des bestbezahlten Teils der britischen Arbeiter. Diese, die »Aristokratie« der Lohnarbeiter, setzt sich zusammen aus Facharbeitern, deren Tätigkeit noch nicht von der Mechanisierung erfaßt worden ist und deshalb von der Konkurrenz mit einfachen Arbeitskräften, vor allem Frauen und Kindern, noch nicht gefährdet ist. Die besonders günstige Arbeitsmarktsituation dieser »Aristokratie« kommt in ihrer stark exklusiven Organisation in »Trade Unions«, Fach- und Berufsgewerkschaften, zum Ausdruck und erhält in diesen zusätzliche Sicherung. Zwar ist die Aristokratie der Arbeiter von der Masse der wirklich in proletarischen Verhältnissen lebenden Arbeiter abgehoben, unterliegt aber den sozialen Auswirkungen der periodischen Krisen und damit dem allgemeinen Klassenverhältnis. Die am schlechtesten bezahlten Schichten, das Gegenextrem zur Arbeiteraristokratie, entstehen durch die progressive Produktion einer relativen Überbevölkerung oder industriellen Reservearmee. Unter diesem Begriff faßt Marx alle Lohnarbeiter zusammen, die halb oder gar nicht beschäftigt sind und nur zu Zeiten der Prosperität mit vollem Lohnerwerb rechnen können. Relativ überzählig sind die unter das Subsistenzminimum gesunkenen Schichten im Verhältnis zur Verwertungsfunktionalität des Kapitals: als je nach Konjunkturlage schwankender Überschuß an Arbeitskräften. Einerseits ermöglicht er eine weitgehende Mobilität der Lohnar-

64 A. a. O. S. 580.

beiter je nach den konjunkturellen Bedürfnissen des Kapitals. Andererseits ist eine disponible industrielle Reservearmee ein für die Kapitalisten notwendiges Druckmittel gegenüber der aktiven Arbeiterarmee: »Die industrielle Reservearmee drückt während der Perioden der Stagnation und mittleren Prosperität auf die aktive Arbeiterarmee und hält ihre Ansprüche während der Periode der Überproduktion und des Paroxysmus im Zaum.«[65] Ein mehr oder minder großer Widerspruch unmittelbarer Interessen zwischen beiden Teilen der Arbeiterklasse ist die Folge.

Der industriellen Reservearmee gehört jeder Arbeiter während der Zeit an, wo er halb oder gar nicht beschäftigt ist – sie bildet nicht nur eine Einkommensschicht, sondern als Moment des Naturgesetzes der kapitalistischen Formation eine Existenzbedingung der gesamten Klasse. Dieser Tatbestand kommt auch darin zum Ausdruck, daß die Lohnarbeiter durch ihre Lage gezwungen werden, »eine planmäßige Zusammenwirkung zwischen den Beschäftigten und den Unbeschäftigten zu organisieren, ... um die ruinierenden Folgen jenes Naturgesetzes der kapitalistischen Produktion auf ihre Klasse zu brechen oder zu schwächen.«[66]

Die relative Überbevölkerung existiert in allen möglichen Schattierungen. Zum einen erscheint sie in verschiedener Form je nach Geschäftslage, »bald *akut* in Krisen, ... bald *chronisch* in Zeiten flauen Geschäfts«, während sie in Prosperitätszeiten, zumal infolge umfangreicher öffentlicher Arbeiten, ganz von der aktiven Arbeiterarmee absorbiert werden kann. Zum andern besitzt sie fortwährend »drei Formen: flüssige, latente und stockende«.[67]

»In den Zentren der modernen Industrie – Fabriken, Manufakturen, Hütten und Bergwerken usw. – werden Arbeiter bald repelliert, bald in größerem Umfang wieder attrahiert, so daß im großen und ganzen die Zahl der Beschäftigten zunimmt, wenn auch in stets abnehmendem Verhältnis zur Produktionsleiter. Die Überbevölkerung existiert hier in fließender Form. ... Sobald sich die kapitalistische Produktion der Agrikultur, oder im Grad, worin sie sich derselben bemächtigt hat, nimmt mit der Akkumulation des hier funktionierenden Kapitals die Nachfrage für die ländliche Arbeiterbevölkerung absolut ab, ohne daß ihre Repulsion, wie in der nichtagrikolen Industrie, durch größere At-

65 A. a. O. S. 668.
66 A. a. O. S. 669.
67 A. a. O. S. 670.

traktion ergänzt wäre. Ein Teil der Landbevölkerung befindet sich daher fortwährend auf dem Sprung, in städtisches oder Manufakturproletariat überzugehn, und in der Lauer auf dieser Verwandlung günstige Umstände. (Manufaktur hier im Sinn aller nichtagrikolen Industrie.) Diese Quelle der relativen Übervölkerung fließt also beständig. Aber ihr beständiger Fluß nach den Städten setzt auf dem Lande selbst eine fortwährend latente Übervölkerung voraus, deren Umfang nur sichtbar wird, sobald sich die Abzugskanäle ausnahmsweise weit öffnen. ... Die dritte Kategorie der relativen Übervölkerung, die stockende, bildet einen Teil der aktiven Arbeiterarmee, aber mit durchaus unregelmäßiger Beschäftigung. Sie bietet so dem Kapital einen unerschöpflichen Behälter disponibler Arbeitskraft. Ihre Lebenslage sinkt unter das durchschnittliche Normalniveau der arbeitenden Klasse«.[68]

Die unterste Schicht der relativen Überbevölkerung, die Lazarusschicht der Arbeiterklasse, behaust die Sphäre des Pauperismus, in der das eigentliche »Lumpenproletariat« eine Menge demoralisierter und arbeitsunwilliger Personen, wie Vagabunden, Verbrecher, Prostituierte, noch eine besondere Gruppe bildet. Vom Lumpenproletariat abgesehen, rechnen drei Kategorien zur Pauperismusschicht: erstens freigesetzte Arbeitsfähige, zweitens Waisen- und Pauperkinder, Kandidaten der industriellen Reservearmee; drittens Verkommene, Verlumpte, Arbeitsunfähige, »namentlich Individuen, die an ihrer durch die Teilung der Arbeit verursachten Unbeweglichkeit untergehen, solche, die über das Normalalter eines Arbeiters hinausleben, endlich Opfer der Industrie, deren Zahl mit gefährlicher Maschinerie, Bergwerksbau, chemischen Fabriken etc. wächst, Verstümmelte, Kranke, Witwen. Der Pauperismus bildet das Invalidenhaus der aktiven Arbeiterarmee und das tote Gesicht der industriellen Reservearmee. Seine Produktion ist eingeschlossen in der Produktion der relativen Übervölkerung, seine Notwendigkeit in ihrer Notwendigkeit, mit ihr bildet er eine Existenzbedingung der kapitalistischen Produktion und Entwicklung des Reichtums. Er gehört zu den faux frais der kapitalistischen Produktion ...«.[69]

Das Lumpenproletariat als aktives Element innerhalb einer durch Passivität und Hinfälligkeit charakterisierten Sphäre steht

68 A. a. O. S. 670 ff.
69 A. a. O. S. 673.

zu dieser wie auch gegenüber der Lohnarbeiterklasse im Verhältnis einer »besonderen Klasse«. An der Pauperismus-Schicht im allgemeinen und dem speziellen Lumpenproletariat im besonderen erweist sich die Wirksamkeit der kapitalistischen Produktionsverhältnisse als Klassenverhältnisse, die sich als Formbestimmungen den unter sie subsumierten Individuen aufprägen und diese als bloße »Personifikation« ihrer selbst, als »Funktionsträger« erscheinen lassen. Ein Lohnarbeiter, der nicht mehr in einem Lohnverhältnis steht, zählt noch so lange zur Lohnarbeiterklasse, wie sein Aussetzen nur befristet ist; er bleibt als Mitglied der industriellen Reservearmee und damit als latent verfügbare Arbeitskraft Angehöriger seiner Klasse. Je länger aber die Arbeitslosigkeit andauert, und erst recht, wenn sie zum Dauerzustand wird, deklassiert sich der Lohnarbeiter und lebt parasitär auf Kosten der Gesellschaft. Dieses Verkommen des Lohnarbeiters ist ein Prozeß, worin Wandlungen des Charakters aus objektiven Zwängen resultieren. »Der Arbeiter ist nur als Arbeiter da, sobald er *für sich* als Kapital da ist, und er ist nur als Kapital da, sobald ein *Kapital für ihn* da ist. Das Dasein des Kapitals ist *sein* Dasein, sein *Leben*, wie es den Inhalt seines Lebens auf eine ihm gleichgültige Weise bestimmt. Die Nationalökonomie (damit meint Marx auch die reale kapitalistische Wirtschaft; M. M.) kennt daher nicht den unbeschäftigten Arbeiter, den Arbeitsmenschen, soweit er sich außer diesem Arbeitsverhältnis befindet. Der Spitzbube, Gauner, Bettler, der Unbeschäftigte, der verhungernde, der elende und verbrecherische Arbeitsmensch, sind Gestalten, die nicht *für sie*, sondern für andre Augen, für die des Arztes, des Richters, des Totengräbers und Bettelvogts ect. existieren, *Gespenster* außerhalb ihres Reiches ...«[70]

Gegenüber dem Lumpenproletariat hat Marx verschiedentlich eine starke Aversion zum Ausdruck gebracht, die, wesentlich in der konterrevolutionären Rolle begründet sein mag, die bewaffnetes und erkauftes Lumpenproletariat gegen das arbeitende und denkende Proletariat angenommen hat. Als »unbestimmte, aufgelöste, hin und her geworfne Masse«, die vom »Bedürfnis« getrieben wird, »sich auf Kosten der arbeitenden Nation wohlzutun«,[71] wird das Lumpenproletariat »seiner ganzen Lebenslage

---

70 Marx, Ökonomisch-philosophische Manuskripte, MEW, Ergänzungsband 1. Teil, S. 523.

71 Marx, Der achtzehnte Brumaire des Louis Bonaparte, MEW, Bd. 8,

nach ... bereitwilliger sein, sich zu reaktionären Umtrieben erkaufen zu lassen«, als am politischen Kampf der Lohnarbeiterklasse teilzunehmen, mag es auch »durch eine proletarische Revolution stellenweise in die Bewegung hineingeschleudert«[72] werden.

Im Widerspruch zwischen aktiver und passiver Arbeiterarmee treten andere Differenzierungen, von denen bereits gesprochen wurde, in Erscheinung: der Unterschied städtischer und ländlicher Lohnarbeiter, fortgeschrittener und zurückgebliebener Produktionszweige, einfacher und qualifizierter Tätigkeit usw.

Zugleich verallgemeinert sich das Klassenverhältnis und die Klassenlage infolge der Verelendungstendenz, welche mit der Tendenz relativer Übervölkerung einhergeht. Der Druck auf die Löhne ist zwar das gewichtigste Moment dieser Tendenz, jedoch umfaßt die Verelendung die gesamte Existenz des Lohnarbeiters und manifestiert sich in allen Aspekten und Effekten seiner Unterordnung unter das Kapital: »Innerhalb des kapitalistischen Systems vollziehn sich alle Methoden zur Steigerung der gesellschaftlichen Produktivkraft der Arbeit auf Kosten des individuellen Arbeiters; alle Mittel zur Entwicklung der Produktion schlagen um in Beherrschungs- und Exploitationsmittel des Produzenten, verstümmeln den Arbeiter in einen Teilmenschen, entwürdigen ihn zum Anhängsel der Maschine, vernichten mit der Qual seiner Arbeit ihren Inhalt, entfremden ihm die geistigen Potenzen des Arbeitsprozesses, im selben Maße, worin letzterem die Wissenschaft als selbständige Potenz einverleibt wird; sie verunstalten die Bedingungen, innerhalb deren er arbeitet, unterwerfen ihn während des Arbeitsprozesses der kleinlichst gehässigen Despotie, verwandeln seine Lebenszeit in Arbeitszeit, schleudern sein Weib und Kind unter das Juggernaut-Rad des Kapitals. Aber alle Methoden zur Produktion des Mehrwerts sind zugleich Methoden der Akkumulation, und jede Ausdehnung der Akkumulation wird umgekehrt Mittel zur Entwicklung jener Methoden. Es folgt daher, daß im Maße wie Kapital akkumuliert, die Lage des Arbeiters, welches immer seine Zahlung, hoch oder niedrig, sich verschlechtern muß. Das Gesetz endlich, welches die relative Überbevölkerung oder industrielle

S. 161. Die Finanzaristokratie nannte Marx die »Wiedergeburt des Lumpenproletariats auf der Höhe der bürgerlichen Gesellschaft«, das »hohe Lumpenproletariat«.

72 Marx/Engels, Manifest, MEW, Bd. 4, S. 472.

Reservearmee stets mit Umfang und Energie der Akkumulation in Gleichgewicht hält, schmiedet den Arbeiter fester an das Kapital als den Prometheus die Keile des Hephästos an den Felsen. Es bedingt eine der Akkumulation von Kapital entsprechende Akkumulation von Elend. Die Akkumulation von Reichtum auf dem einen Pol ist also zugleich Akkumulation von Elend, Arbeitsqual, Sklaverei, Unwissenheit, Brutalisierung und moralischer Degradation auf dem Gegenpol, d. h. auf Seite der Klasse, die ihr eigenes Produkt als Kapital produziert.«[73] Die zerrüttenden Wirkungen der Fabrikarbeit, psychosomatische Schädigungen und geistige Verkümmerung bilden eine ähnlich verheerende Form des Elends wie Arbeitslosigkeit und Hungerlöhne. »Die kapitalistische Produktion, wenn wir sie im einzelnen betrachten und von dem Prozeß der Zirkulation und den Überwucherungen der Konkurrenz absehen, geht äußerst sparsam um mit der verwirklichten, in Waren vergegenständlichten Arbeit. Dagegen ist sie, weit mehr als jede andre Produktionsweise, Vergeuderin nicht nur von Fleisch und Blut, sondern auch von Nerven und Hirn. Es ist in der Tat nur durch die ungeheuerste Verschwendung von individueller Entwicklung, daß die Entwicklung der Menschheit überhaupt gesichert und durchgeführt wird in der Geschichtsepoche, die der bewußten Rekonstitution der menschlichen Gesellschaft unmittelbar vorausgeht.«[74]

Die mit dem Lohnverhältnis gesetzte Verdinglichung der gesellschaftlichen Existenz bedeutet einen Grundzustand allgemeinen Elends, der durch höhere und stabile Löhne und bessere Pflege der Arbeitskraft – also Aufheben der materiellen bzw. Lohn-Verelendung – nicht aufgehoben wird. Die Akkumulation von Elend, Arbeitsqual, Sklaverei, Unwissenheit, Brutalisierung und moralischer Degradation, die mit der Akkumulation von Kapital und Reichtum einhergeht, kann nur durch die Aufhebung des kapitalistischen Systems beseitigt werden.

Äußerste materielle Notdurft ist der Extremfall einer allgemeinen Existenznot, in der sich der Lohnarbeiter permanent befindet. »Das Dasein des Kapitals ist *sein* Dasein, sein *Leben,* wie es den Inhalt seines Lebens auf eine ihm gleichgültige Weise bestimmt.«[75] »In dem Begriff des *freien Arbeiters* liegt schon, daß

73 Marx, Das Kapital, Bd. I, MEW, Bd. 23, S. 674.
74 Marx, Das Kapital, Bd. III, MEW, Bd. 25, S. 99.
75 Marx, Ökonomisch-philosophische Manuskripte, MEW, Ergänzungsband 1. Teil, S. 523.

er *Pauper* ist: virtueller Pauper. Er ist seinen ökonomischen Bedingungen nach bloßes *lebendiges Arbeitsvermögen,* also auch mit den Bedürfnissen des Lebens ausgestattet. Bedürftigkeit nach allen Seiten hin, ohne objektives Dasein als Arbeitsvermögen zur Realisierung desselben. . .«.[76] Nicht nur Lohnfall oder Lohnverlust, sondern das Lohnsystem selbst definiert den Inbegriff proletarischen Elends. Als allgemeine Fron ist es für den Arbeiter das Joch seiner sich selbst entfremdeten Arbeit, der »der von ihr geschaffne Reichtum als fremder Reichtum, ihre eigne Produktivkraft als Produktivkraft ihres Produkts, ihre Bereicherung als Selbstverarmung, ihre gesellschaftliche Macht als Macht der Gesellschaft über sie gegenübertritt.«[77] Im Lohnverhältnis setzt der Arbeiter seine Lebenstätigkeit zum bloßen Mittel seiner Existenz herab, er wird »ein Knecht seines Gegenstandes, erstens, daß er einen *Gegenstand der Arbeit,* d. h., daß er *Arbeit* erhält, und *Zweitens,* daß er *Subsistenzmittel* erhält. Erstens also, daß er als *Arbeiter,* und zweitens, daß er als *physisches* Subjekt existieren kann. Die Spitze dieser Knechtschaft ist, daß er nur mehr als Arbeiter sich als *physisches Subjekt* erhalten kann und nur mehr als *physisches Subjekt* Arbeiter ist.«[78] Im »Kern seiner Verwerflichkeit« bedingt der Arbeitslohn, »daß meine Tätigkeit zur Ware, daß ich durch und durch verkäuflich werde«.[79] Wenn Marx vom »elenden Charakter dieser Aneignung« der notwendigen Subsistenzmittel für den Lohnarbeiter spricht, so dokumentiert er damit einen allgemeineren Begriff vom »Elend«. In den Statuten der Internationale heißt es, daß »die ökonomische Unterwerfung des Arbeiters unter den Aneigner der Arbeitsmittel, d. h. der Lebensquellen, der Knechtschaft in allen ihren Formen zugrunde liegt, allem gesellschaftlichen Elend, aller geistigen Verkümmerung und politischen Abhängigkeit. . .«.[80] Denn: »So wenig aber bessere Kleidung, Nahrung, Behandlung und ein größeres Peculium das Abhängigkeitsverhältnis und die Exploitation des Sklaven aufheben, so wenig die des Lohnarbeiters. Steigender Preis der Arbeit infolge der Akkumulation des Kapitals besagt in der Tat nur, daß der Umfang

76 Marx, Grundrisse, S. 497.
77 Marx, Theorien über den Mehrwert, Dritter Teil, MEW, Bd. 26.3, S. 255.
78 Marx, Ökonomisch-philosophische Manuskripte, MEW, Ergänzungsband 1. Teil, S. 513.
79 Marx, Arbeitslohn, MEW, Bd. 6, S. 555.
80 Marx, Provisorische Statuten der Internationalen Arbeiter-Assoziation, MEW, Bd. 16, S. 14.

und die Wucht der goldnen Kette, die der Lohnarbeiter sich selbst bereits geschmiedet hat, ihre losere Spannung erlauben.«[81]
Obwohl der sich verschärfende Zustand des allgemeinen »Elends« der Lohnarbeit alle besonderen Effekte von »Verelendung«, vor allem den der Lohnminimalisierung bzw. der Pauperisierung, enthält, besteht zugleich zwischen jenem Gesamtverhältnis sozialer Existenz und dieser speziellen »materiellen« Auswirkung desselben eine reziproke Beziehung: »Ist das Kapital rasch anwachsend, so mag der Arbeitslohn steigen; unverhältnismäßig schneller steigt der Profit des Kapitals. Die materielle Lage des Arbeiters hat sich verbessert, aber auf Kosten seiner gesellschaftlichen Lage. Die gesellschaftliche Kluft, die ihn vom Kapitalisten trennt, hat sich erweitert. . . Günstigste Bedingung für die Lohnarbeit ist möglichst rasches Wachstum des produktiven Kapitals, heißt nur: Je rascher die Arbeiterklasse die ihr feindliche Macht, den fremden, über sie gebietenden Reichtum vermehrt und vergrößert, unter desto günstigeren Bedingungen wird ihr erlaubt, von neuem an der Vermehrung des bürgerlichen Reichtums, an der Vergrößerung der Macht des Kapitals zu arbeiten, zufrieden sich selbst die *goldenen Ketten* zu schmieden, woran die Bourgeoisie sie hinter sich her schleift.«[82]
Eine passable Lage des Lohnarbeiters ist also unvermeidlich mit vermehrter Macht seines Gegners und entsprechend vermehrter Abhängigkeit der Arbeit vom Kapital verknüpft. Im Verhältnis zur materiellen Besserstellung der Lohnarbeiter wächst nicht nur die »Repressionskraft« der herrschenden Klasse gegenüber den Beherrschten, sondern zugleich deren soziale Entfremdung und Frustration.
Im Unterschied zum Kapitalisten (dem »Nicht-Arbeiter«) ist die soziale Position des Lohnarbeiters immer durch die jeweilige Beziehung zum Kapital (zum Kapitalisten) bestimmt. In diesem Sinne spricht Marx vom »relativen Arbeitslohn« als dem Gradmesser, der ihm seine »relative gesellschaftliche Stellung« im Verhältnis und Vergleich zu der des Kapitalisten auf der »gesellschaftlichen Stufenleiter«[83] zuweist.
»Ein merkliches Zunehmen des Arbeitslohns setzt ein rasches Wachsen des produktiven Kapitals voraus. Das rasche Wachsen des produktiven Kapitals ruft ebenso rasches Wachsen des Reich-

81 Marx, Das Kapital, Bd. I, MEW, Bd. 23, S. 646.
82 Marx, Lohnarbeit und Kapital, MEW, Bd. 6, S. 416.
83 Marx, Lohn, Preis, Profit, MEW, Bd. 16, S. 142.

tums, des Luxus, der gesellschaftlichen Bedürfnisse und der gesellschaftlichen Genüsse hervor. Obgleich also die Genüsse des Arbeiters gestiegen sind, ist die *gesellschaftliche Befriedigung*, die sie gewähren, gefallen im Vergleich mit den vermehrten Genüssen des Kapitalisten, die dem Arbeiter unzugänglich sind, im Vergleich mit dem Entwicklungsstand der Gesellschaft überhaupt. Unsre Bedürfnisse und Genüsse entspringen aus der Gesellschaft, wir messen sie daher an der Gesellschaft; wir messen sie nicht an den Gegenständen ihrer Befriedigung. Weil sie gesellschaftlicher Natur sind, sind sie relativer Natur.«[84]

Die Lohnarbeiter als Konsumenten

Die kapitalistische Distribution bewirkt durch tendenziell wirkende Gesetze – Lohnrate; Mehrwert- bzw. Profitrate; Grundrente –, daß der Konsumanteil des durchschnittlichen Individuums sich nach dem Produktions- und Verteilungsverhältnis (Eigentumsverhältnis) bemißt, dem es subsumiert ist, also nach seiner Klassenzugehörigkeit. Wenn also die Lohnarbeiter den Markt als Konsumenten betreten und ihnen das Kapital nicht als Käufer ihrer Arbeitskraft, sondern als Verkäufer von ihnen produzierter Waren gegenübertritt, dann ist die Entscheidung über den Anteil der Lohnarbeiterklasse von ihr hervorgebrachten Neuwertprodukt längst im Kräftefeld der Produktionsverhältnisse gefallen. Obwohl die Lohntätigen als Verbraucher sich von Konsumenten anderer Klassen scheinbar nicht unterscheiden und das Verhältnis von Lohnarbeit und Kapital in der Konsum-

84 Marx, Lohnarbeit und Kapital, MEW, Bd. 6, S. 412. »Ein Haus mag groß und klein sein, solange die es umgebenden Häuser ebenfalls klein sind, befriedigt es alle gesellschaftlichen Ansprüche an eine Wohnung. Erhebt sich aber neben dem kleinen Haus ein Palast, und das kleine Haus schrumpft zur Hütte zusammen. Das kleine Haus beweist nun, daß sein Inhaber keine oder nur die geringsten Ansprüche zu machen hat; und mag es im Laufe der Zivilisation in die Höhe schießen noch so sehr, wenn der benachbarte Palast in gleichem oder gar in höherem Maß in die Höhe schießt, wird der Bewohner des verhältnismäßig kleinen Hauses sich immer unbehaglicher, unbefriedigter, gedrückter in seinen vier Pfählen finden.« (A. a. O. S. 411) In der Gegenwart ist der »Palast« allgegenwärtig: als Reklame, die den Lohnabhängigen Bilder der Erfüllung, ein arbeitsloses und genießendes Dasein, vorspiegelt. Beschränktes Einkommen und fesselnde Arbeit aber macht ihr Dasein gegenüber den Lockungen der Reklame immer unbehaglicher, unbefriedigter, gedrückter.

tionssphäre unmittelbar nicht in Aktion tritt, vereinnahmen sich die antagonistisch-funktionalen Bestimmungen des Produktionssystems diese Sphäre als Bedingung seiner Reproduktion[85]: die Umkehrung der Rollen (Käufer: Verkäufer) dient der Perpetuation ihres funktional herrschenden Gegensatzes. Obwohl »durch den Prozeß, worin die Arbeiterklasse als Käufer und die Kapitalistenklasse als Verkäufer erscheint«[86], der Rückfluß des in Geldform vorgeschoßnen variablen Kapitals erfolgt, »tritt der Arbeiter dem shopkeeper nicht als Arbeiter dem Kapitalisten, sondern als Geld der Ware, als Käufer dem Verkäufer gegenüber. Das Verhältnis von Lohnarbeit und Kapital findet hier nicht statt. . .«[87]

In der Konsumsphäre wirkt sich aus, daß der Lohnarbeiter im Gegensatz zum Sklaven nicht selbst eine Ware ist, sondern über eine Ware (seine Arbeitskraft) bzw. über deren allgemeines Wertäquivalent (Geld) formal frei verfügen kann und damit eine relative, wenn auch problematische, unerfüllte Autonomität besitzt. In der Lohnbeziehung ist »der Arbeiter formell als Person gesetzt . . ., der noch etwas *außer seiner* Arbeit für sich ist und der seine Lebensäußerung nur veräußern kann als Mittel für sein eignes Leben.«[88] Der Arbeiter, der »seinen Gebrauchs-

85 »Wenn der Kapitalist einen Teil seines Kapitals in Arbeitskraft umsetzt, verwertet er damit sein Gesamtkapital. Er schlägt zwei Fliegen mit einer Klappe. Er profitiert nicht nur von dem, was er vom Arbeiter empfängt, sondern auch von dem, was er ihm gibt. Das im Austausch gegen Arbeitskraft veräußerte Kapital wird in Lebensmittel verwandelt, deren Konsumtion dazu dient, Muskel, Nerven, Knochen, Hirn vorhandner Arbeiter zu reproduzieren und neue Arbeiter zu zeugen. Innerhalb der Grenzen des absolut Notwendigen ist daher die Konsumtion der Arbeiterklasse Rückverwandlung der vom Kapital gegen Arbeitskraft veräußerten Lebensmittel in vom Kapital neu exploitierbare Arbeitskraft. Sie ist Produktion und Reproduktion des dem Kapitalisten unentbehrlichsten Produktionsmittels, des Arbeiters selbst. Die individuelle Konsumtion des Arbeiters bleibt also ein Moment der Produktion und Reproduktion des Kapitals, ob sie innerhalb oder außerhalb der Werkstatt, Fabrik usw., innerhalb oder außerhalb des Arbeitsprozesses vorgeht, ganz wie die Reinigung der Maschine, ob sie während des Arbeitsprozesses oder bestimmter Pausen desselben geschieht. Es tut nichts zur Sache, daß der Arbeiter seine individuelle Konsumtion sich selbst und nicht dem Kapitalisten zulieb vollzieht. So bleibt der Konsum des Lastviehs nicht minder ein notwendiges Moment des Produktionsprozesses, weil das Vieh selbst genießt, was es frißt.« Marx, Das Kapital Bd. I, MEW, Bd. 23, S. 597.

86 Marx, Das Kapital, Bd. II, MEW, Bd. 24, S. 402.

87 Marx, Theorien über den Mehrwert, Dritter Teil, MEW, Bd. 26.3, S. 285.

88 Marx, Grundrisse, S. 200.

wert gegen die allgemeine Form des Reichtums umtauscht, wird . . . Mitgenießer des allgemeinen Reichtums bis zur Grenze seines Äquivalents. . . . Er ist aber nicht an besondre Gegenstände, noch an eine besondre Weise der Befriedigung gebunden. Er ist nicht qualitativ ausgeschlossen – der Kreis seiner Genüsse, sondern nur quantitativ. Dies unterscheidet ihn vom Sklaven, Leibeignen«.[89]

Durch die Verfügung der Lohnarbeiter über Kaufkraft ergibt sich, daß zum ersten Mal in der Geschichte die Klasse der exploitierten unmittelbaren Produzenten innerhalb der Warentauschökonomie als Käufer und Konsument ins Gewicht fällt, wodurch jene ihre bis dato periphere Bedeutung verliert und universell wird. Die »relative, nur quantitativ, nicht qualitativ, und nur durch die Quantität gesetzte qualitative Beschränkung des Kreises der Genüsse der Arbeiter (gibt) ihnen auch als Konsumenten. . . eine ganz andere Wichtigkeit. . ., denn die sie z. B. in der antiken Zeit oder im Mittelalter oder in Asien besitzen und besaßen. . .«[90]

Die Käufer-Rolle des Lohnarbeiters unterscheidet sich formal in keiner Weise von der Käuferposition anderer Individuen, die ihre Revenue nicht als industriellen Arbeitslohn, sondern – direkt oder sekundär – aus dem Mehrwert beziehen. Die Käuferrolle des individuellen Konsumenten ist also nicht so klassenspezifisch wie die Situation des Lohnarbeiters als Verkäufer seiner Arbeitskraft. Alle Revenueempfänger stehen als Geldbesitzer zueinander sowie hinsichtlich der Verkäufer der Konsumtionsmittel im Verhältnis formaler Gleichheit, durch die Chance jedes Individuums ausgedrückt, für die gleiche Quantität Geld dieselbe Quantität Ware im Austausch zu erhalten. Das Marktspiel von Angebot und Nachfrage ändert, wiewohl es Konkurrenz und Differenzierung auf beiden Seiten bewirkt, nichts am Tatbestand der formalen Marktgleichheit, sondern realisiert diese als Ausdruck der zugrunde liegenden gesellschaftlichen Ungleichheit der Verteilung: nur das in Geld ausgemünzte Bedürfnis, nicht das tatsächliche des lebendigen Individuums, zählt beim Kauf. Die *Gesellschaft* – wie sie dem Standpunkt der formalen Marktegalität erscheint – »ist die *bürgerliche* Gesellschaft, worin jedes Individuum ein Ganzes von Bedürfnissen ist und es nur für den Andern, wie der Andre nur für es da ist, insofern sie

89 A. a. O. S. 194.
90 A. a. O.

sich wechselseitig zum Mittel werden.«[91] Der Lohnarbeiter als besonderer Warenverkäufer ist als Käufer Konsument wie jeder andere, den frustrierenden, korrumpierenden Wirkungen ausgesetzt, die sich aus der Verdinglichung des Konsums ergeben. »Da das Geld nicht gegen eine bestimmte Qualität, gegen ein bestimmtes Ding, menschliche Wesenkräfte, sondern gegen die ganze menschliche und natürliche gegenständliche Welt sich austauscht, so tauscht es also – vom Standpunkt seines Besitzers angesehn – jede Eigenschaft gegen jede – auch ihr widersprechende Eigenschaft und Gegenstand – aus; es ist Verbrüderung der Unmöglichkeiten, es zwingt das sich Widersprechende zum Kuß. ... Als diese *verkehrende* Macht erscheint es dann auch gegen das Individuum und gegen die gesellschaftlichen Bande, die für sich Wesen zu sein behaupten. Es verwandelt die Treue in Untreue, die Liebe in Haß, den Haß in Liebe, die Tugend in Laster, das Laster in Tugend, den Knecht in den Herrn, den Herrn in den Knecht, den Blödsinn in Verstand, den Verstand in Blödsinn. . .«.[92] Da nicht der schlichte Tausch zur gegenseitigen Übereignung von Gebrauchmitteln den kapitalistischen Markt bestimmt, sondern es hier um die Realisierung des Mehrwertes geht, wird die durch die allgemeine Ware Geld bedingte allgemeine Verkehrung und Auswechselbarkeit durch die allenthalben wirkende und projizierte Profit-Tendenz überhöht. Auch dabei handelt es sich um eine allgemeine Marktbedingung, der der Arbeiter als kaufender Konsument ebenso ausgesetzt ist wie jeder andere. Auch er muß dem Prinzip *»Haben«*, dessen reduzierenden und entleerenden Wirkungen, mehr oder weniger verfallen. »An die Stelle *aller* physischen und geistigen Sinne ist daher die einfache Entfremdung *aller* dieser Sinne, der Sinn des *Habens* getreten . . .«.[93]

Jedes neue Produkt, das auf den Markt kommt, ist in dieser Dimension von Verdinglichung und Selbstentfremdung, von Universaltausch und unbegrenzter »Plusmacherei«, eine »neue *Potenz* des wechselseitigen Betruges und der wechselseitigen Ausplünderung«.[94] Alle Bedürfnisse erschöpfen sich im Bedürfnis des Geldes: damit werden Abstraktion und Quantifizierung des Lebens für alle Marktteilnehmer zu bestimmenden Zwängen.

---

91 Marx, Ökonomisch-philosophische Manuskripte, MEW, Ergänzungsband 1. Teil, S. 557.
92 A. a. O. S. 566 f.
93 A. a. O. S. 540.
94 A. a. O. S. 547.

Während der Lohnarbeiter mit dem zur Kapitalistenklasse zählenden Konsumenten formal zwar die Käufereigenschaft gemeinsam hat, verfügt er im Gegensatz zu jenem als Verkäufer über kein Produkt – vor allem kein fremdes –, da er nicht über seine Produktionsmittel verfügt. Er ist dem Sog der Waren- und Kapitalwelt im Konsumbereich ganz auf der passiven Seite ausgesetzt, während der ihm äußerlich gleichgestellte Verbraucher aus kapitalistischen Kreisen in der Rolle des Privateigentümers der Gesamtheit der Konsumenten offensiv gegenübertritt »und ein Eunuche schmeichelt nicht niederträchtiger seinem Despoten und sucht durch keine infameren Mittel seine abgestumpfte Genußfähigkeit zu irritieren, um sich selbst eine Gunst zu erschleichen, wie der Industrieeunuche, der Produzent um sich Silberpfennige zu erschleichen, aus der Tasche des christlich geliebten Nachbarn die Goldvögel herauszulocken. . .«.[95]

Nationale Differenzen innerhalb der Lohnarbeiterklasse

Marx hat hervorgehoben, daß die Lohnarbeiterklasse der »großen Industrie« und des etablierten »kapitalistischen Produktionssystems« internationale Dimension gewonnen hat, während die Kapitalistenklasse trotz bzw. gerade vermittels ihres kosmopolitischen Aktions- und Konkurrenz-Areals auf nationalterritoriale Zusammenfassung fixiert ist. Die große Industrie »erzeugte insoweit erst die Weltgeschichte, als sie jede zivilisierte Nation und jedes Individuum darin in der Befriedigung seiner Bedürfnisse von der ganzen Welt abhängig machte und die bisherige naturwüchsige Ausschließlichkeit einzelner Nationen vernichtete. . Sie erzeugte im Allgemeinen überall dieselben Verhältnisse zwischen den Klassen der Gesellschaft und vernichtete dadurch die Besonderheit der einzelnen Nationalitäten. Und endlich, *während die Bourgeoisie jeder Nation noch aparte nationale Interessen behält,* schuf die große Industrie eine *Klasse, die bei allen Nationen dasselbe Interesse* hat und bei der die Nationalität schon vernichtet ist, eine Klasse, die wirklich die ganze alte Welt los ist und zugleich ihr gegenübersteht . . .«[96]
Im »Kommunistischen Manifest« heißt es, daß die Arbeiter kein

95 A. a. O. S. 547.
96 Marx/Engels, Die deutsche Ideologie, MEW, Bd. 3, S. 60.

Vaterland haben und man ihnen nicht nehmen kann, was sie nicht haben. Auch später haben Marx und Engels daran festgehalten, daß allein die Arbeiterklasse eine aktive Widerstandskraft gegen den nationalen Schwindel bildet.

Dem stehen aber nationale oder rassische Unterschiede unter den Lohnarbeitern entgegen. Die Lohnarbeiter aus miteinander konkurrierenden bzw. kriegführenden kapitalistischen Nationen, sind zur Unterstützung ihrer nationalen Bourgeoisie angehalten. Unter frühkapitalistischen Verhältnissen liegt hierin auch ein fortschrittliches Moment.

»Die Kollisionen der alten Gesellschaft überhaupt fördern mannigfach den Entwicklungsgang des Proletariats. Die Bourgeoisie befindet sich in fortwährendem Kampfe: anfangs gegen die Aristokratie; später gegen die Teile der Bourgeoisie selbst, deren Interessen mit dem Fortschritt der Industrie in Widerspruch geraten; stets gegen die Bourgeoisie aller auswärtigen Länder. In allen diesen Kämpfen sieht sie sich genötigt, an das Proletariat zu appellieren, seine Hilfe in Anspruch zu nehmen und es so in die politische Bewegung hineinzureißen. Sie selbst führt also dem Proletariat ihre eigenen Bildungselemente, d. h. Waffen gegen sich selbst, zu.«[97]

Andrerseits hebt Marx hervor, daß die Konkurrenz unter den Nationen, in die die Lohnarbeiter involviert werden, als Ausdruck der kapitalistischen Produktionsweise mit dem Klassengegensatz steht und fällt. »In dem Maße, wie die Exploitation des einen Individuums durch das andere aufgehoben wird, wird die Exploitation einer Nation durch die andere aufgehoben. Mit dem Gegensatz der Klassen im Innern der Nationen fällt die feindliche Stellung der Nationen gegeneinander.«[98]

Die kolonialistische Unterwerfung rückständiger Länder durch entwickelte kapitalistische Nationen hat auf die Beziehungen unter den Lohnarbeitern der betroffenen Länder so beträchtlichen Einfluß, daß Marx und Engels sogar von »Bourgeoisievölkern« sprechen, die die orientalischen »Bauernvölker« von sich abhängig gemacht haben. Dennoch besteht ein Zusammenhang zwischen der Lage der Arbeiter der kolonialen Länder und des europäischen Mutterlandes: die ersteren bezahlen die Verbesserung der Lage der letzteren. Es waren »Millionen Arbeiter, . . .

97 Marx/Engels, Manifest, MEW, Bd. 4, S. 471.
98 A. a. O. S. 479.

die in Ostindien umkommen mußten, damit den 1 - 1/2 Millionen in der gleichen Industrie in England beschäftigter Arbeiter drei Jahre Prosperität auf zehn verschafft würden.«[99] Überhaupt »bedurfte die verhüllte Sklaverei der Lohnarbeiter in Europa zum Piedestal die Sklaverei sans phrase in der neuen Welt«.[100] In den Ländern kolonialistischer Unterdrückung und damit verbundener rassischer Diskriminierung sind auch die privilegierten weißen Arbeiter unfrei: »Die Arbeit in weißer Haut kann sich nicht dort emanzipieren, wo sie in schwarzer Haut gebrandmarkt wird.«[101]

»Schließlich widerholt sich im England unserer Tage das, was uns das alte Rom in ungeheurem Maßstab zeigte. Das Volk, das ein anderes Volk unterjocht, schmiedet seine eigenen Ketten.«[102] Diese Äußerung bezieht Marx bei der Analyse nationaler Divergenzen innerhalb der Arbeiterklasse eines entwickelten kapitalistischen Landes auf die »irische Frage«. Er erblickt in der Unfreiheit des irischen Volkes ein entscheidendes Hindernis für die gesellschaftliche Formierung und Emanzipation der Lohnarbeiterklasse in England. Diese zerfällt in zwei konkurrierende Na-

---

99 Marx, Das Elend der Philosophie, a. a. O. S. 123 f.

100 Marx, Das Kapital, Bd. I, MEW, Bd. 23, S. 787. Der Kapitalismus wird durch die Herstellung des Weltmarkts ein internationales System. »Gewaltsame Plünderung, Seeraub, Sklavenraub« waren von Anfang an wichtige Hebel seiner Entfaltung. »Die Entdeckung der Gold- und Silberländer in Amerika, die Ausrottung, Versklavung und Vergrabung der eingeborenen Bevölkerung in die Bergwerke, die beginnende Eroberung von Ostindien, die Verwandlung von Afrika in ein Geheg zur Handelsjagd auf Schwarzhäute, bezeichnen die Morgenröte der kapitalistischen Produktionsära. Diese idyllischen Prozesse sind Hauptmomente der ursprünglichen Akkumulation«, heißt es im Kapital, a. a. O. S. 779. Die Ausbeutung im internationalen Maßstab schmiedet ihre schärfste Waffe aber erst in der großen Industrie. Hat sie die Produktion eines Landes untergeordnet, so »erwirbt diese Betriebsweise eine Elastizität, eine plötzliche sprunghafte Ausdehnungsfähigkeit«, sagt Marx in einer Skizze des Industrialisierungsprozesses, a. a. O. S. 474 f., »die nur an dem Rohmaterial und dem Absatzmarkt Schranken findet. ...Wohlfeilheit des Maschinenprodukts und des umgewälzten Transport- und Kommunikationswesens (werden) Waffen zur Eroberung fremder Märkte. Durch den Ruin ihres handwerksmäßigen Produkts verwandelt der Maschinenbetrieb sie zwangsweise in Produktionsfelder seines Rohmaterials. ... Es wird eine neue, den Hauptsitzen des Maschinenbetriebs entsprechende internationale Teilung der Arbeit geschaffen, die einen Teil des Erdballs in vorzugsweise agrikoles Produktionsfeld für den andern als vorzugsweise industrielles Produktionsfeld umwandelt.«

101 Marx, Das Kapital, Bd. I, MEW, Bd. 23, S. 318.

102 Marx, Der Generalrat an den Föderalrat der romanischen Schweiz, MEW, Bd. 16, S. 389.

tionalitäten, weil der Zustrom der unter den halbkolonialen Bedingungen Irlands ruinierten irischen Landbewohner in die englischen Fabrikstädte bei den einheimischen Arbeitern als lohndrückende Konkurrenz empfunden wird.

»Irland liefert durch die beständig zunehmende Konzentration der Pachten beständig sein surplus für den englischen Labour market und drückt dadurch wages und materielle und moralische Position der English working class herab. Und das Wichtigste! Alle industriellen und kommerziellen Zentren Englands besitzen jetzt eine Arbeiterklasse, die in zwei *feindliche* Lager *gespalten* ist, englische proletarians und irische proletarians. Der gewöhnliche englische Arbeiter haßt den irischen Arbeiter als einen Konkurrenten, welcher den standard of life herabdrückt. Er fühlt sich ihm gegenüber als Glied der *herrschenden Nation* und macht sich ebendeswegen zum Werkzeug seiner Aristokraten und Kapitalisten *gegen* Irland, befestigt damit deren Herrschaft *über sich selbst*. Er hegt religiöse, soziale und nationale Vorurteile gegen ihn. Er verhält sich ungefähr zu ihm wie die poor whites zu den niggers in den ehemaligen Sklavenstaaten der amerikanischen Union. Der Irländer pays him back with interest in his own money. Er sieht zugleich in dem englischen Arbeiter den Mitschuldigen und das stupide Werkzeug der *englischen Herrschaft in Irland*. Dieser Antagonismus wird künstlich wach gehalten und gesteigert durch die Presse, die Kanzel, die Witzblätter, kurz alle den herrschenden Klassen zu Gebot stehenden Mittel. *Dieser Antagonismus* ist das *Geheimnis der Ohnmacht der englischen Arbeiterklasse*, trotz ihrer Organisation. Er ist das Geheimnis der Machterhaltung der Kapitalistenklasse. Letztre ist sich dessen völlig bewußt.«[103]

---

103 Marx an Sigfrid Meyer und August Vogt, 9. April 1870, Briefe, MEW, Bd. 32, S. 668 f. Eine solche Spaltung der Arbeiterklasse in feindliche Lager bewirkt heute in Westeuropa das Import-Export-Geschäft mit »Gastarbeitern«, wie die ausländischen Arbeiterkontingente zynisch genannt werden. Spanien, Italien, Griechenland, die Türkei stellen den reicheren Ländern Westeuropas eine industrielle Reservearmee zur Disposition, mit der nicht zuletzt Lohnsteigerungen abgewehrt werden können. Das Verhältnis von England, der »Metropole des Kapitals« zu seiner irischen Kolonie reproduziert sich heute im Verhältnis der Metropolen zur Dritten Welt. »Zieht morgen die englische Polizei und Armee aus Irland ab, und Ihr habt sofort an agrarian revolution ... Der Sturz der englischen Aristokratie in Irland bedingt aber und hat notwendig zur Folge ihren Sturz in England. Damit wäre die Vorbedingung der proletarischen Revolution in England erfüllt. Weil in Irland die *Landfrage* bis jetzt die *ausschließliche Form* der sozialen Frage, eine *Frage*

Marx und Engels haben kaum etwas über die sozialpsychologischen Aspekte der kapitalistischen Konkurrenz ausgesagt, auch das Problem unberührt gelassen, inwieweit nicht »naturwüchsige« Gemeinschaftsbildungen wie Familienkonnex, Nationalität etc. innerhalb des Kampfes zwischen Kapitalisten und Lohnarbeitern in den Dienst der Klassenherrschaft genommen werden. Sie begreifen Unterschiede des Nationalcharakters (z. B. den »leidenschaftlicheren und mehr revolutionären Charakter der Irländer als der Engländer«[104]) als bedingt »durch zahllos verschiedne empirische Umstände, Naturbedingungen, Rassenverhältnisse, von außen wirkende geschichtliche Einflüsse«.[105]
Die Lohnarbeiterklasse hat für Marx aufgrund ihrer sich universell angleichenden Produktionsverhältnisse internationale Dimension, ob sie diese nun »für sich« realisiert oder nicht. Jedoch muß das Proletariat im Kampf um die soziale Hegemonie sich zunächst »zur nationalen Klasse erheben, sich selbst als Nation konstituieren.«[106] »Obgleich nicht dem Inhalt, ist der Form nach der Kampf des Proletariats gegen die Bourgeoisie zunächst ein nationaler. . .«.[107] Seine Intensität hängt davon ab, ob zwischen nationalen Arbeiterklassen Kommunikation und Solidarität sich entwickelt hat.

4. *Differenzierung der Lohnarbeiterklasse im Verhältnis zur Wertschöpfung*

Im Lohnverhältnis stehen, äußerlich gesehen, sehr verschiedene Gruppen, wie Landarbeiter, staatliche Bedienstete, Handlungsgehilfen oder Hausangestellte. Zählen alle Lohnempfänger zur Arbeiterklasse? Oder nur derjenige Teil, der Mehrwert schafft?

---

von Leben oder Tod für die immense Mehrheit des irischen Volkes ist, weil sie zugleich unzertrennlich von der *nationalen* Frage ist, ist die Vernichtung der englischen Grundaristokratie in Irland eine unendlich leichtere Frage als in England selbst. ... Das einzige Mittel«, die soziale Revolution in England »zu beschleunigen, ist die Unabhängigkeitsmachung Irlands. Daher Aufgabe der Internationale, überall den Konflikt zwischen England und Irland in den Vordergrund zu stellen, überall für Irland offen Partei zu ergreifen, ... das Bewußtsein in der englischen Arbeiterklasse wachzurufen, daß die *nationale Emanzipation Irlands für sie ... the first condition of their own social emancipation.«*

104 A. a. O.
105 Marx, Das Kapital, Bd. III, MEW, Bd. 25, S. 800.
106 Marx/Engels, Manifest, MEW, Bd 4, S 479
107 A. a. O. S. 473.

Zwar fließen die Einkommen aller Lohntätigen aus dem jährlichen Neuwertprodukt (Volkseinkommen), aber ihre unterschiedlichen Verhältnisse zum Produktionsprozeß als Wertschöpfungsprozeß stellen sich dar als verschiedene Einkommensquellen. Marx verzeichnet folgende Kategorien von Lohnempfängern: (1) *mehrwertproduktive Arbeiter* in Landwirtschaft, Industrie, Transport; (2) *mehrwertrealisierende Zirkulationsarbeiter* im Handel, bei den Banken und Versicherungen; (3) *öffentliche Bedienstete;* (4) *private Bedienstete.* In jedem Fall bilden die Lohneinkommen einen Abzug vom Gesamtmehrwert, der quotenmäßig den einzelnen Kapitalisten zufällt. Der Lohnfonds, dessen Größe in umgekehrter Proportion zum Volumen des Gesamtmehrwerts steht, macht aber nur einen Teil der gesamten, allen abhängig Arbeitenden zufallenden Lohnsumme aus. Aus dem primären Lohnfonds, dem variablen Kapital, werden nur die produktiven, also Waren produzierenden und Wert schaffenden Arbeitskräfte bezahlt. Alle übrigen, in diesem Sinn unproduktiven Arbeiter beziehen ihren Lohn aus dem Gesamtmehrwert. Dieser Unterschied der Einkommensquelle kann zwischen Tätigkeiten bestehen, die sich nach Qualifikation und Vollzug gar nicht voneinander unterscheiden, entscheidend ist nur, ob Arbeit sich in einen marktgängigen Warenwert ummünzen läßt, also Mehrwert enthält und Profit einbringt. So sehr dieser Produktivitätsbegriff die industrielle Lohnarbeit abhebt von vorkapitalistischen Produktionsweisen einerseits, von administrativen, repressiven und parasitären Funktionen andererseits – so beschränkt und irrational erweist er sich angesichts von gesellschaftlichen Dienstleistungen durch Schulen, Gesundheitswesen oder Massenkommunikationsmittel, die dem Anspruch der Kapitalökonomie, alle Produkte stückweis über den Markt zu verteilen, bereits im Kapitalismus entwachsen sind.

Produktive und unproduktive Lohnarbeiter

Wo immer Marx von Arbeiterklasse und Proletariat spricht – meistens sind damit die unmittelbaren Produzenten, die mehrwertschaffenden Lohnarbeiter gemeint, die von industriellen Kapitalisten ausgebeutet werden. »Alle dritten Personenrubriken müssen entweder für Dienstleistungen Geld von diesen beiden Klassen erhalten, oder soweit sie es ohne Gegenleistung erhal-

ten, sind sie Mitbesitzer des Mehrwerts in der Form von Rente, Zins etc.«[108] Der Klasse der Produzenten, die den gesamten Mehrwert produziert, also die Einkommen aller anderen Gesellschaftsmitglieder, anzugehören, bedeutet eine besondere Degradation, einen Fluch: »Der Begriff des produktiven Arbeiters schließt . . . keineswegs bloß ein Verhältnis zwischen Tätigkeit und Nutzeffekt, zwischen Arbeiter und Arbeitsprodukt ein, sondern auch ein spezifisch gesellschaftliches, geschichtlich entstandenes Produktionsverhältnis, welches den Arbeiter zum unmittelbaren Verwertungsmittel des Kapitals stempelt. Produktiver Arbeiter zu sein, ist daher kein Glück, sondern ein Pech.«[109]
Wenn Marx meistens nur die unmittelbaren Produzenten als Arbeiterklasse bezeichnet, als die entscheidende Kraft der sozialen Revolution, so folgt das ihrer Stellung im Produktionsprozeß und der damit verbundenen Arbeitsqual und Verelendung. »An die Stelle der formellen« tritt nur bei den unmittelbaren Produzenten »die reelle Subsumtion der Arbeit unter das Kapital«[110], die reelle Verwandlung der Arbeit in Kapital, die Schaffung von Mehrwert als Materiatur unbezahlter Arbeit; die Aussaugung lebendiger Arbeit durch den »Werwolfs-Heißhunger nach Mehrarbeit«[111], und den »Vampirdurst nach lebendigem Arbeitsblut«[112]; der systematische Raub an den Lebensbedingungen des Arbeiters während der Arbeit; die Scheidung der geistigen Potenzen des Produktionsprozesses von der Handarbeit, die Verwandlung von Tätigkeit in Tortur.
Gegenüber der informalen, durch die allgemeine Profitrate vermittelten Korporation der Kapitalisten bilden die produktiven Lohnarbeiter die Zwangskorporation der Mehrwerterzeuger, auf deren austauschbarer Arbeit jene beruht. Jeder einzelne Kapitalist nimmt an der Ausbeutung aller produktiven Lohnarbeiter durch das Gesamtkapital teil, weil sein Durchschnittsprofit vermittelt ist durch den Ausgleich aller Profitraten, der auf Ausgleichung der Löhne beruht. Dem Gesamtmehrwert steht der Gesamtarbeitslohn gegenüber, das variable Kapital als kollektiver Subsistenzfundus der produktiven Lohnarbeiter. Daher gehört der produktive Lohnarbeiter nicht diesem oder jenem ein-

108 Marx, Das Kapital, Bd. II, MEW, Bd. 24, S. 334 f.
109 Marx, Das Kapital, Bd. I, MEW, Bd. 23, S. 533.
110 A. a. O.
111 A. a. O. S. 280.
112 A. a. O. S. 270.

zelnen Arbeitsherrn, wie der Sklave oder Leibeigene, sondern als Kollektivbesitz der gesamten Kapitalistenklasse. »In der Tat gehört der Arbeiter dem Kapital, bevor er sich dem Kapitalisten verkauft. Seine ökonomische Hörigkeit ist zugleich vermittelt und zugleich versteckt durch die periodische Erneuerung seines Selbstverkaufs, den Wechsel seiner individuellen Lohnherrn und die Oszillation im Marktpreise der Arbeit.«[113]

Die Kollektivität der Lohnarbeiter erweist sich also als ein verdinglichtes Produktionsverhältnis: im Existenzdruck, den Lohnarbeit als ökonomische Institution auf die konkreten Individuen ausübt. Zwar kann möglicherweise »der einzelne Arbeiter aufhören das Fürsichsein der Arbeit zu sein; er kann Geld erben, stehlen etc. Aber dann hört er auf *Arbeiter* zu sein. Als Arbeiter ist er nur die für sich seiende Arbeit.«[114] Jene im Lohnarbeitsverhältnis institutionalisierte Kollektivität verwirklicht sich im betrieblichen und im gesamtwirtschaftlichen Zusammenhang der Arbeit als kollektive Produktivkraft: als *gesellschaftlicher Gesamtarbeiter.* In vorkapitalistischen Gesellschaften existiert in der massenhaften *Kooperation* von Sklaven oder Fronarbeitern eine einfache Gestalt solcher kollektiven Produktivkraft. Ihre spezifische Gestalt als »Grundform der kapitalistischen Produktionsweise«[115] erhält die Kooperation in der Technisch durch Maschinen vermittelten Kombination der Arbeitskräfte.

»Je mehr die Produktion noch auf bloßer Handarbeit beruht, Anwendung der Muskelkraft etc., kurz der körperlichen Anstrengung und Arbeit der einzelnen, desto mehr besteht die Erhöhung der *Produktivkraft* in ihrem *massenhaften* Zusammenarbeiten... Das Kapital in seiner wahren Entwicklung kombiniert die Massenarbeit mit dem Geschick, aber so daß die erste ihre physische Macht verliert und das Geschick nicht im Arbeiter, sondern in der Maschine existiert und der durch wissenschaftliche Kombination mit der Maschine als Ganzes wirkenden factory. Der gesellschaftliche Geist der Arbeit erhält eine objektive Existenz außer den einzelnen Arbeitern.«[116]

Im Kapitalismus ist die Massenkooperation nicht erfunden, aber aus primitiven und zufallsmäßigen Bedingungen herausgelöst worden. Im betrieblichen wie im gesellschaftlichen Zusammen-

---

113 A. a. O. S. 603.
114 Marx, Grundrisse, S. 211.
115 Marx, Das Kapital, Bd. I, MEW, Bd. 23, S. 345.
116 Marx, Grundrisse, S. 427 f.

hang ist die Kollektivität der Lohnarbeiter das Produktivitätspotential des Kapitals. Da die Kombination der vereinzelten Arbeiter zum Gesamtarbeiter immer nur mit deren Eintritt in den betrieblichen Arbeitsprozeß hergestellt wird, tritt das Kapital als Verkörperung der assoziierten Kräfte der Arbeit in Erscheinung. »Es handelt sich hier nicht nur um Erhöhung der individuellen Produktivkraft, die an und für sich Massenkraft sein muß.«[117] Weil die Produktionsmittel Kapitalcharakter haben, ist den produktiven Lohnarbeitern ihre eigene Gemeinschaft entzogen. Dieser Widerspruch zwischen dem gesellschaftlichen Charakter der Arbeit und der partikularen Form ihrer Aneignung bringt den Widerspruch zwischen arbeitstechnischer Rationalität der Kooperation und despotisch-hierarchischer Betriebsorganisation hervor.

»Wenn daher die kapitalistische Leitung dem Inhalt nach zwieschlächtig ist, wegen der Zwieschlächtigkeit des zu leitenden Produktionsprozesses selbst, welcher einerseits gesellschaftlicher Arbeitsprozeß... andererseits Verwertungsprozeß des Kapitals, so ist sie der Form nach despotisch. Mit der Entwicklung der Kooperation auf größerem Maßstab entwickelt dieser Despotismus seine eigentümlichen Formen.« Der Kapitalist tritt nämlich »die Funktion unmittelbarer und fortwährender Beaufsichtigung der einzelnen Arbeiter und Arbeitergruppen selbst wieder ab an eine besondre Sorte von Lohnarbeitern. Wie eine Armee militärischer, bedarf eine unter dem Kommando desselben Kapitals zusammenwirkende Arbeitermasse industrieller Oberoffiziere (Dirigenten, managers) und Unteroffiziere (Arbeitsaufseher, foremen, overlookers, contre-maîtres)... Die Arbeit der Oberaufsicht befestigt sich zu ihrer ausschließlichen Funktion.«[118]

Mit fortschreitender Konzentration und Zentralisation wird auch die Leitungstätigkeit arbeitsteilig und kooperativ organisiert. Infolge der steigenden organischen Zusammensetzung des Kapitals verlagern sich andererseits immer mehr Tätigkeiten aus der unmittelbaren Produktion in die Produktionsvorbereitung. Je weiter die gesellschaftliche Produktivkraft der Arbeit sich entwickelt, um so mehr treten neben und an die Stelle der produktiven Lohnarbeiter die mittelbaren Produzenten. »Mit dem kooperativen Charakter des Arbeitsprozesses selbst erweitert sich

117 Marx, Das Kapital, Bd. I, MEW, Bd. 23, S. 345.
118 A. a. O. S. 351.

daher notwendig der Begriff der produktiven Arbeit und ihres Trägers, des produktiven Arbeiters. Um produktiv zu arbeiten, ist es nun nicht mehr nötig, selbst Hand anzulegen; es genügt, Organ des Gesamtarbeiters zu sein, irgendeine seiner Unterfunktionen zu vollziehn.«[119] Die Verlagerung von unmittelbaren zu vermittelnden Tätigkeiten bewirkt, daß technische und wissenschaftliche Arbeit direkt »Mehrwert für den Kapitalisten produziert oder zur Selbstverwertung des Kapitals dient«, also im kapitalistischen Sinn produktive Arbeit wird.[120] In der Tendenz »verschwindet die unmittelbare Arbeit und ihre Quantität als das bestimmende Prinzip der Produktion. . . und wird sowohl quantitativ zu einer geringen Proportion herabgesetzt, wie qualitativ als ein zwar unentbehrliches, aber subalternes Moment gegen die allgemeine wissenschaftliche Arbeit, technologische Anwendung der Naturwissenschaften nach der einen Seite, wie gegen die aus der gesellschaftlichen Gliederung in der Gesamtproduktion hervorgehende allgemeine Produktivkraft.«[121]

Die Methoden und Potenzen gesellschaftlicher und technologisch-wissenschaftlicher Kombination werden kostenlos vom Kapital annektiert. In der kapitalistischen Welt zählt nur die Wertproduktion als gesellschaftliche Form der Arbeit, während deren gesellschaftlich-konkreter Zusammenhang verhüllt bleibt. Der Fetisch Warenwert, Geld, Kapital verschleiert den Gesellschaftsprozeß, den er dinglich verkörpert. In allen ihren Aggregaten wird Gesellschaft ökonomisch negiert. Dieser befremdliche Umstand, daß die in hohem Maße vergesellschaftete Produktion nur im förmlichen Gegenteil von Sozialität zum Ausdruck kommt, affirmiert den Antagonismus zwischen gesellschaftlicher Arbeit und partikularer Aneignung. Zu den kostenlos angeeigneten sozialen Produktivkräften rechnen neben der Organisation im Produktionsprozeß (Spezialisierung, Kombination, Kooperation, Vermittlung) die *Produktivkraft Wissenschaft* (allgemeine Arbeit) sowie alle sozialen Aggregate, die Einfluß auf die Entwicklung der Produktivkraft der Arbeit nehmen: nicht zuletzt die Gewaltmittel des Staates und die Überlieferung von Wissen und Technologie. Die Gesellschaft als Produktivkraft erscheint

119 A. a. O. S. 531.
120 A. a. O. S. 532.
121 Marx, Grundrisse, S. 587.

nur in verdinglichter Gestalt: fetischisiert als Geld, spiritualisiert als Geist, von sich selbst separiert als Staat.

Unterm Aspekt fortschreitender Vergesellschaftung der Arbeit bestimmt sich das *Verhältnis zwischen produktiven und unproduktiven Arbeitern* als Vermittlung der materiellen Produktion durch Zirkulation, sowie als Vermittlung von beidem durch gesamtgesellschaftliche Reproduktionsfunktionen. »... productive and inproductive labourers im engren Sinn« beziehen sich auf »alle Arbeit, die in die Produktion von *Ware* (Produktion hier umfassend alle Akte, die die Ware zu durchlaufen vom first producer bis consumer) eingeht, welcher Art sie immer sei, Handarbeit oder nicht (wissenschaftliche) und solche, die nicht darin eingeht, deren Zweck und Ziel nicht die Produktion von Ware. Diese Unterscheidung muß festgehalten werden, und der Umstand, daß alle andren Sorten Tätigkeit rückwirkend auf material production und vice versa, ändert absolut nichts an der Notwendigkeit der Unterscheidung.«[122]

Den verschiedenen Arten sozialer Vermittlungstätigkeit entsprechen unterschiedliche Einkommensquellen. Lohntätige in Leitungsfunktionen oder im Zirkulationsprozeß beziehen ihre Einkommen aus jenem Profitanteil, der ihren Kapitalisten als Durchschnittsprofit aus dem Gesamtmehrwert der Kapitalistenklasse zufällt. Lohntätige, die private Dienste verrichten, also Bedienstete, beziehn ihre Einkommen aus der Revenue einzelner Privilegierter. Lohntätige schließlich, die für die Gesellschaft insgesamt Dienste leisten, werden entweder aus privaten Einkommen bezahlt, wie Ärzte und Rechtsanwälte, oder aus Steuern, wie Lehrer. Lohntätige im Staatsdienst, wie alle Arten von Beamten, leben vom Gesamtmehrwert, denn Steuern haben Mehrwertcharakter, gleichviel ob sie aus Mehrwerteinkommen stammen oder vom Arbeitslohn der unmittelbaren Produzenten abgezogen sind. Insgesamt rechnet der Kostenaufwand für die verschiedenen Arten von Vermittlungstätigkeit als *faux frais de production*, welche die notwendigen Geschäftsunkosten der kapitalistischen Reproduktion darstellen: bloße Kosten, unproduktive Verausgabung, sei es lebendiger, sei es vergegenständlichter Arbeit. Nicht nur Ausgaben für öffentliche bzw. staatliche Institutionen, nicht nur Zirkulationskosten, auch individueller Luxus-

122 Marx, Theorien über den Mehrwert, Dritter Teil, MEW, Bd. 26.3., S. 424 f.

konsum bildet eine unproduktive, aber notwendige Verauslagung, ganz im Sinne des von Veblen geprägten Begriffs der conspicuous consumption: »Auf einer gewissen Entwicklungshöhe wird ein konventioneller Grad von Verschwendung, die zugleich Schaustellung des Reichtums und daher Kreditmittel ist, sogar zu einer Geschäftsnotwendigkeit des ›unglücklichen‹ Kapitalisten. Der Luxus geht in die Repräsentationskosten des Kapitals ein.«[123] Schließlich bildet die Vergeudung menschlicher Produktivkraft selbst einen Hauptbestandteil des Kostenaufwands: »Während die kapitalistische Produktionsweise in jedem individuellen Geschäft Ökonomie erzwingt, erzeugt ihr anarchisches System der Konkurrenz die maßloseste Verschwendung der gesellschaftlichen Produktionsmittel und Arbeitskräfte, neben einer Unzahl jetzt unentbehrlicher, aber an und für sich überflüssiger Funktionen.«[124] »Die kapitalistische Produktion ist überhaupt, bei aller Knauserei, durchaus verschwenderisch mit dem Menschenmaterial«, so daß sie »auf der einen Seite für die Gesellschaft verliert, was sie auf der andern für den einzelnen Kapitalisten gewinnt.«[125] Freilich fällt die Verschwendung »von Menschen, von lebendiger Arbeit, ... nicht nur von Fleisch und Blut, sondern auch von Nerven und Hirn«[126] nicht mehr unter den Begriff der toten Kosten, stellt sie doch gerade eine mehrwertsteigernde Ersparnis an den gesellschaftlichen Arbeitsbedingungen auf Kosten der Arbeiter dar. Die Beschränktheit des kapitalistischen Verstandes von Produktivität bzw. Verschwendung wird ebenso deutlich im Hinblick auf gesellschaftlich notwendige, jedoch nicht mehrwertproduktive Vermittlungstätigkeit.

Reproduktive und dienende Lohnarbeiter

Nach dem Marxschen Begriff der produktiven Arbeit rechnen die in der Zirkulationssphäre gleicherweise wie die im Dienst-

---

123 Marx, Das Kapital, Bd. I, MEW, Bd. 23, S. 620. Wegen der immensen Erhöhung der toten Kosten im Spätkapitalismus ist dieser auch »Vergeudungskapitalismus« genannt worden im Unterschied zum »Anlage«- und »Ausfuhr«-Kapitalismus des 19. Jahrhunderts. Zur Analyse der toten Kosten vgl.: Natalie Moszkowska, Zur Dynamik des Spätkapitalismus, Zürich/New York 1943, vor allem Dritter Teil; Paul A. Baran/Paul M. Sweezy, Monopolkapital, Ffm. 1967.

124 Marx, Das Kapital, Bd. I, MEW, Bd. 23, S. 552.

125 Marx, Das Kapital, Bd. III, MEW, Bd. 25, S. 97.

126 A. a. O. S. 99.

leistungsbereich Beschäftigten zur Kategorie der unproduktiven Lohnarbeiter. Wo Marx förmlich von einer besonderen »Klasse« unproduktiver Arbeiter spricht, bezieht er sich freilich nur auf die in privatem und öffentlichem Dienst Lohntätigen. Die zwieschlächtige Stellung der kommerziellen Lohnarbeiter zwischen »dieser dienenden und der arbeitenden Klasse«[127] erwächst aus dem Verhältnis von Zirkulations- und Produktionsprozeß. »Die Zirkulation ist ebenso notwendig bei der Warenproduktion wie die Produktion selbst, also die Zirkulationsagenten ebenso nötig wie die Produktionsagenten. Der Reproduktionsprozeß schließt beide Funktionen des Kapitals ein, also auch die Notwendigkeit der Vertretung dieser Funktionen, sei es durch den Kapitalisten selbst, sei es durch Lohnarbeiter, Agenten desselben.«[128] Gegenüber der dienenden Klasse ist den industriellen und den kommerziellen Lohnarbeitern die reproduktive Tätigkeit gemeinsam. Zwar schafft die kommerzielle Lohnarbeit keine Werte,[129] also auch nicht Mehrwert; vielmehr rechnen die Zirkulationskosten zu den unumgänglichen Geschäftsunkosten, zu den faux frais de production. Sofern rationelle Austauschoperationen »diese faux frais vermindern, fügen sie der Produktion zu, nicht dadurch, daß sie Wert schaffen, sondern die Negation der geschaffenen Werte vermindern. . . . Befähigen sie die Produzenten, mehr Werte zu schaffen, als sie ohne diese Teilung der Arbeit könnten« – durch Verringerung der Umschlagzeit und damit einhergehender Verkürzung des Produktionszyklus – »so haben sie faktisch die Produktion vermehrt«[130]. Die kommerziellen Lohnarbeiter wirken demgemäß als *mittelbare Produzenten*: als Vermittler kontinuierlicher Mehrwertschöpfung. Für das kommerzielle Kapital folgt daraus, »daß aus dem allgemeinen Fond der Profite – der Surpluswerte – ein solcher Teil ihm zufällt, als ob es Surpluswert geschaffen«[131], als ob die kommerziellen Lohnarbeiter unmittelbar Werte geschaffen hätten. Tatsächlich ist dies der Fall, wenn die im Kaufmannsgeschäft Tätigen neben den spezifischen Zirkulationsverrichtungen Kauf und Verkauf sogenannte heterogene Funktionen ausüben, »nachträgliche, innerhalb des Zirkulationsprozesses hinzukom-

127 Marx, Grundrisse, S. 305.
128 Marx, Das Kapital, Bd. II, MEW, Bd. 24, S. 129.
129 Marx, das Kapital, Bd. III, MEW, Bd. 25, S. 311 f.
130 Marx, Grundrisse, S. 527.
131 A. a. O. S. 430 f.

mende Produktionsprozesse«[132] wie Aufbewahren, Spedieren, Transportieren, Einteilen und Detaillieren. In der Ausübung solcher Funktionen wirken die mittelbaren Produzenten als mehrwertproduktive unmittelbare Produzenten. Grundsätzlich unterscheiden sich die kommerziellen gemeinsam mit den industriellen Arbeitern von der dienenden Klasse dadurch, daß sie ihre Arbeitskraft unmittelbar mit dem Kapital austauschen, von einzelnen Kapitalisten beschäftigt werden und somit direkt dem Verwertungsprozeß subsumiert sind. Als direkt in der materiellen Reproduktion figurierende Gesellschaftsmitglieder, denen das jährliche Neuwertprodukt in erster Hand zufällt, fließt ihnen der Arbeitslohn unmittelbar aus dem Reproduktionsprozeß des Kapitals zu, wie den kommerziellen Kapitalisten der Durchschnittsprofit. Durch dieses Einkommensverhältnis unterscheiden sich die kommerziellen Lohnarbeiter grundsätzlich von den privaten und öffentlichen Dienstleistern, die von den Originalrevenuen (Arbeitslohn, Profit, Rente) abgeleitete Revenuen beziehen.

Die sozialökonomische Sphäre der Dienstleistungen, in welcher neben dienenden Lohnabhängigen auch kleine selbständige Dienstleister tätig sind, hat im Kapitalismus einen äußerst zwieschlächtigen Charakter. Einerseits üben Dienstleistende notwendige und legitime Funktionen im Zusammenhang der gesellschaftlichen Arbeitsteilung aus, andererseits tragen diese Funktionen oft überflüssigen und parasitären Charakter. Diese Widersprüchlichkeit eignet ihnen in allen antagonistischen Produktionsweisen gemäß der zwieschlächtigen Funktion der herrschenden Klasse, des Staates und des Überbaus: die gemeinschaftlichen Aufgaben bei der Erhaltung der materiellen Produktion und des gesellschaftlichen Lebens im Interesse der Herrschenden und auf Kosten der arbeitenden Klasse zu erfüllen und durchzusetzen. Der Ambivalenz der Dienstarbeit entspricht der Doppelcharakter der faux frais, die für das kapitalistische System sowohl notwendig sind wie Unkosten darstellen. Marx beschreibt die Rolle der Dienste, ausgehend von der fiktiven Figur eines individuellen Gesamtarbeiters, folgendermaßen: »Außer seiner produktiven Arbeit oder der Exploitation der produktiven Arbeit hätte jeder eine Masse Funktionen zu verrichten, die nicht produktiv wären und zum Teil in

132 Marx, Das Kapital, Bd. III, MEW, Bd. 25, S. 299.

die Konsumtionskosten eingehn. (Die eigentlichen produktiven Arbeiter müssen diese Konsumtionskosten selbst tragen und selbst ihre unproduktive Arbeit verrichten.) Sind diese ›services‹ angenehm, so verrichtet sie zuweilen der Herr für den Knecht, wie das jus primae noctis beweist, die Mühe des Regierens etc. beweist, der sich die Herrn von je unterziehen. Dadurch ist aber keineswegs der Unterschied zwischen produktiver und unproduktiver Arbeit aufgehoben, sondern dieser Unterschied erscheint selbst als ein Resultat der *Teilung der Arbeit* und befördert insofern die allgemeine Produktivität der Arbeiter dadurch, daß sie die unproduktive Arbeit zur *ausschließlichen* Funktion eines Teils der Arbeiter und die produktive zur ausschließlichen Funktion eines andern macht.«[133] Im Kampf gegen Feudalismus und Absolutismus denunzierte die aufstrebende Bourgeoisie im Namen der Kapitalakkumulation die unproduktiven Tätigkeiten: »Soweit jene ›unproduktiven Arbeiter‹ nicht Genüsse schaffen und ihr Kauf daher ganz abhängt von der Art, wie der Produktionsagent sein Salär oder seinen Profit verausgaben will – sofern sie vielmehr teils durch physische Gebrechen (wie Ärzte) oder geistige Schwächen (wie Pfaffen) oder durch den Konflikt der Privatinteressen und der Nationalinteressen (wie Staatsleute, alle lawyers, Polizisten, Soldaten) nötig werden oder sich selbst nötig machen, erscheinen sie dem A. Smith wie dem industriellen Kapitalisten selbst und der Arbeiterklasse als faux frais de production, die also möglichst auf das notwendige Minimum zu reduzieren und möglichst wohlfeil herzustellen sind. Die bürgerliche Gesellschaft produziert alles das in ihrer eignen Form wieder, was sie in feudaler oder absolutistischer Form bekämpft hatte.«[134] Der zwieschlächtige Charakter, der den Dienstleistenden in der kapitalistischen Gesellschaft anhaftet, kommt in der Widersprüchlichkeit ihrer Einkommensverhältnisse zum Ausdruck: ihre Einkommen sind von den Originalrevenuen abgeleitet und fließen aus dem gesamtgesellschaftlichen Mehrwertfonds, also aus der Mehrarbeit der unmittelbaren Produzenten; andererseits erscheinen sie als Einnahmen aus Arbeitsfunktionen, die aufgrund der gesellschaftlichen Arbeitsteilung ihre Legitimität haben. Die Konsequenz der ersten Ableitung gibt selbst unentbehrlichen und notwendigen Dienst-

---

133 Marx, Theorien über den Mehrwert, Erster Teil, MEW, Bd. 26.1, S. 270.
134 A. a. O. S. 145.

vorrichtungen einen parasitären Anschein, während die Logik der zweiten Ableitung allen, auch den überflüssigen Diensten ihre Notwendigkeit bescheinigt. Diese doppelte Verkehrung beschreibend, hat Marx ironisch den Vertreter der Wissenschaft mit Prostitution und Priestertrug auf eine Ebene gestellt. »Alle nicht direkt in der Reproduktion, mit oder ohne Arbeit, figurierenden Gesellschaftsglieder können ihren Anteil am jährlichen Warenprodukt – also ihre Konsumtionsmittel – in erster Hand nur beziehen aus den Händen der Klassen, denen das Produkt in erster Hand zufällt – produktiven Arbeitern, industriellen Kapitalisten und Grundbesitzern. Insofern sind ihre Revenuen materialiter abgeleitet von Arbeitslohn (der produktiven Arbeiter), Profit und Bodenrente, und erscheinen daher jenen Originalrevenuen gegenüber als abgeleitete. Andererseits jedoch beziehen die Empfänger dieser in diesem Sinn abgeleiteten Revenuen dieselben, vermittelst ihrer gesellschaftlichen Funktion als König, Pfaff, Professor, Hure, Kriegsknecht etc., und sie können also diese ihre Funktionen als die Originalquellen ihrer Revenue betrachten.«[135]

Die Stellung der »Gesellschaftsfunktionäre« als von der Kapitalistenklasse direkt oder indirekt abhängige unproduktive Personen, die im Doppelsinne des Begriffs zur Konsumtion dieser Klasse gehören, birgt einen speziellen Widerspruch, der durch den kapitalistischen Antagonismus vermittelt ist. Nach der ökonomischen Seite macht sich die Abhängigkeit der dienenden Arbeiter besonders in Krisensituationen bemerkbar. Jede Stokkung der Konjunktur wirkt sich nicht nur aus auf die »Ausgaben sämtlicher sog. unproduktiven Arbeiter, Staatsbeamte, Ärzte, Advokaten etc. und was sonst ... Dienste leistet«[136] – ebenso bleiben »die Einkommen der unproduktiven Klassen und derer, die von festen Einkommen leben ..., zum größten Teil stationär während der Preisaufblähung, die mit der Überproduktion und Überspekulation Hand in Hand geht. Ihre Konsumtionsfähigkeit vermindert sich daher relativ ...«[137]

Die Zahl der außerhalb der kapitalistischen Reproduktionssphäre tätigen unproduktiven Arbeiter ist abhängig vom Umfang des Mehrwertprodukts, das die produktiven Lohnarbeiter hervorbringen. »Wenn produktive Arbeiter solche, die vom

---

135 Marx, Das Kapital, Bd. II, MEW, Bd. 24, S. 372.
136 A. a. O. S. 453 f.
137 Marx, Das Kapital, Bd. III, MEW, Bd. 25, S. 508.

Kapital, und unproduktive solche, die von der Revenue bezahlt werden, so verhält sich offenbar die produktive Klasse zur unproduktiven wie das Kapital zur Revenue. Indes wird das proportionelle Wachsen beider Klassen nicht nur von dem existierenden Verhältnis zwischen der Masse der Kapitalien und der Masse der Revenuen abhängen. Es wird davon abhängen, in welchem Verhältnis die wachsende Revenue (Profit) sich in Kapital verwandelt oder als Revenue verausgabt wird.«[138] Mit dem Fortschritt der kapitalistischen Akkumulation wächst die Zahl der unproduktiven Arbeiter absolut und relativ bis an den Punkt, wo die steigende organische Zusammensetzung des Kapitals die produktiven Arbeiter vollends durch Maschinen ersetzt. Auf dieser Entwicklungsstufe wird auch der an die Mehrwertproduktion gebundene Begriff »produktiver« Arbeit hinfällig. Wenngleich es sich bei der Arbeit, »die direkt von der Revenue abhängt ... nur um den Gebrauchswert der Arbeit«[139] handelt, wirkt diese als Produktivkraft. Produktivkraft als solche hat keinen Wert, sie ist »Gebrauchswert für den Akt der Produktion« und wird als Produktivkraft gesellschaftlicher Arbeit vom Kapital kostenlos vereinnahmt. Produktivkräfte umfassender Einwirkung existieren auch und gerade außerhalb der materiellen Produktion: nicht zuletzt der Staat, soweit er als »Zusammenfassung der bürgerlichen Gesellschaft«[140] mit seiner Bürokratie und den öffentlichen Arbeitern zum kontinuierlichen Ablauf der Produktion beiträgt. Die allgemeinen Bedingungen des gesellschaftlichen Produktionsprozesses, die gesellschaftliche Infrastruktur einer Volkswirtschaft (Verkehrswesen, Kommunikationswesen etc.) werden hergestellt und instand gehalten vom Staat und die notwendigen Arbeitskräfte entlohnt aus »den Staatssteuern – wo Revenue, nicht Kapital, als labour funds erscheint und der Arbeiter, obgleich er freier Lohnarbeiter ist wie jeder andere, doch ökonomisch in einem anderen Verhältnis steht«.[141] Mit dieser Unterscheidung bezieht sich Marx auf die an öffentlichen Bauprojekten tätigen Lohnarbeiter im Staatsdienst, die, wenn sie diese Arbeit ständig verrichten und nicht nur einen »Teil der gelegentlich unbeschäftigten Bevölkerung«[142]

138 Marx, Theorien über den Mehrwert, Erster Teil, MEW, Bd. 26.1, S. 171.
139 Marx, Theorien über den Mehrwert, Dritter Teil, MEW, Bd. 26.3, S. 125.
140 Marx, Grundrisse, S. 28 f.
141 A. a. O. S. 431.
142 A. a. O. S. 428.

ausmachen, eine »besondere Klasse« bilden. Die leitenden Baumeister fungieren im Verhältnis zu diesen Arbeitern als höher gebildete Bedienstete. »Es können Arbeiten notwendig sein und Auslagen, ohne produktiv im Sinn des Kapitals zu sein, d. h. ohne daß die in ihnen enthaltene *Surplusarbeit* ... als Surpluswert realisiert wird.«[143] Das Produktionsverhältnis der Bauarbeiter im öffentlichen Dienst ist exemplarisch für alle Dienstleistenden, die eine notwendige Arbeit verrichten, ohne daß ihre Mehrarbeit sich in Mehrwert niederschlägt. »Für den Arbeiter selbst – mit den anderen Lohnarbeitern verglichen – ist es Surplusarbeit. Für den Verwender ist es Arbeit, die zwar einen Gebrauchswert für ihn hat, wie z. B. sein Koch, aber keinen Tauschwert, also die ganze Distinktion von *notwendiger und Surplusarbeitszeit* nicht existiert. Die Arbeit kann notwendig sein, ohne produktiv zu sein ... und die Arbeiter erscheinen nicht als produktive Arbeiter, obgleich sie die Produktivkraft des Kapitals vermehren.«[144]

Private Dienstboten, ob ihre Tätigkeit nutzvoll ist oder bloß zur Luxusparade herhält, nennt Marx die »Bedientenklasse, die direkten Lohnarbeiter der müßigen Kapitalisten«[145]. Der Kauf von »Bedienten« unterscheidet sich der Formbestimmtheit nach nicht vom Kundendienst des selbständigen Dienstleistenden. Beide tauschen ihre Arbeitskraft nicht gegen Kapital, sondern gegen Revenue. »Beide sind einfache Käufer und Verkäufer. Nur tritt hier (beim Bedienten, M. M.) durch die Art, wie der Gebrauchswert genossen wird, noch ein patriarchalisches Verhältnis, ein Verhältnis des Herrschens und Dienens herein, was das Verhältnis seinem Inhalt, wenn nicht der ökonomischen Form, nach modifiziert und ekelhaft macht.«[146] Während der gewerblich selbständige Dienstleistende dem kleinen Warenproduzenten ähnelt, setzt sich in der Stellung des Dienstboten oder Lakaien ein feudales Herr-Knecht-Verhältnis fort, dem Marx mit Verachtung begegnet: »In der Tat, aus keiner Klasse rekrutiert sich ein nichtswürdigerer Teil des Kleinbürgertums.«[147]

---

143 A. a. O. S. 430.
144 A. a. O. S. 432.
145 Marx, Das Kapital, Bd. II, MEW, Bd. 24, S. 481.
146 Marx, Theorien über den Mehrwert, Erster Teil, MEW, Bd. 26.1, S. 269.
147 A. a. O. S. 172.

Die allgemeine Lohnarbeiterklasse

Das industrielle Fabrikproletariat ist der Kern der Lohnarbeiterklasse, zu deren abstrakter Allgemeinheit alle Fraktionen und Gruppen der unmittelbaren Produzenten, der mittelbaren Produzenten und der dienenden Klasse rechnen – alle sowohl von Produktionsmitteln wie von unmittelbarer Knechtschaft »freien« Individuen, die ihre Arbeitskraft verkaufen müssen, um ihr Dasein fristen zu können. Während nur die industriellen und die kommerziellen Lohnarbeiter als Verkäufer ihrer Arbeitskraft unmittelbar dem Kapital, nämlich einem bestimmten Einzelkapital, gegenübergestellt sind, stehen alle Lohnarbeiter in einem vermittelten Verhältnis zum gesellschaftlichen Gesamtkapital. Das direkte Klassenverhältnis der reproduktiven erweitert sich durch die Herrschaft des Kapitals über die gesamte Gesellschaft zum vermittelten allgemeinen Klassenverhältnis aller Lohntätigen, gleichgültig ob sich ihre Mehrarbeit in Mehrwert umsetzt. Freilich bemerkt Marx im Hinblick auf den »Teil der *dienenden* Klasse, der nicht von Kapital, sondern von Revenue lebt«: Darin liegt der wesentliche »Unterschied dieser *dienenden* und der *arbeitenden* Klasse.«[148] Entsprechend dem Entwicklungsstand der Akkumulation verschwinden oder verselbständigen sich besondere Klassen gegenüber der Gesamtklasse. Über Lohnarbeiter im öffentlichen Dienst bemerkt Marx: »Die Arbeiter sind Lohnarbeiter, ... aber der Staat verwendet sie nicht als solche, sondern als menial servants.«[149] Ihrer sozialen Lage und ihrer Mehrarbeitsleistung nach mit anderen Lohnarbeitern vergleichbar, stehen sie doch ökonomisch in einem anderen Verhältnis, sie tauschen ihre Arbeitskraft nicht gegen variables Kapital, sondern gegen Revenue (Steuern). Die Keimform eines solchen Verhältnisses bildet das Söldnerwesen: »Bei den Römern war in der Armee eine Masse – aber schon vom ganzen Volk geschieden – vorhanden, diszipliniert zur Arbeit, deren Surpluszeit zugleich dem Staat gehörte; die ihre ganze Arbeitszeit gegen ein Salär ganz ebenso dem Staate verkauften, ihr ganzes Arbeitsvermögen ganz so austauschten gegen ein zur Erhaltung ihres Lebens notwendiges Salär, wie es der Arbeiter mit dem Kapitalisten tut. Dies gilt von der Zeit, wo das römische Heer nicht mehr Bürgerheer, sondern Söldnerheer war. Es ist hier eben-

148 Marx, Grundrisse, S. 305.
149 A. a. O. S. 428.

falls freier Verkauf der Arbeit auf seiten des Soldaten. Aber der Staat kauft ihn nicht zum Behuf der Produktion von Werten. Und so, obgleich die Form des Salärs ursprünglich in den Armeen vorzukommen scheinen kann – ist dies Soldwesen dennoch wesentlich unterschieden von der Lohnarbeit. Einige Ähnlichkeit dadurch, daß der Staat die Armee verbraucht, um Zuwachs an Macht und Reichtum zu gewinnen.«[150] Je länger die Subsumtion von Lohntätigen unter solche besonderen Verhältnisse währt, wie bei der Beamtenschaft, um so stärker die Absonderung von der Konkurrenz und Mobilität der Masse der Produzenten, um so fester auch die Verselbständigung »besonderer Klassen« im Widerspruch zur allgemeinen Lohnarbeiterklasse. Der wesentliche Unterschied zwischen den innerhalb und den außerhalb der Reproduktion des Kapitals tätigen Arbeitskräften erweitert sich, als Unterschied der spezifischen Produktionsverhältnisse, mit der Akkumulation des Kapitals: »Endlich erlaubt die außerordentlich erhöhte Produktivkraft in den Sphären der großen Industrie, begleitet, wie sie ist, von intensiv und extensiv gesteigerter Ausbeutung der Arbeitskraft in allen übrigen Produktionssphären, einen stets größren Teil der Arbeiterklasse unproduktiv zu verwenden ...«[151]

Mit der historischen Tendenz der Substitution unmittelbarer Produzenten durch Maschinerie erhöht sich die Zahl der mittelbaren Produzenten und der Dienstleistenden; damit verliert aber auch das Verhältnis der Dienstleistenden[152] zur Herrschaft

150 A. a. O. S. 428.

151 Marx, Das Kapital, Bd. I, MEW, Bd. 23, S. 469.

152 »Progressive mechanization of particular processes, and more recently the perfection of generally applicable methods of partial or full automation«, schreibt Sweezy, »have reduced the traditional blue-collar segment of the proletariat from what was once a large majority to what is today in the most industrialized societies a small minority« – unserer Kenntnis nach keine gelinde Übertreibung. Jedenfalls: »The obverse of this development is that a great variety of new categories of jobs has been created. Some of these are integrally related to the new technology – scientists, researchers, engineers, technicians, highly skilled maintenance and repair men etc.« – die sogenannte neue Arbeiterklasse – »but many more (both absolutely and relatively) are concerned with the manipulation and absorption of the surplus made possible by the increased productivity of the underlying production workers. Under this heading one could list government workers of all kinds, including teachers; those employed in the many branches of the sales apparatus, including most of the personnel of the mass communication media; workers and salaried personnel in finance, insurance and real estate; and the providers of many different kinds of personal services ...
In terms of the occupational composition of the labor force, then, the

(des Privatherrn oder des Staats) seine persönlich-patriarchalische Färbung und wird auf die Geldbeziehung reduziert. Am Pegel des durchschnittlichen und durchschnittlich abgestuften Lohnniveaus, am Gesamtarbeitslohn der produktiven Arbeiter orientiert sich die Lohnbewegung der anderen Teile der allgemeinen Lohnarbeiterklasse, wodurch diese sich insgesamt als vermittelte Korporation zusammenfaßt.

---

two chief consequences of modern industry's revolutionary technology have been (1) a drastic (and continuing) reduction in the production-worker component, and (2) a vast proliferation of job categories in the distribution and service sectors of the economy.« (Marx and the Proletariat, a. a. O. S. 36 f.)

Nachwort

Michael Mauke starb am 30. Januar 1966 im Alter von 37 Jahren. Die vorliegende Rekonstruktion der Marxschen Klassentheorie war als erster Teil einer Dissertation zum Problem der Angestellten bei Marx und Engels geplant. Wenige Tage vor seinem Tod sagte Michael Mauke, daß er sein Rohmanuskript als gesonderte Arbeit zum Druck vorbereiten wolle. Mitglieder des Berliner SDS, Kajo Heymann* und Jürgen Werth, haben das besorgt. Wenn sich die Fertigstellung hinausgezögert hat, so vor allem deshalb, weil die Genossen von Mauke in den letzten drei Jahren die Teilnahme an aktuellen Klassenkämpfen für dringlicher hielten als die Beschäftigung mit Klassentheorien. Michael Mauke hat es zu seinen Lebzeiten nie anders gehalten. Manche von denen, die seither den radikalen Protest gegen die herrschende bundesdeutsche Ordnung artikulieren halfen, kannten ihn, haben von ihm gelernt, waren seine Freunde. Vielen der Jüngeren sagt sein Name nichts mehr. Aber wenn man zurückverfolgen will, wie unter den Bedingungen Nachkriegsdeutschlands die Anfänge einer revolutionären marxistischen Bewegung wiederentstanden sind, sollte man etwas von Michael Mauke wissen.

Er hat die letzten Jahre der Nazibarbarei und die Hoffnungen der Befreiung vom Faschismus noch erfahren. Die Lebensbedingungen in einem Arbeitslager der Hitlerjugend untergruben seine labile Gesundheit. Die Folge war eine Tuberkulose und lange Krankheit, die schließlich zu seinem frühen Tod führte, zu einem Zeitpunkt, als der bessere Teil seines Lebens vor ihm zu liegen schien. Wo andere persönliche und kollektive Erfahrungen verdrängten, hatte Michael Mauke aufgrund einer ungewöhnlichen Sensibilität die Last zu tragen, im vollen Sinne Zeitgenosse zu sein. Auschwitz war für ihn quälende Gegenwart, Kulminationspunkt kapitalistischer Verwertungsrationalität, die

* Kajo Heymann starb am 9. April 1970 in Berlin.

er im Alltag der Nachkriegsgesellschaft wiedererkannte. Er zweifelte nie daran, daß nach der Restauration der alten Machtverhältnisse im Westen Deutschlands die demokratische Fassade keinen Bestand haben konnte. In der manifesten konterrevolutionären Gewalt, die in der Innen- und Außenpolitik der kapitalistischen Hauptmacht USA zutage trat, erkannte er schon eine zeitgemäße Fortsetzung des faschistischen Terrors, als andere noch in den Klischees des Kalten Krieges befangen waren. Um die Entwicklungsrichtung der Bundesrepublik vorherzusehen, mußte er nicht darauf warten, bis die legalen Grundlagen einer Notstandsdiktatur gelegt werden und von sozialdemokratischen Ministern kommandierte Polizeieinheiten wie Nazi-Schlägertrupps gegen Demonstranten vorgehen. Die Einsicht, daß die Alternative Sozialismus oder Barbarei unausweichlich ist, führte ihn zu politischem Handeln. In den frühen fünfziger Jahren teilte er die Illusion fast aller Mitglieder des Sozialistischen Deutschen Studentenbundes, man könne innerhalb der Sozialdemokratie auf eine antikapitalistische Politik hinwirken. Als Redakteur der SDS-Zeitschrift »Standpunkt« hat er dann mehr als andere dazu beigetragen, diesen Irrtum aufzuklären und eine eigenständige politische Linie des SDS herauszuarbeiten. In einer Zeit, als sich fast alle Sozialisten die Alternative aufzwingen ließen, entweder die Gesellschaftssysteme im Osten Europas zu verteufeln oder zu Apologeten stalinistischer Herrschaftsausübung zu werden, hat Mauke in wichtigen theoretischen Beiträgen ein neues Verhältnis der Linken zur Sowjetunion formuliert. Das bedeutete den entschiedenen Bruch mit allen Spielarten des sozialdemokratischen Antikommunismus und hat die Trennung des SDS von der SPD beschleunigt. Eine gründliche Analyse der spezifischen Entwicklungsbedingungen Sowjetrußlands nach der Oktoberrevolution führte aber auch zu dem Schluß, daß wir den Kampf in den entwickelten westlichen Ländern selbständig führen müssen, daß wir uns weder an einem dogmatisierten »Marxismus-Leninismus« orientieren können noch von den Kommunistischen Parteien Moskauer Ausrichtung eine revolutionäre Politik zu erwarten haben.

»Wir«, das waren Ende der fünfziger Jahre eine kleine Zahl sozialistischer Studenten. Unsere Praxis war dürftig genug, sie erschöpfte sich in ohnmächtigen Angriffen gegen die endgültige Transformation der SPD zur systemkonformen Volkspartei und in geduldeter Mitarbeit in den Bildungseinrichtungen der Gewerkschaften. Beschränkung auf theoretische Arbeit war uns mehr oder weniger aufgezwungen. Aber es konnte nicht ausreichen, die Grundlagen marxistischer Theorie zu bewahren und sie in Schulungszirkeln weiterzureichen. Blieb man bei der abstrakten Einsicht stehen, daß der Grundwiderspruch der kapitalistischen Ordnung unausweichlich zu neuen Katastrophen drängt, so hieß das nur Selbstbestätigung und Resignation. Es mußte die Aufgabe progressiver Wissenschaft sein, die Entwicklungstendenzen im Spätkapitalismus genauer zu bestimmen, um jene Stellen ausfindig zu machen, wo umwälzende Praxis erneut ansetzen konnte.

Deshalb hat sich Michael Mauke nie dazu verstanden, zwischen politischer Arbeit in linken Organisationen und wissenschaftlicher Ausbildung und Karriere an der Universität zu trennen. Als andere Genossen akademischen Pflichtübungen nachgingen und in ihrer Freizeit Marxisten sein wollten, hat er schon begriffen, daß auch von gutwilligen Professoren wenig Hilfe zu erwarten ist, wenn es sich letztlich darum handelt, eine antikapitalistische Strategie wissenschaftlich vorzubereiten. Ihm war der offizielle Lehr- und Forschungsbetrieb fremd, er zog sich weitgehend daraus zurück und wählte seine Lehrer selbst: die Klassiker der revolutionären Theorie. Für viele Genossen waren die Diskussionen in seiner Kellerwohnung in Berlin-Nikolassee wichtiger als Universitätsseminare.

Das lag auch daran, daß Mauke trotz seiner überreichen Phantasie und spekulativen Begabung der Versuchung widerstand, zu beliebigen Anlässen aus Klassiker-Zitaten großartig scheinende Ad-hoc-Theorien zu konstruieren. Er wollte sich das Marxsche Werk gründlich und unverkürzt zu eigen machen, weil er anders keine Möglichkeit sah, die Schranken bürgerlicher Wissenschaft zu überwinden. Er sah, daß selbst kritische Studenten dem Einfluß der intellektuell anspruchsvolleren Marx-Interpreten der westdeutschen und amerikanischen Nachkriegssoziologie unterlagen. Statt das Marx-Verständnis der kritischen Gesellschaftstheorie der zwanziger und dreißiger Jahre einfach zu übernehmen, ging er zu den Quellen zurück.

Mit der Angestelltenproblematik wählte er ein Thema, das von bürgerlichen Apologeten immer wieder bemüht worden ist, um das Veralten der Marxschen Theorie und das Unzulängliche des Klassenbegriffs zu belegen. Selbst scharfsinnige und kompromißlose Repräsentanten einer kritischen Soziologie, wie

C. Wright Mills, vertraten die Ansicht, man müsse die Marxsche Konzeption verlassen, um der Rolle der Angestellten gerecht zu werden. Mauke erkannte bald, daß eine Auseinandersetzung mit solchen Einwänden unbefriedigend bleiben muß, wenn nicht der Versuch unternommen wird, die gesamte Marxsche Klassentheorie in ihren Grundzügen darzustellen, eine um so größere Schwierigkeit, als sich die Klassentheorie keineswegs als soziologischer Anhang zur Kritik der politischen Ökonomie, sondern nur als deren Element begreifen läßt. Daraus entspringt der philologische Gestus des Buches. Philologie ist aber so weit gerechtfertigt, als sie sich nicht darauf beschränkt, diejenigen Passagen zu sammeln, wo das Wort »Klasse« vorkommt. Bei seinem Vorhaben konnte es sich also nicht um einen Ausbau, eine Modifizierung des durch traditionelle Interpreten vermittelten »Marxismus« handeln; eine neue, authentische Interpretation der Marxschen Gesellschaftslehre war zu leisten.

Gerade jene Wandlungen der modernen Gesellschaftsstruktur, die angeblich der Marxschen Theorie widersprechen, ließen sich für Mauke nur auf der Grundlage eben dieser Theorie überzeugend deuten. Marx und Engels hatten ja nicht nur eine Anatomie des klassischen Konkurrenz-Kapitalismus entworfen, wo sich Manchester-Kapitalisten und ein homogenes Industrieproletariat als Hauptklassen gegenüberstehen und, wie es sich ein Bilderbuch-Marxismus simplifizierend vorstellt, in eben dieser Gestalt zum letzten Gefecht antreten. Mit der Entfaltung der kapitalistischen Produktionsweise schreitet die Polarisierung weiter voran, wandelt sich die Form des Klassenantagonismus. Das Verschwinden des funktionierenden Unternehmer-Kapitalisten aus dem Produktionsprozeß verdeutlicht, daß das Kapitalverhältnis nicht an seine personellen Träger gebunden ist, bezeichnet die Aufhebung der Kapitalistenklasse auf kapitalistischer Basis. Die andere Seite der zunehmenden Gesellschaftlichkeit des Produktionsprozesses ist die Zunahme jener »Vermittlungsarbeit« im Bereich der Produktion und im Dienst der Erhaltung des Gesamtsystems, die eben das Anwachsen der Angestellten bewirkt. Nur wer die Angestellten aus diesem Zusammenhang herauslöst, wer ausschließlich ihr Bewußtsein betrachtet und mit terminologischen Tricks eine Kontinuität zwischen altem und neuen »Mittelstand« suggeriert, kann sie als Ausdruck einer Abschwächung des Klassengegensatzes mißverstehen. Nicht eine nivellierte Mittelstandsgesellschaft jenseits des

Kapitalismus ist im Entstehen, sondern eine Struktur in der das fortbestehende Kapitalverhältnis den Gipfelpunkt seiner Verdinglichung erreicht hat.
Mauke meint, daß damit die Klassenkategorie eines Tages hinfällig wird. Er greift auf den Satz aus dem »Elend der Philosophie« zurück, wo Marx nach dem Gegensatz der Berufe, Stände, Klassen den Gegensatz zwischen angehäufter und unmittelbarer Arbeit als letzte Form des gesellschaftlichen Antagonismus bezeichnet und bezieht sich auch auf die Terminologie des »Kommunistischen Manifests«, wo von den »zwei großen Lagern« die Rede ist.
»Das kapitalistische *Lager* würde in diesem Sinne auf nationaler wie auf internationaler Ebene alle besitzenden, privilegierten und überhaupt am Bestand der kapitalistischen Ordnung interessierten und engagierten ›Klassen‹, Gruppen und Individuen umfassen. Die ganze menschliche Gesellschaft ist durch höchste Entfremdung und Verdinglichung bedroht; das Bewußtsein dieser Entfremdung drängt zur Verallgemeinerung und droht unter dem Druck der Entfremdung wiederum verdrängt zu werden. Die Notwendigkeit subjektiver Entscheidung zwischen Funktionalisierung und gesellschaftlichem Engagement wird unter diesen Umständen selbst zu einer objektiven Realität.«
Mit diesem Versuch, Konsequenzen der Marxschen Analyse kapitalistischer Entwicklung zu formulieren, widerspricht Mauke zugleich jenem flachen Marx-Verständnis, das sich in immer wiederkehrenden Gerede von der nicht vorhandenen revolutionären Situation ausdrückt. Er bricht mit der Marxologen-Weisheit, die aus dem Werk von Marx immer nur die Grenzen für verändernde Praxis, nie deren Bedingungen herausliest. (Es erinnert an den »legalen Marxismus« im zaristischen Rußland, wenn gegenwärtig biedere Sozialdemokraten plötzlich Marx und sogar Lenin zitieren, um militante Aktionen als den »objektiven Bedingungen« inadäquat zu verurteilen.) Für Mauke umfaßt das antikapitalistische »Lager« alle, die nicht Nutznießer der herrschenden Ordnung sind. Intellektuelle, Studenten und Schüler müssen sich nicht »von außen« dem Proletariat nähern, sondern, ausgehend von der eigenen Lage, in den verschiedenen Bereichen das Bewußtsein artikulieren helfen, daß der Übergang zum Sozialismus historisch möglich und notwendig ist. Das geschieht nicht nur durch Aufklärung im klassischen Sinne, sondern mehr und mehr durch Aktionen, zunächst durch Angriffe auf Institu-

tionen wie Schulen und Universitäten, von deren Funktionieren die Fortexistenz des Gesamtsystems entscheidend abhängt, auch wenn sie von der Sphäre unmittelbarer Produktion weit entfernt sind.

Dies hat nichts mit Voluntarismus zu tun, als renne der lebendige, fühlende, leidende Mensch immer wieder neu gegen einen übermächtigen und unpersönlichen Apparat an – ein Schema, das sich mit verschiedenen Vorzeichen sowohl bei bürgerlichen Bürokratie-Forschern wie bei manchen Neo-Anarchisten findet. Zwar ist es richtig, daß jedem Individuum, das von der Verfügung über die Produktionsmittel ausgeschlossen ist, die subjektive Entscheidung zur Teilnahme am antikapitalistischen Kampf offensteht. Aber diese Einsicht ist viel zu allgemein, als daß sie konkrete Praxis begründen könnte. Mauke wollte die dialektische Aufhebung des Klassenbegriffs als Tendenz aufzeigen, nicht jedoch die Klassentheorie so umdeuten, daß die objektive Stellung eines Individuums im System gesellschaftlicher Produktion unwesentlich wird. Es lag ihm fern, den Marxismus zu einer Lehre von den Bedingungen kollektiver Aktion zusammenschrumpfen zu lassen, wo einzig der gemeinsame Glaube gleich welcher Gruppe, die bürgerliche Ordnung sei überlebt, schon eine »Klasse für sich« konstituiert, wo das Verhältnis von objektiver Klassenlage und Klassenbewußtsein also einfach umgekehrt wird.

Wenn Mauke die Marxsche Klassenanalyse im einzelnen nachvollzieht und das Entstehen, die innere Entwicklung und Differenzierung der Hauptklassen rekonstruiert, wenn er zeigt, wie einst dominierende Klassen, – z. B. Grundeigentümer und Kleinproduzenten – mit dem allgemeinen Wandel der Produktionsweise ihre Funktion ändern, so ist dies mehr als auf den Begriff gebrachte Sozialgeschichte. Die politischen Schriften von Marx zeigen, daß einzig eine äußerst genaue und differenzierte Klassenanalyse, das Erfassen wesentlicher »Ungleichzeitigkeiten«, ein richtiges Verständnis revolutionärer Kämpfe ermöglicht. Heute haben wir es mit einer Entwicklungsphase der Kapitalismus zu tun, wo im internationalen Maßstab und auch innerhalb der entwickelten kapitalistischen Länder gerade die ungleiche Entwicklung des Antagonismus zwischen verschiedenen Klassen und Klassenfraktionen jene Konflikte erzeugt, die sich im Rahmen einer revolutionären Strategie aktivieren lassen. Die Analyse der deutschen Universität, wie sie innerhalb des SDS in den frühen sechziger Jahren erarbeitet wurde, ist wohl als Beispiel einer solchen konkreten Anwendung der Marxschen Methode anzusehen, und Michael Mauke hat den Verfassern von »Hochschule in der Demokratie« als kritischer Ratgeber zur Seite gestanden. Das Buch konnte der Studentenbewegung von Nutzen sein, weil es den Zusammenhang der Universitätskonflikte mit der Entwicklung der kapitalistischen Produktionsweise aufwies und damit die sozialistischen Konsequenzen antiautoritären Protestes deutlich machte.

Mauke hat sich im Hauptteil seiner Arbeit auf die Rekonstruktion der Marxschen Kategorien beschränkt und nur gelegentlich angedeutet, wie sie auf die Gegenwart anzuwenden sind. Wo er die Formen der gesellschaftlichen Arbeit beschreibt und das Spezifische der Vermittlungsarbeit zu erfassen sucht, stößt er zuweilen zu Problemen vor, die im Zusammenhang mit der »neuen Arbeiterklasse« und der Lage der technischen Intelligenz relevant werden. Er hat uns hier keine fertigen Theorien anzubieten, aber die Richtung angezeigt, in der die Marxsche Lehre weitergedacht und aktualisiert werden kann. Wer heute nach den Bedingungen einer Selbstorganisation der Produzenten fragt, muß die sozialökonomische Situation unterschiedlicher Klassen, Klassenfraktionen und Gruppen in den verschiedenen Bereichen unmittelbarer Produktion und sozialer Vermittlungstätigkeit erforschen. Wenn zum Beispiel Lehrer und Techniker ihre Stellung im Gesamtzusammenhang der kapitalistischen Ordnung genauer bestimmen wollen, um sich in gemeinsamer Aktion von dieser Ordnung zu emanzipieren, so weist dies auf die Notwendigkeit einer konkreten Klassenanalyse des Spätkapitalismus hin. Sie ist nur zu leisten, wenn wir uns der Begriffe der Marxschen Theorie bedienen, die Mauke in seinem Buch erläutert hat.

Michael Mauke hat noch als einzelner arbeiten müssen, in der Hoffnung, einen Beitrag zur Begründung künftiger Praxis zu leisten. Wir sind heute in einer besseren Lage. Wir haben die Möglichkeit, praxisbezogene Wissenschaft kollektiv zu organisieren, und eine stärker werdende antikapitalistische Bewegung stellt uns die Aufgaben, die theoretisch zu bewältigen sind. Dabei können uns die Vorarbeiten von Michael Mauke helfen.

New York, im März 1969

Klaus Meschkat